岩 波 文 庫

34-210-2

支 配 に つ い て

Ⅱ

カリスマ・教権制

マックス・ウェーバー著

岩 波 書 店

HERRSCHAFT
by Max Weber
based on the main body of the text by Max Weber as set out in

Max Weber-Studienausgabe, Band I/22-4:
Wirtschaft und Gessellschaft
Hrsg. v. Edith Hanke, in Zusammenarbeit mit Thomas Kroll
(Mohr Siebeck, Tübingen).

This Japanese edition published 2024
by Iwanami Shoten, Publishers, Tokyo
with the courtesy of Mohr Siebeck GmbH & Co. KG, Tübingen

凡　例

一、本書は、マックス・ウェーバー(Max Weber, 1864–1920)が第一次世界大戦前、一九一〇年から一九一四年頃に執筆し、彼の没後に刊行された『経済と社会』(*Wirtschaft und Gesellschaft*)初版の第三部(第四版・第五版の第二部)に収録されている、支配についてのテクスト群の翻訳である。

一、底本は、マックス・ウェーバー全集(Max Weber-Gesamtausgabe (MWG))の学習版を用いた(Max Weber, *Max Weber-Studienausgabe, Band I/22-4: Wirtschaft und Gesellschaft. Herrschaft*, hrsg. von Edith Hanke, in Zusammenarbeit mit Thomas Kroll, Tübingen: J. C. B. Mohr (Paul Siebeck), 2009)。この学習版では、ウェーバー全集に付けられている編者註などの情報が省かれている。

一、ウェーバーの支配についてのテクストは、『支配の社会学』(Soziologie der Herrschaft; Herrschaftssoziologie)という名称で親しまれてきた。しかし、この名称は『経済と社会』の第四版の改訂の際に、編者ヨハネス・ヴィンケルマン(Johannes Winckelmann, 1900–

1985)によって付けられたものであり、ウェーバー自身は本書の全体を通じて一度もこの表現を用いていない。このため全集版のタイトルも『支配の社会学』ではなく『経済と社会——支配』(Wirtschaft und Gesellschaft. Herrschaft)である。邦訳タイトルは日本語の書名として不自然にならないように『支配について』とした。

一、全集版・学習版ともに、旧「支配の社会学」のテクストと併せて、論文「レジティメイトな支配の三つの純粋類型」と新聞記事「国家社会学の諸問題」(ウェーバーの講演についての記事)が収録されている。本書でも、この二点を付録として翻訳した。

一、ウェーバー自身の手書きのオリジナル原稿はほんの一部を除いて遺されていない。ウェーバー全集 MWG I/22-4 は、彼の死後、妻のマリアンネ・ウェーバー(Marianne Weber, 1870-1954)によって刊行された Max Weber, *Wirtschaft und Gesellschaft* (Grundriß der Sozialökonomik, Abt. III), Aufl. 1, Tübingen: J. C. B. Mohr (Paul Siebeck), 1922 に準拠し、ヴィンケルマンがあとから手を加えた部分を取り除き、文章の順番を基本的に元に戻している。

一、旧版の『経済と社会』には、編者のマリアンネ、および編集を引き継いだヴィンケルマンによって節の区切り、そして小見出しが付けられている。ウェーバー全集では、ウェーバー自身が付けたと思われる、冒頭の「支配」の章にある節のタイトルを除いて、これらすべての節とその小見出しが削除された。こうしてウェーバー自身のテクストだけを読むことができるようになった。しかし区切りも見出しもないため、一般の読者には読むのがとても難しくなっている。本書では、オリジナルのテクストを尊重しつつも、一定の読みやすさを確保するために、それぞれの段落に番号を付け、その段落のキーワードを入れた。これらはウェーバー自身によるものでもなければ、ウェーバー全集の編者によるものでもない。あくまで訳者の翻訳メモであることをご理解いただきたい。

一、各章ごとに段落番号を【　】に入れた(【付録2】の新聞記事「国家社会学の諸問題」は、ウェーバー自身が書いたものではなく、段落のユニットの意味もほとんどないが、本書の全体として形式を統一するために、ここでもこのルールに従っている)。

一、ウェーバーの一文は場合によってはかなり長い。読みやすくするために、この翻訳ではかなり意識的に一文をいくつかに分けて訳している。ただ、もともとの一文のユニットがわかるように、一文ごとに改行している。番号が振ってあるオリジナルの段落内の改行はウェーバー自身の一文に対応する。なお、コロン(:)やセミコロン(;)で繫がれているものは、一文として扱っている。また、**1 2 3**などの数字や、**a b c**などの記号によって列挙されている箇所については、見やすさを優先して、一続きの一文としては扱わず、独立した一文として処理している。その際は各段落の註で明記する。

一、ウェーバー自身は一章、二章という章の番号を付けていない。内容的に考えて、各ブロック(章)の並べ方には十分な根拠がある。ただ、著者本人が脱稿していない未完のテクストなので、各章の順番や相互の関係については最終的には確定できない。このため、全集でも章の番号は付けられていないし、訳者の側でもそれをしなかった。ただ、訳註などで別の箇所を参照する際にあまりに不便なので、以下の略号を用いる。

『支配について』Ⅰ　支配→**支**、官僚制→**官**、家産制→**家**。

『支配について』Ⅱ　封建制→**封**、カリスマ→**力**、カリスマの組み替え→**組**、カリスマの維持〔および規律〕→**維**、国家と教権制→**教**、レジティメイトな支配の三つの純粋類型→**純**。

例えば**支【6】**というのは、冒頭の支配の章の第六段落という意味である。

一、先行の翻訳としては、『経済と社会』第四版を底本とした世良晃志郎訳『支配の社会学』Ⅰ・Ⅱ（創文社、一九六〇／六二年）がある。世良訳は、ルビや原語の挿入を多用した、誠実で良質な翻訳であり、本書でも適宜、参照させていただいた。

一、原書のイタリックによる強調部分には傍点を付した。

一、〔　〕は訳者による補足である。人名、地名などについての簡単な説明も〔　〕に入れた。ただし、ドイツ語（場合によっては英語）の原語を入れる場合には〔　〕は使わず、該当する訳語の直後に（　）を付して挿入した。

一、くり返し出てくる重要な用語や比較的長い説明が必要な用語については、巻末の【用語】に説明を入れた。

一、ウェーバー自身はこのテクストに註を付けていない。本書の註はすべて訳者による訳註である。註の作成にあたっては、ウェーバー全集の編者註も適宜、参考にした。

一、マックス・ウェーバー全集(Max Weber-Gesamtausgabe)の略号としてMWGを用い、MWG I/17のように巻のナンバーを付けて表記する。S.のあとの数字はページ数である。

一、本書には「すでに述べたように」「あとで論じるように」のような参照指示がくり返し出てくる。ただし、本書のテクストが未完のテクスト群であることから、参照先が存在しない可能性もある。また、たまたま該当する内容と思われる箇所があったとしても、原著者であるウェーバーがその箇所の参照を求めていたのかどうかは、最終的にはわからない。私が把握できている範囲で、参照先と思われる箇所を訳註に入れているが、あくまで参考程度にとらえていただきたい。

一、本書の訳註で複数回にわたって言及する、ウェーバーの著作の翻訳は以下を用いた(一箇所でのみ言及する著作については、それぞれの訳註に書誌情報を記載する)。

『古代社会経済史――古代農業事情』渡辺金一・弓削達訳、上原専禄・増田四郎監修、東洋経済新報社、一九五九年。

『古代ユダヤ教』上・中・下、内田芳明訳、岩波文庫、一九九六年。

「経済と社会集団」厚東洋輔訳、『世界の名著50　ウェーバー』尾高邦雄編、中央公論社、一九七五年。

『仕事としての学問　仕事としての政治』野口雅弘訳、講談社学術文庫、二〇一八年。

『支配の諸類型』世良晃志郎訳、創文社、一九七〇年。

『社会学の根本概念』清水幾太郎訳、岩波文庫、一九七二年。

『宗教社会学』武藤一雄・薗田宗人・薗田坦訳、創文社、一九七六年。

『宗教社会学論選』大塚久雄・生松敬三訳、みすず書房、一九七二年。

『儒教と道教』木全徳雄訳、創文社、一九七一年。

『職業としての学問』改訳版、尾高邦雄訳、岩波文庫、一九八〇年。

『職業としての政治』改版、脇圭平訳、岩波文庫、二〇二〇年。

『政治論集』2、中村貞二・山田高生・脇圭平・嘉目克彦訳、みすず書房、一九八二年。

『都市の類型学』世良晃志郎訳、創文社、一九六四年。

『プロテスタンティズムの倫理と資本主義の精神』大塚久雄訳、岩波文庫、一九八九年。

『理解社会学のカテゴリー』海老原明夫・中野敏男訳、未来社、一九九〇年。

Economy and Society. An Outline of Interpretive Sociology, ed. by Guenther Roth and Claus Wittich, Berkeley, CA: University of California Press.（訳注でこの訳書に言及するときには、「ギュンター・ロースの英訳」と表記する。）

目　次

支配について　Ⅰ　官僚制・家産制・封建制

支配について

Ⅱ　カリスマ・教権制

カリスマ①

（1）ウェーバー全集でのこの章のタイトルはCharismatismusとなっている。この言葉は通常はほとんど用いられないし、ウェーバー自身も用いていない。官僚制（Bürokratismus）、家産制（Patrimonialismus）、封建制（Feudalismus）という、以前の章の表題との形式的な統一性を考えて、全集の編者が採用したのがこのタイトルである。Bürokratismusと同じく、Charismatismusの接尾辞のmusも「主義」の意味合いをほとんど持っていない。このため「カリスマ主義」とはしなかった。「カリスマ制」という訳語も検討したが、ここでは端的に「カリスマ」と訳すことにした。本章は『経済と社会』第四版・第五版における「カリスマ的支配とその組み替え」の第一項「カリスマの本質と作用」の前半（**カ**[**1**]〜[**4**]）に対応する。ただしこの旧版では、本章の最後の**カ**[**5**][**6**]が次章の**組**[**31**]の直後の位置に置かれている。全集版では初版の段落の配置に戻された。

[1] カリスマ、価値から自由な定義、ベルセルク

官僚制的構造は、それと多くの点で対立する家父長制的構造と同様に、その最も重要な特徴が継続性であるような構成体であり、この意味で「日常的な構成体」である。とりわけ家父長制的な権力は、絶えずくり返される、通常の日常的なニーズを充足することに根ざしており、したがって経済に、より詳しくいえば、通常の日常的な手段で充足できる経済の部門に、その本来の場所を持っている。家父長は日常〔生活〕の「自然なリーダー」(natürlicher Leiter)である。この点で官僚制的な構造は、家父長制的構造が合理的なものに転移されたものであり、家父長制的構造と対となる片方にすぎない。

官僚制的構造も継続的な構成体であり、合理的なルールのシステムを有しており、通常の手段によって計算可能な継続的なニーズを充足するように編成されている。これに対して、歴史的に振り返れば振り返るほど、日常の経済生活の要求を超えたあらゆるニーズの充足は、原理的にはまったく異質な、つまりカリスマ的な基礎を持っていることがわかる。

要するに、心理的、肉体的、経済的、倫理的、宗教的、政治的な窮地に立たされた「自然」なリーダーは、雇用された役所の職員でもなければ、専門知識として習得され、報酬をもらって行われる、今日のこの言葉の意味での「ベルーフ」〔専門職〕を持っている人でもない。この「自然」なリーダーは〔だれでもアクセスできるわけではないという意味で〕超自然的と考えられる、身体と精神の〔特別な才能という意味の〕賜物の担い手であった。

このとき「カリスマ」という概念は、完全に「価値〔から〕自由」(wertfrei)に用いられている。

北欧の「ベルセルク」①は、狂犬のように盾や自分の周囲に噛み付き、ついには血への狂おしい渇きで突進する。アイルランドの〔ケルト神話の〕英雄クー・フーリンやホメロスのアキレウス②も、そうであった。彼らは英雄的エクスタシー〔忘我〕の能力を持っていた。ベルセルクについては長い間、急性の毒によって人為的に作り出したと主張されてきたが、こうした英雄的恍惚の能力は躁病的な発作である〔ビザンツにはこの発作を起こす素質のある多くの「金髪の野獣」③がおり、同様にその前の時代には例えば戦象④(Kriegselefant)がいた〕。シャーマン〔呪術職能者〕のエクスタシーはてんかんの体質と結びついている。この体質を保有し、また証明することがカリスマの資格となる。どちらも私たちの感覚では「高尚」なものではない。例えばモルモン教徒の聖典のような「啓示」と同じで、少なくともおそらく評価する立場からすると、見えすいた「ペテン」といわざるをえないだろう。しかし〔価値自由的な〕社会学はそれについては問わない。モルモン教の教祖⑤も、先に述べた「英雄」や「魔術師」も、支持者の信仰においては、〔その人に〕カリスマがあることは証明済みである。

この賜物（「カリスマ」）によって、そして（神の観念がすでに明確に構成されている場合には）その賜物（「カリスマ」）に内在する神的な使命によって、彼らはその技芸と支配を行使した。

裁判官や軍事指揮官、狩猟遠征のリーダーと同様に、医者や預言者にも、同じことが当てはまった。

歴史的に重要な特別の事例（初期キリスト教の教会権力の発展史）について、観念的に首尾一貫して、したがって純粋に歴史的観点からして必然的に一面的に、権力構造のこのカテゴリー〔カリスマ〕の社会学的固有性を明らかにしたことが、ルドルフ・ゾーム⑥の功績である。

こうした事態はしばしば宗教の分野で最も純粋な仕方で姿を現した。しかし、原理的には同じ事態が、実に普遍的な仕方で回帰している。

（1）ベルセルク(Berserker)は北欧神話に出てくる猛戦士。【用語】「ベルセルク」を参照。

（2）ホメロス(Homēros)は前八世紀頃のギリシアの叙事詩人。アキレウスは、ホメロスの『イリアス』に出てくる英雄のこと。

（3）「金髪の野獣」(blonde Bestie)という表現は、フリードリヒ・ニーチェ(Friedrich Wilhelm Nietzsche, 1844–1900)の『道徳の系譜学』第一論文一一節に出てくる。飼い馴らされた「畜群」の反対。ニーチェ的な意味での「超人」の言い換えでもある。

（4）セレウコス朝シリアの支配下にあったユダヤ人の反乱であるマカベア戦争(前一六八～前一四一年)など、古代の戦争では酒を飲ませた象が使われることがあった。

（5）モルモン教の創始者は、ジョセフ・スミス(Joseph Smith, 1805–1844)。彼は一八三〇年にアメリカで、プロテスタントの一派のモルモン教を創設した。一夫多妻制を唱えていたことでも知られる。

（6）ルドルフ・ゾーム(Rudolph Sohm, 1841–1917)はドイツの法学者・教会法学者。使徒時代の教会を「カリスマ的組織」とするゾームの教会法の研究は、同時代のアドルフ・ハルナックなどによって批判を受けたが、ウェーバーのカリスマ論はゾームの研究に依拠している。Rudolph Sohm, *Kirchenrecht*. Bd. 1: Die geschichtlichen Grundlagen, Berlin: Duncker & Humblot, 1892.

［2］カリスマの根拠、経済に無頓着な性格

カリスマ的〔支配〕構造は、官僚制的な官職の組織のあり方とは、いずれの点でも対照的である。カリスマ的構造には、任命や解任の形式や秩序だった手続きも、「キャリア」や「昇進」も、「給料」も、カリスマの担い手やその補佐役のためのルール化された専門教育も、統制機関や任命機関も存在しない。それら機関に場所ごとの管轄区域や排他的で事柄に即した〔ザッハリヒな〕権限が割り当てられることもない。最後に、官僚制的な「官庁」のような仕方で、純粋にパーソナルなカリスマの人と存在から独立して、常設の制度が存在することも、カリスマ的構造にはない。

カリスマが持っているのは、自分自身の内的な確実性と限界だけである。

カリスマの担い手は自分にふさわしい任務を把握し、自分の使命(Sendung)の力によって、服従し、付いてくることを要求する。

その人がこれを獲得するかどうかは、成功するかどうかで決まる。

カリスマの担い手が、自分はその人たちのために〔神から〕遣わされている〔使命を与えられている〕と感じている相手が、その人の使命を承認しなければ、この人の主張は崩れてしまう。

彼らがその人のことを承認すれば、その人は彼らの主人となる。「証明」によってこ

の承認を維持するすべを心得ているかぎりで、この人は彼らの主人である。

しかし、カリスマの担い手はその場合には、例えば選挙のような仕方で、彼らの意思から自分の「権利」を引き出すのではない。むしろ逆で、カリスマ的資格を持つ人を承認することが、その人のメッセージ(Sendung)が向けられた人びとの義務である。

中国の理論[1]は、皇帝が主人である権利を人民の承認に依拠させる。しかしそうであるとしても、これは人民主権の承認ではない。古代キリスト教のゲマインデ〔信徒団〕で預言者は信徒による「承認」を必要としていたが、これが人民主権の承認でないのと同様である。

むしろそれが示しているのは、君主の地位が、カリスマ的な、つまりパーソナルな資格および証明と密接に結びついた性格を持っているということである。

カリスマはしばしば、質的に特別なものでありえるし、当然のことながら実際にそうである。したがってこのときにカリスマの保持者が持っている使命と権力の質的な制限は、外的な秩序からではなく、内側から生まれる。

その意味と内容からして使命は、地域的、民族的、社会的、政治的、職業的、その他なんらかの点で限定されたグループに向けられることがあり、また普通はそうである。このときこうした限定されたグループの範囲に、使命は限定される。

カリスマ的な支配は、あらゆる面で、またその経済的な下部構造でも、官僚制的な支配とはまさに正反対である。

官僚制的な支配は継続的な収入、したがって少なくとも前提としては貨幣経済と貨幣による租税に基づいている。これに対してカリスマは、この世界のなかで(in)生きてはいるが、この世界に寄生して(von)生きてはいない[2]。

これは正しく理解されなければならない。

たしかにカリスマは、完全に意識的に、貨幣の所有や貨幣収入それ自体を忌み嫌うことも少なくない。聖フランチェスコ[3]や彼のような考えの人はそうであった。

しかし、もちろんこれは普通のことではない。

天才的な海賊も、ここで考えられている価値自由的な意味では、もちろん「カリスマ的」な支配を行うことがある。カリスマ的な政治的英雄は獲物を求めるし、そのなかでもとくに金(Gold)を求める。

しかし、ここが決定的な点であるが、カリスマはつねに、計画的で合理的な収益、そしてありとあらゆる合理的経済活動を、品位のないものとして拒絶する。

この点で、「家計」という秩序ある基礎に立脚した、「家父長制」構造のすべてに対して、カリスマは鋭い対立関係にある。

「純粋」な形式のカリスマは、カリスマを持っている人にとって、決して私的な営利の源泉などではない。パフォーマンスとそれに対するお返しの交換という形で〔カリスマを〕経済的に利用するという意味でも、そしてまた給料をもらうという別の活用の点でも、カリスマは私的営利の源泉ではない。同様にカリスマは、自分の使命の物質的ニーズを賄うための租税の秩序とも無縁である。

そうではなく、カリスマの使命が平和のための使命であれば、経済的に必要とされる手段は、〔カリスマを信奉する〕個々人の後援によってか、あるいはカリスマが向けられる側の人たちからの、栄誉のための贈与、寄付、その他の自発的な提供によって揃えられる。あるいはカリスマ的な戦争の英雄の場合には、戦利品が目的の一つであるとともに、同時に使命のための物質的手段を提供する。

どんな(ここで使われている言葉の意味での)「家父長制的」な支配とも異なって、「純粋」なカリスマはすべての秩序ある経済の対立物である。カリスマは経済的な無頓着さ(Unwirtschaftlichkeit)が有している力(Macht)の一つであり、それればかりかまさに経済的な無頓着さの力そのものである。カリスマ的な戦争の英雄のように、財の所有を目的とする場合でも、あるいはその場合こそ、そうである。

カリスマが経済的な無頓着さの力でありうるのは、カリスマの本質からして、継続的な「制度的」構成体ではなく、「純粋」類型で機能するところでは、まさにその反対だからである。

カリスマの担い手である主人および信奉者とフォロワーが、その使命を果たすことができるためには、この世界のしがらみの外に、日常の職業や日常の家族の務めの外に、立たなければならない。

イエズス会の修道会規約[4]では教会官職に就任する可能性は排除されており、修道会の構成員には〔財産の〕所有が禁止されていた。フランシスコ会のもともとのルールによれば、修道会自体にも、所有が禁止されていた。司祭や修道騎士には独身制があり、預言や芸術のカリスマを持つ多くの者が実際に結婚していなかった。これらはすべて、カリスマの部分[5]（「κλῆρος」）を有する者が、不可避的に行う「現世離脱」の表現である。

この場合には、カリスマの種類とカリスマの意味を実現する生き方（例えば、宗教的か芸術的か）によって、カリスマを分有する者の経済的条件は、外見的にはまさに正反対にみえることもある。

芸術を起源とする近代のカリスマ運動[6]は、「自立した非就労者」（日常の言葉で表現するとレンテ〔年金・金利〕生活者）を、カリスマとして召命された者の、普通は最も資格のあるフォロワーであると認識する。これは一貫している。同じく一貫しているのは、中世の修道士に、経済的にちょうど正反対のことを要求した貧困〔清貧〕の戒律である。

（1）**カ【3】**における孟子について記述を参照。

（2）講演「仕事としての政治」でウェーバーは「政治で（von）生きる」と「政治のために（für）生きる」を区別している（MWG I/17, S. 169-170.「仕事としての政治」一一〇〜一一一頁／『職業としての政治』二四〜二五頁）。「政治で（von）生きる」とは、政治活動で収入を得る、ないし生計を立てるという意味である。

（3）聖フランチェスコ（Francesco d'Assisi, 1182-1226）はイタリアのアッシジ生まれのカトリックの聖人。裕福な商人の家に生まれたが、後に回心し、徹底的な「清貧」を説いた。ウェーバーは講演「仕事としての政治」で、宗教的なカリスマの例として、イエスとブッダと聖フランチェスコの三人を挙げている（cf. MWG I/17, S. 247.「仕事としての政治」二〇九頁／『職業としての政治』一一五頁）。

（4）イエズス会は、一六世紀にイグナチオ・デ・ロヨラ（Ignatius de Loyola, 1491-1556）らによって創立されたカトリックの男子修道会。反宗教改革の中心的な団体であり、軍隊的な規律で知られる。ヨーロッパ外での布教活動を熱心に展開し、日本にも一五四九年フランシスコ・ザビエル（Francisco de Xavier, 1506-1552）によって伝えられた。

（5）本書に出てくる「クレーロス」は、基本的には割当てられた土地を指す。しかしこの箇所では「部分」という意味で用いられている。【用語】「クレーロス」を参照。

（6）ウェーバーがこの箇所を書いたときに意識していたのは、同時代の詩人シュテファン・

ゲオルゲ(Stefan George, 1868-1933)である。ウェーバーは一九一〇年にハイデルベルクでゲオルゲと対話している。ゲオルゲの周囲には「ゲオルゲ・サークル」と呼ばれる、彼を信奉するフォロワーの集団が形成されており、これがウェーバーのカリスマ論の一つのモデルになっている。ウェーバーとゲオルゲの関係については、パウル・ホーニヒスハイム『マックス・ウェーバーの思い出』大林信治訳、みすず書房、一九七二年、および上山安敏『神話と科学――ヨーロッパ知識社会　世紀末~二〇世紀』(岩波書店、一九八四年)を参照。

[3] 不安定

カリスマ的権威の存続は、その本質からして特別に不安定である。カリスマの担い手がそのカリスマを失い、十字架上のイエスのように「神に見捨てられた」と感じ、「自分の力は失われた」ことを支持者に明かすこともある。[1] こうなると、この人の使命は消え、希望は新しい担い手を待望して探し求める。

支持者たちはこの人のもとを去っていく。というのも、純粋なカリスマには、つねに新たに証明される自分自身の力から出てくる「レジティマシー」(正当性／正統性)以外には、いかなる「レジティマシー」もないからである。

カリスマ的英雄が自分の権威を引き出すのは、官職の「権限」のように秩序や制定規則からではなく、あるいは家産制的権力のように伝承されてきた風習や封建制的な忠誠の約束からでもない。カリスマ的英雄が権威を獲得し維持するのは、人生のなかで自分の力を証明することによってのみである。

預言者になりたいのなら奇蹟を起こさねばならず、戦争を導く人(Kriegsführer)になりたいのなら英雄的な行為をしなければならない。

しかし、なによりも、その人の神的な使命は、信仰をもってその人に身を捧げている人びとがうまくいっていること〔息災・安寧・繁栄〕によって「証明」されなければならない。

それができなければ、その人は明らかに神々から遣わされた主人ではない。

このような本物のカリスマは真剣な思いを持っている。今日の「王権神授説」は「君主だけが責任を負う」という神の「究めがたき」助言に言及するが、こうした心地よい気取りとは、本物のカリスマの真剣さは明らかにラディカルに対立する。(2) 本物のカリスマ的な支配者はむしろ支配される側の人たちに責任を負う。

なにに対しての責任かといえば、要するに、カリスマ的支配者がその人個人として神から望まれた主人であるということに対して、そしてただそれに対してだけである。

例えば(理論上ではあるが)中国の君主のように、重要な残余において、まだ純粋にカリスマ的権力の担い手である人は、洪水であれ不幸な戦争であれ、支配される側の人たちの困苦を追い払うことに自分の行政が成功しなければ、すべての人民に対して、公然と自分自身の罪と不十分さを懺悔する。こうしたことを私たちは、ここ数十年に体験した。(3)

このように悔い改めても、神々の怒りを鎮めることができない場合には、その人は解任と死を覚悟する。そしてこの死は、しばしば嫌になるほどまでに、贖罪のための犠牲として現実のものとなった。

このような非常に特別な意味を持っているのは、例えば、孟子(4)の命題である。民の声は「神の声」である、というのがそれである（孟子によれば、神の唯一の語り方がこれである！）。民衆の承認がなくなると、（明言されているように）主人はたんなる私人であり、もしそれ以上たらんとするならば、その人は罰を受けるに値する簒奪者となる。

相当に率直な形で、これらの最高度に革命的な響きを持つ命題に対応する事態は、原始的な条件のもとでも存在している。最も狭い意味での家権力は例外であるが、カリスマ的性格は、ほとんどすべての原始の権威に付着しており、その人が成功に恵まれないと、首長はしばしば嫌になるほど簡単に見捨てられる。

（1）新約聖書『マタイによる福音書』二七・四六。

（2）自分の統治を正当化するために、王権神授説的な理論を持ち出したというのは、ヴィルヘルム二世のこと。一九一八年一一月にドイツ革命が起こると、彼は退位してオランダに亡命した。
（3）Cf. MWG I/19, S. 177.『儒教と道教』四三頁。
（4）孟子(c. 372 BC-289 BC)は戦国時代の儒家。ウェーバーは宣教師で中国学者のジェームズ・レッグ(James Legge, 1815-1897)の英訳を参照している。Cf. Legge, *The Chinese Classics, Vol. 2: The Works of Mencius*, Oxford: Oxford University Press, 1861, p. 167. 該当箇所は『孟子』離婁章句上。

【4】支配される側の人たちによる承認とカリスマの物象化

カリスマ的な主人が持つ権力は、その人個人の使命が支配される側の人たちによって、純粋に事実として「承認」(Anerkennung)されていることに基づいている。事情によってこの承認は、より能動的であったり、より受動的であったりする。支配される側の人たちによる承認の源泉は、非日常的なもの、尋常でないもの、あらゆるルールや伝統とは異質で、それゆえ神的とみなされるものに対する、信仰によるコミットメントである。こうしたコミットメントは、急迫と熱狂から生み出される。

したがって、本物のカリスマ的支配には、抽象的な法規や規定は存在せず、「形式的」

な法発見もない。

カリスマ的支配の「客観的」な法は、天の恩恵や神に匹敵する英雄的な力という高度に個人的な体験の具体的な流出であり、そしてこの「客観的」な法が意味するのは、預言者と英雄の本物の信条だけを聖化し、すべての外部秩序による拘束を拒否することである。

このためカリスマ的支配〔者〕は「そう書いてはある。しかし、私はあなたがたに告げる」(1)というように、革命的に、すべてを価値転倒し、あらゆる伝統的・合理的な規範を破って主権的に振舞う。

紛争解決のカリスマ的形式の特殊なものが、預言者による啓示、あるいは神託、あるいはカリスマ的資格を持つ賢者の「ソロモン的」仲裁判断(2)である。「ソロモン的」仲裁判断は、完全に具体的で、個別的ではあるが、絶対的に妥当することを要求する価値の考量によって発見される。

「カーディ裁判」の本来の故郷はここにある。「カーディ裁判」というのは、この言葉の歴史的な意味ではなく、キーワード的な意味である。

というのも、イスラームのカーディ裁判は、その実際の歴史的な現象としては、神聖な伝統と、そのしばしば高度に形式主義的な解釈に縛られているからである。こうした認識手段が役に立たない場合にのみ、そしてこのような場合にこそ、イスラームのカーディ裁判は、個々の事例について、ルールに縛られない個別の評価にステージを移す。

本物のカリスマ的司法はつねにこれをする。純粋な形式のカリスマ的司法は形式的・伝統的な拘束の最も極端な対立物であり、抽象的な概念からの合理主義的演繹と同様に、伝統の神聖さから自由である。

ローマ法裁判における「衡平と善」(aequum et bonum)への指示や、イギリスの「エクイティ」〔衡平法〕の始原的意味が、一般的にはカリスマ的裁判、そして特殊的にはイスラームの神政政治的カーディ裁判と、どのような関係にあるのかという問題については、ここで論じることはできない(3)。

しかし、両者〔「衡平と善」と「エクイティ」〕は、一部はすでに高度に合理化された裁判の産物であり、一部は抽象的な自然法の諸概念の産物である。そしていずれにしても、「誠意により」(ex fide bona)は、商取引の善良な「習俗」への指示を含んでおり、したがって、例えば私たちがいう「裁判官の自由裁量(4)」と同じくらいには、本物の非合理的な裁判ではない。

これに対して、当然ながら、証拠手段として用いられる、あらゆる種類の神判は、カリスマ的裁判の派生物である。

しかし、カリスマの担い手が個人として持っていた権威を、神の意志を形式的に見極めるためのルールに縛られたメカニズムに置き換えることで、神判はすでに、まもなく論じることになる、カリスマの「物象化」の領域に属している。⑤

（1）新約聖書『マタイによる福音書』五・二一〜二二。
（2）ソロモン（Solomon）は、古代イスラエル王国第三代の王。在位期間は前九六一年頃〜前九二二年頃。知者・詩人として知られており、「ソロモンの知恵」「ソロモンの箴言」として言及されることが多い。
（3）Cf. MWG 1/22-3, S. 563-564, 634.『法社会学』四四四〜四四五、五二七〜五二八頁。
（4）一九世紀末から二〇世紀初頭に流行した自由法論を指す。**官**【**38**】も参照。
（5）**組**【**23**】【**24**】、**維**【**9**】を参照。

【5】王権の発展

カリスマ的な仕方で制度がレジティメーション〔正当化〕されることがある。歴史的にとくに重要な事例は、政治的カリスマのレジティメーション、つまり王権の発展である。

[6] 武侯

国王はどこでも第一義的には武侯[1](Kriegsfürst)である。

王権はカリスマの英雄的精神・行為(Heldentum)から成立する。文化民族の歴史から知られているような特徴を持った王権は、発展史上の最古の「政治的」支配の形式ではない。ここで「政治的」支配[2]というのは、家権力(Hausgewalt)を超えて、原理的に家権力から区別されるべき権力を意味する。この二つが区別されるべきなのは、「政治的」支配が主として自然に対する人間の平和的闘争の指揮に貢献する権力ではなく、他の人間共同体〔ゲマインシャフト〕と戦う一つの人間共同体〔ゲマインシャフト〕の暴力的闘争を指揮する権力(Gewalt)だからである。

尋常でない外的・内的苦境の除去か、尋常でない事業の成功か。どのカリスマもこのいずれかを請け負った。こうしたカリスマの担い手が王権の先祖である。

王権の前身である初期の首長は、なおも分裂した人物である。首長は、一方では家族ないし氏族の家父長制的な長であり、他方では狩猟や戦争のカリスマ的な先導者、魔術師、雨乞い師、まじない師(すなわち祭司であり医者)、そして最後に仲裁裁判官である。

いつもではないがしばしば、これらのカリスマ的機能は機能と同じ数の特別なカリスマに分裂し、そして特別な担い手を持つ。

家権力から生まれ、本質的に経済的な機能を持つ平時の首長（氏族の長）と並んで、かなりしばしば、狩猟と戦争の首長が存在した。そして前者とは対照的に、後者〔の資格〕が獲得されるのは、自発的なフォロワーとともに行われる、勝利と略奪物を目指す作戦で、自分の英雄的性格を証明することによってである（アッシリア国王の碑文(3)にはなおも略奪物が列挙されている。殺害された敵の数や剝がれた皮で覆われた征服地の城壁の広さに混じって、狩りの戦利品や建築用に引きずってこられたレバノン杉も含まれている）。

このときカリスマ的地位の獲得は、氏族や家ゲマインシャフトにおける地位に関係なく、いかなるルールにも縛られない。

カリスマと日常の二元論は、例えばイロコイ同盟のインディアンの間にも、アフリカなどにも非常によくみられる。

戦争や大型動物の狩猟がないところでは、カリスマ的な首長、つまり「侯」（Fürst）も存在しない。よくある混乱を避けるために、私たちはこれを平時の首長と区別して、「〔武〕侯」〔フュルスト〕と呼びたい。

そして、とくに干ばつや病気といった自然の惨事が多い場合には、〔戦争におけるカリスマと〕本質的に同じような力を持つカリスマ的な魔術師が存在することもある。これが司祭侯（Priesterfürst）である。

カリスマが存続するのは証明によってであり、カリスマは不安定である。武侯が持っているのはこうした不安定なカリスマである。そんな武侯も戦争状態が慢性化すると、恒常的な現象になる。

このとき、外国人や被征服者を自分たちのゲマインシャフトに合併・編入することによってはじめて、王権、それとともに国家が始まるということにしてよいのかどうかは、それ自体、用語上の問題にすぎない。私たちの必要によって目的に適うように、私たちは「国家」という表現を本質的により狭く限定しなければならないだろう。

間違いなく、武侯の存在が通常の現象になるのは、他部族である被征服民に対して部族支配が存続していることや、また個々の奴隷がそこにいることによってではなく、慢性的な戦争状態が存続していることと、そうした戦争状態に合わせた包括的な組織が存続していることによってである。

他方で、通常の王政による行政へと王権が発展するのは、労働し〔地代や租税を〕払う大衆が、王権の職業的戦士である従士団によって支配される段階になってはじめて出てくる現象である。少なくともそうであることが相当に多かった。これは正しい。しかし、異部族の暴力的な服従が、発展のために絶対に不可欠な中間項ということではない。カリスマ的な戦争のフォロワーが支配的なカーストへと発展した結果として内部で階級分化が生じ、これが〔異部族の征服と〕まったく同じ社会的分化をもたらす可能性もある。

しかしいずれにせよ、〔武〕侯の権力とその利害関係者、つまり〔武〕侯のフォロワー〔従士〕は、支配が安定するとすぐに、カリスマを持つがゆえに使命を与えられた支配者の標識である「レジティマシー」を手に入れようとする。

これが可能になるのは、一面では、他に対するレジティメーション〔正当化〕によって……(ここで原稿は途切れている)[4]。

(1)【用語】「フュルスト」を参照。

(2) ウェーバーはここで、一人の家長によって支配される家権力と、複数のゲマインシャフトの存在を前提にする「政治的」な支配を明確に区別する。ただし家とポリスを区別したアリストテレスとは異なり、ウェーバーの場合には、複数のゲマインシャフト間の関係が「暴力的闘争」(gewaltsamer Kampf)として論じられるため、「政治的なもの」が支配関係に結合する。

(3) アッシュル・ナツィルパル二世(Ashurnasirpal II, アッシリア王の在位期間は前八八三〜前八五九年)の碑文。Cf. Eberhard Schrader (Hg.), *Sammlung von assyrischen und babylonischen Texten in Umschrift und Übersetzung*, Band 1, Berlin: H. Reuther, 1889, S. 61, 67.

(4) ( )内は初版の編者のマリアンネ・ウェーバーによる。

カリスマの組み替え①

（1）本章は『経済と社会』第四版・第五版における「カリスマ的支配とその組み替え」の第一項「カリスマの本質と作用」の後半（組[1]〜[5]）と第二項「カリスマ的権威の成立と組み替え」に対応する。ただし、編者のヴィンケルマンの判断で、組[37]の直後の位置に置かれた維[9]〜[12]は、全集版では初版の段落の配置に戻され、「カリスマの維持」の章の最後に置かれている。

［1］カリスマの革命的性格、支配される側の人たちのメタノイア（回心）

すでに論じてきたように、(1) 官僚制的合理化も伝統に対する第一級の革命的な力となりうるし、実際にしばしばそうであった。

しかし、官僚制的合理化は、原理的には経済のあらゆる変革がそうであるように、「外から」、まず事物と秩序を技術的手段によって変革し、次にそこから人間を変革する。人間を変革するというのは、合理的な目的設定と手段設定によって、外界への人間の適応条件を変え、場合によっては適応の可能性を高める、という意味である。

これに対して、カリスマがその力の基礎としているのは、啓示と英雄に対する信仰、自分の目の前に姿を現したもの（Manifestation）の重要性と価値に対する感情的確信、そして英雄的精神である。ここで姿を現したものというのは、宗教的、倫理的、芸術的、科学的、政治的、その他いかなる種類のものでもありうる。英雄的精神については、〔宗教的〕禁欲の英雄的精神でも、戦争の英雄的精神でも、裁判官的な知恵の英雄的精神でも、魔術的恩恵の英雄的精神でも、その他いかなる種類のものでもよい。

このような信仰は「内から」人間を変革し、その革命的な意欲にしたがって物事や秩序を形成しようとする。

もちろん、この対比は正しく理解される必要がある。宗教的、芸術的、倫理的、科学的、その他あらゆる「理念」、とくに政治的・社会的な組織の「理念」は、それらが作用する領域には深い相違があるにもかかわらず、心理学的にみれば、本質的に同じ仕方で成立している。

ある理念を「悟性」に、他の理念を「直観」(あるいは、他のどのように分けてもよいが)に割り振ろうとするのは、「その時代に仕える」主観的な「価値評価」(Werten)である。例えば、〔カール・〕ヴァイエルシュトラース[2]のような人の数学的「ファンタジー」は、だれか芸術家や預言者、あるいはデマゴーグの「ファンタジー」とまったく同じ意味で「直観」である。ここには違いはない。

(ちなみに、芸術的直感を含め、直感というのはすべて、自分自身を客観化するために、したがって、ともかくそのリアリティを証明するために、「作品」(Werk)を「把握」することを意味する。あるいは、そのように主張したければ、「作品」の要求によって把握されることを意味する。直感は他のどのようなものであれ、主観的「感情」や「体験」などではない。ここで私たちが扱わない「価値」の領域も含めて、以上の点について〔数学者、芸術家、そして預言者の〕直感は同じである。)

「合理主義」の意味を理解するために、力説しておかなければならないことがある。違いは、理念や「作品」の創作者である人やその心的な「体験」にはそもそも存在しない。

そうではなくて違いが存在するのは、支配される側、あるいは導かれる側の人たちによって、それらが内面的に「我がものに」され、「体験」される仕方にある。以前に論じたように、[3]合理化は次のように進む。〔だれかによって〕導かれる多数の人びとは、自分たちの利益のために実用的に役立つ、外的で、技術的な成果を我がものにしたり、あるいはそれに適応したりする。ちょうど私たちが九九〔掛け算〕を「学び」、実に多くの弁護士が法技術を「学ぶ」ように。これに対して、創造者の「理念」の内容は、彼らにとってはどうでもよい。合理化というのはこのようにして進む。

合理化と合理的な「秩序」は「外から」革命を起こす、という命題が意味するのは、まさにこのことである。これに対して、そもそもカリスマが特別な影響を与えるとすれば、カリスマは逆に内側から、支配される人たちの信条の「メタノイア」[4]から、その革命的な力(Gewalt)を表出する。

官僚制的な秩序は、つねにすでにあるものの神聖さ、つまり伝統の規範に対する信仰を、合目的的に制定されたルールへの従順さと知(Wissen)への従順さによって置き換えるだけである。知への従順さというときの知というのは、人にそれをする権力があれば、ルールは他の合目的的なルールによって代替可能であり、したがって「神聖なもの」ではない、という意味である。これに対して最高の現象形式のカリスマは、ルールと伝統を完全に粉砕し、神聖さの概念をすべてひっくり返す。

カリスマが内面的に服従を強いるのは、太古の昔から慣習となっているもの、したがって神聖化されたものへの恭順⑤ではなく、これまで存在しなかったもの、絶対的に唯一にして一回的なもの、したがって神的なものである。

この純粋に経験的で、価値自由的な意味では、カリスマはもちろん歴史の特別に「クリエイティブ」で革命的な力である。

(1) 官[59]を参照。

(2) カール・ヴァイエルシュトラース(Karl Weierstraß, 1815-1897)は、ボン大学で法学を学ぶも中退して数学に転じた。複素関数論の基礎づけで知られる。ベルリン大学教授。

(3) Cf. MWG I/12, S. 437-440.『理解社会学のカテゴリー』一二〇～一二六頁。

(4) メタノイアは回心、悔い改め、転換を意味するギリシア語。この概念については、ミシェル・フーコー『ミシェル・フーコー講義集成〈11〉主体の解釈学』(コレージュ・ド・フランス講義 1981-82)、廣瀬浩司・原和之訳、筑摩書房、二〇〇四年、一九八二年二月一〇日の講義(第一時限)を参照。

(5) 【用語】「恭順」を参照。

[2] カリスマの非日常的性格、「資本主義的精神」の二重の性格

カリスマ的権力も、「自然なリーダー」(natürlicher Leiter)に対するパーソナルなコミットメントと「自然なリーダー」が個人として持っている権威を基礎にしている。両者は官僚制的秩序の「任命された」リーダーとは対照的である。しかしカリスマ的権力と家父長制的権力という二つの場合の恭順と権威は非常に異なる。

家父長は、官僚と同じく、秩序の担い手として恭順と権威を享受する。ただしこの秩序は、官僚制の法律や規定のように、人為的に合目的的に定められたものではなく、太古から破れることなく妥当してきたという性格を持つ。

その人に具現化された使命によって、カリスマの担い手は恭順と権威を享受する。使命は革命的な性格を持ち、あらゆる価値の位階秩序を逆転させ、習俗、法、伝統を覆す。かならずしも、つねにというわけではないが、少なくともその最高の形態ではそうであった。

具体的な担い手の手中にある家父長制的な権力の存続がいかに不安定であろうとも、

いずれにしても家父長制的な権力それ自体は、日常とその要求に奉仕し、日常がそうであるように、権力の担い手と環境がどんなに変化しても、それでも機能の点では継続する、そのような支配構造である。この支配構造は、非日常的な状況で困窮と熱狂から生まれたカリスマ的な構造とは対照的である。

どちらの構造形式も、それ自体としては、生活のあらゆる分野にアクセス可能である。古代ゲルマン軍の多くは、家父長制的に、門閥(Geschlechter)ごとに、家族の長の指揮のもとで戦った。

オリエントの君主の古い小作人の軍隊や、フランク軍の「主人[1]」(seniores)の指揮下で出陣する隷従民部隊は、家産制の論理によって組織されていた。

一方では官職的なゲマインデ〔共同体〕の崇拝があり、他方ではカリスマ的預言者の、実質的にほとんどつねに革命的な偉大な運動があった。これらと並んで、家長の宗教的機能と家の神への奉仕は長く続いている。

〔一方における〕ゲマインシャフトの日常的な経済業務を担当する平時の首長、〔他方における〕共同の戦争の場合の人民召集軍のほかに、ゲルマン人やインディアンには、自発的な従士〔フォロワー〕とともに出撃するカリスマ的な戦争の英雄がいる。公式の国民戦争でも、そうした冒険において自分が英雄であることを証明して、アドホックに「将軍」(Herzog)であると宣告された武侯が、通常の平時の権威にとって代わる場合がきわめて多い。

家父長制的構造の基礎は、慣れ、伝統の尊重、親や先祖への恭順、奉仕者としてのパーソナルな忠誠である。政治の領域や宗教の領域で、こうした家父長制の構造は、カリスマの革命的役割とは対照的に、伝統的な、慣れ親しんだ日常のニーズに仕える。

経済的な領域でも同様である。

経済というのは、物質的なニーズを計画的に気遣うことを目的とした、秩序ある持続的な行為の進行である。経済は、支配の家父長制的構造の特別な故郷である。そして経済がしだいに合理化して「経営」へと至ると、経済は官僚制的な支配構造の特別な故郷にもなる。

しかしながら、経済も決してカリスマと無縁ではない。

原始的な状況で当時は重要であったが、物質文化の増大とともにしだいに重要でなくなったニーズ充足の一つの部門がある。それは狩猟である。狩猟は非常にしばしばカリスマ的な特徴を示す。狩猟は戦争と同様の方法で組織され、後世になってもなお長いこと、戦争と同等に扱われている(アッシリア国王の碑文[2]でも、なおもそうである)。

しかし、カリスマと日常生活の対抗関係は、資本主義に特有の経済の分野でもみられる。ただし、ここで対立するのは、カリスマと「家」ではなく、カリスマと「経営」である。ヘンリー・ヴィラード③は、株式取引所で北太平洋鉄道の保有株式に奇襲をかけた。この目的のために彼が仕掛けたのが、有名な「ブラインド・プール④」である。彼は目的を明示せずに、詳細を明らかにできない事業のために、大衆から五千万ポンドを募り、彼の名声でこの金額を無担保で借りた。この一件やこれに類似の現象は、壮大な略奪資本主義と経済的な戦利品に群がる人びと〔フォロワー〕の現象である。これらの現象は、その全体構造において、そしてその「精神」において、通常の大規模資本主義の「経営」の合理的運営とは根本的に異なる。逆に、これらの現象と同質なのは、非常に大きな財政・植民地の搾取事業や、海賊や奴隷狩りと混合した「その場だけの商売」である。これらは太古の昔から存在した。

「資本主義的精神」と呼ぶことのできるものの二重の性質を理解するためには、そして同じように、現代の「職業適合的」に官僚制化の進んだ日常性の資本主義に特有の特徴を理解するためには、これら二つの構造的要素を概念的に区別することを学ぶ必要がある。この二つはいたるところで絡み合っているが、究極の本質の点では異なる。

（1）**家［14］**を参照。
（2）**カ［6］**を参照。

(3) ヘンリー・ヴィラード(Henry Villard, 1835–1900)は、アメリカのジャーナリスト・金融家。ドイツからの移民で、マックス・ウェーバーの父親の知人でもあった。Cf. Guenther Roth, *Max Webers deutsch-englische Familiengeschichte: 1800–1950*, Tübingen: J. C. B. Mohr (Siebeck), 2001, S. 480–488.

(4) ブラインド・プールとは、投資家が投資を判断する時点で投資対象が決まっていない投資ファンドのこと。自社ではコンテンツを持たず、上場後に未上場の企業を買収する、今日のいわゆる特別買収目的会社(ＳＰＡＣ)も、基本的な発想はブラインド・プールと同じである。

[3] マイスターとフォロワー・信奉者の関係

カリスマ的権威は、その性格を純粋に保てば保つほど、目的と手段の原理で人や物を秩序づけるという通常の意味での「組織」(Organisation)として把握することが、それだけますますできなくなる。しかしながら、ここで使われている言葉の意味での「純粋」なカリスマ的権威の存続は、無定形の無構造などといった状態ではない。それは、パーソナルな機関と、カリスマの担い手の使命に適合したパフォーマンスと財からなる装置を備えた明確な社会的構造形式である。

〔カリスマの〕個人的な補助者がおり、そしてそこに同時にグループ内の特別な種類のカリスマ的貴族層がいる。彼らは支持者の比較的狭いグループを形成している。このグループは、信奉者の忠誠とフォロワーの忠誠という原理によって結びつき、また個人が持つカリスマの資格によって選出される。

物財の提供は、形式的には任意であり、規定がなく、不安定である。それでもニーズを充足する程度の提供は、カリスマによって支配された者の良心の義務とされ、ニーズとパフォーマンス能力に応じて差し出される。

カリスマ的構造の純粋性が保たれれば保たれるほど、プフリュンデ〔俸禄〕、給料、あるいはなんらかの種類の報酬や賃金の形で、また称号や序列といった形で、フォロワーや信奉者が物質的に生計を立てる手段や社会的地位を受け取ることはそれだけますます少なくなる。

物質的な点では、個人の生計が他の方法で確保されないかぎり、権威主義的に運営される、財の利用のゲマインシャフトにおいて、生計が確保される。これらの財は、場合に応じて、敬意を示す贈り物、戦利品、寄贈としてマイスター(Meister)に流入してくる。マイスターはそれらの財を計算や契約なしにフォロワーや信奉者と共有する。したがって彼らは、事情によっては、食卓ゲマインシャフトへの請求権や、マイスターが彼らに分かち与える装備品や名誉の贈り物を求める請求権を持つ。そして精神的な点では、彼らは、マイスターその人に対して与えられる、社会的、政治的、宗教的な評価や名誉の共有を求める権利を持つ。

これから逸脱すると、その逸脱がいかなるものであっても、カリスマ的構造の純粋性が損なわれ、他の構造形式への道を進むことになる。

［4］カリスマとコミュニズム

したがってカリスマは、家ゲマインシャフトと並んで、そして家ゲマインシャフトとは異なる、コミュニズムの第二の主要な歴史的担い手である。ここでコミュニズムを、財の消費における「勘定」の欠如と理解し、なんらかの共通の「会計」のための財の生産の合理的組織（「社会主義」）のことではないと理解するのであれば、このようになる。

そもそも歴史的に知られているこの意味での「コミュニズム」はどれも、伝統的な、つまり家父長制の地盤にその場所を持っているか（家コミュニズム）、あるいはカリスマ的信条という非日常的な地盤に立脚しているかのいずれかである。そして前者の（家コミュニズムの）形式でのみ、コミュニズムは日常の現象であったし、いまもそうである。これに対して後者（カリスマ）の場合には、コミュニズムが完全に貫徹されるならば、**1**陣営・略奪コミュニズムであるか、**2**修道院の愛のコミュニズムであるかのいずれかである。愛のコミュニズムには変種があり、「カリタス」〔慈善〕と施しへと変形したものもある。

陣営・戦利品のコミュニズムは、エオリア諸島の強盗国家[1]から、カリフ・ウマル[2]治下のイスラームの組織、キリスト教の軍事的教団〔騎士団〕や日本仏教の軍事的教団〔僧兵〕まで、（その貫徹の純度はさまざまであるが）ありとあらゆる時代のカリスマ的な戦争組織に存在する。

愛のコミュニズムは、なんらかの形であらゆる宗教の先端に存在し、ベルーフ〔使命〕に従う神のフォロワー、つまり修道院で生き続けた。それは数多くの敬虔主義的な特殊なゲマインシャフト（ラバディ[3]〔派〕）や、その他の高邁な宗教の特殊なゲマインシャフトにみられる。

第一級の英雄的信条と第一級の神聖性の維持は、コミュニズムの基礎を維持すること、そして個人の特別な財産の追求をしないことに結びついている。愛のコミュニズムの本物の代表者にはこのようにみえる。

そしてこれは正しい。カリスマは原理的に非日常的であり、したがって必然的に経済の外部にある権力である。あらゆるところで起こるおそれがあるように、経済的な日常の利害関心が優位を占めるようになるやいなや、カリスマの伝染力は直ちに危険にさらされる。

「プレベンデ」〔俸禄〕は割り当てられた「現物支給」である。これは古いコミュニズム的な、共通のストックからの供給に代わって現れた。プレベンデが成立する、最も本来的な場所はここであった。プレベンデはそれ〔カリスマの日常化・コミュニズムの解体〕への第一歩となる。

本物のカリスマの代表者は、あらゆる手段を用いて、この分解を防ごうとする。典型的な形ではスパルタのように、特別に戦士的な性格が強い国家は、カリスマ的コミュニズムの名残りを保持し、宗教教団がするように、財産への配慮、合理的な営利、家族のケアの「誘惑」から英雄を守ろうとした。

古いカリスマ的な原理のこのような名残りと、プレベンデ化とともに始まり、絶えずドアをノックし続ける個人的・経済的な利害関心とのバランスとりが、実にさまざまな土台のもとで行われた。

しかしいつも最終的に、家庭の形成と営利が無制限に解放されることで、本物のカリスマの支配は終焉する。

コミュニズムを支えるのは、軍隊の陣営における共通の危険、あるいは現世に馴染むことのない信奉者たちの愛の信条だけである。そして逆にコミュニズムだけが、日常生活の利害に対するカリスマの純度を保障する。

(1) エオリア諸島はイタリアのシチリア島の北方に位置する地中海の火山群島。火山学の重要な研究対象でもある。エオリア諸島は、紀元前五七五年から紀元前二五二年頃にかけてギリシアの植民都市であったが、つねに海洋からの脅威にさらされていたため、艦隊が整備された。この艦隊は敵船の拿捕・略奪も行った。なお旧版の『経済と社会』では「リグリア」になっていたが、全集版では「エオリア」に修正されている。エオリア諸島については**維**

[4]も参照。

(2) カリフ・ウマル('Umar, 581-644)は、イスラーム第二代正統カリフ。シリア・エジプトを征服し、イスラム帝国の基礎を築いた。

(3) ジャン・ド・ラバディ(Jean de Labadie, 1610-1674)はフランスの神学者。イエズス会の聖職者であったが退会し、財産の共有などを特徴とする敬虔主義的な「ラバディ派」を創設した。

[5] 物質的利害の重圧によるカリスマの窒息死

それにしても、いかなるカリスマも次のようなコースの途上にいる。そのコースは、経済とは異質な、嵐のような感情的生活から、物質的利害の重圧による緩慢な窒息死へと至る。カリスマが存在する時間の分だけ、さらに時間が経つほどにいっそう早いペースで、カリスマはこのコースを進んでいく。

［6］カリスマの日常化・制度化

ここに描写してきた「純粋」な意味でのカリスマ的支配の創出は、つねに外面的な（とくに政治的または経済的な）、あるいは内面的で精神的な（つまり宗教的な）非日常的状況、または外面と内面の両方の状況の所産であり、ある人間集団に共通した、通常ではないものから生まれた興奮と、英雄的精神へのコミットメントから成立する。この場合には、英雄的精神の中身は問題ではない。

したがって、以上のことからだけでも、明らかになることがある。〔一方で〕カリスマ保有者自身とその信奉者がカリスマに対して持っている信仰（このカリスマが預言者的であれ、他のどんな内容であれ）がある。そして〔他方で〕カリスマの保有者自身が、自分が遣わされているのはこの人たちのためだ、と感じている人たちによって、カリスマの保有者とその使命に向けられる信仰的なコミットメントがある。こうした信仰やコミットメントが壊れることなき力、統一性、強度で作用するのは、通常は発生時の状態(in statu nascendi)だけだ、というのがそれである。

カリスマによって導かれた集団は日常の循環を超越する。こうした運動が日常生活の軌道に戻るとなると、少なくともカリスマの純粋な支配は当然のことながら破られ、「制度的なもの」に移し替えられ、そして曲げられる。そうなるとカリスマ的支配は、端的に機械化されるか、気づかないうちにまったく異なる構造原理によって抑制される。あるいは、異なる構造原理と多様な形式で融合し混ざり合う。その結果としてそのカリスマ的支配は、経験的・歴史的な構成体の構成要素となり、事実上、他の構造原理と不可分に結合し、しばしば認識できないほど変質し、理論的観察によってのみ純粋に抽出できるものになる。

〔7〕カリスマと伝統の同盟

したがって、「純粋」なカリスマ的支配は、まったく特殊な意味で不安定である。カリスマ的支配の変化のすべては、究極的には一つの同じ源泉を持っている。

主人自身の願いは普通は、信奉者たちの願いはいつも、カリスマによって支配された支持者たちの憧憬はほとんどの場合に、どこでも同じところに向かう。つまり〔一方の〕カリスマと〔他方の〕支配されている者のカリスマによる幸福を、通常ではない時と人において現れる一回的で、外面的にうつろいやすく、自由な賜物から、日常の継続的な所有物へと転換することに行き着く。

しかしこれによって、構造の内的性格はどうしても変わってしまう。戦争の英雄のカリスマ的従士団〔フォロワー〕が国家になるにせよ、預言者、芸術家、哲学者、倫理的・科学的革新者のカリスマ的ゲマインデが教会、教派①〔ゼクテ〕、アカデミー、学派になるにせよ、一つの文化理念を追求する、カリスマによって導かれるフォロワーが政党〔党派〕、あるいはたんなる新聞や雑誌の装置になるにせよ、カリスマの存在形式はいつも日常生活の条件と日常生活を支配する諸力、とりわけ経済的な利害関係に委ねられる。

つねにこれが転換点になる。カリスマのフォロワーや信奉者たちが、さしあたり、フランク王国の「従士」(trustis)のように、特権によって他とは区別された、主人の食卓仲間になり、次にレーエン〔封土〕保有者、祭司、国家官僚、政党官僚、将校、事務長、編集者や刊行者、(カリスマ的運動で生活しようとする)出版者、被雇用者、教師、その他の職業上の利害関係者、プフリュンデ〔俸禄〕保有者、家産制的官職の保有者などになっていく。

他方で、カリスマによって支配されている側の人びとも、定期的に納税する「臣民」、分担金を払う教会、教派、政党、団体のメンバー、ルールと秩序によって勤務を強要され、訓練され、規律化された兵士、あるいは遵法的な「国家市民」になる。

カリスマによる〔神の〕お告げは、事情にもよるが不可避的に、ドグマ、教説、理論、または規定、制定法規、化石化した伝統の内容に転化する。たとえ使徒が「霊の火を消してはいけません」(2)と戒めたとしてもそうなる。

このとき、とりわけカリスマと伝統という、根底では相互に異質で敵対する二つの力が合流する。これは通常の現象である。

概念的に考えて、どちらの力も、計画的かつ合目的的に作られたルールとそのルールについての知識に基づいてはいない。これらの力が依拠しているのは、特定の（絶対的または相対的な）、支配される側の人たち（子ども、庇護者、信奉者、従士〔フォロワー〕、あるいは封臣）にとっては無条件に妥当する、具体的な人の権威が有する神聖さに対する信仰と、そうした具体的な人に対する恭順関係や恭順義務へのコミットメントである。この恭順関係と恭順義務は、〔カリスマと伝統の〕いずれの場合も、つねになんらかの宗教的聖性を帯びる。

カリスマと伝統という二つの支配構造の外面的な形式も、しばしば同一視できるほど似通っている。

武侯とそのフォロワーの食卓ゲマインシャフトが、「家産制的」性格なのか「カリスマ的」性格なのかは、外見からはわからない。それはゲマインシャフトに命を吹き込んでいる「精神」、つまり主人の地位がそれに基づいている根拠による。根拠が伝統によって神聖化された権威であるか、あるいはパーソナルな英雄信仰であるかという問題である。

前者から後者への道筋はまったく流動的である。

カリスマ的支配は、日常生活が伝統に拘束されているのとは違って、急激な情緒的信仰という性格を有し、そして純粋に個人的な土台を持っている。カリスマ的支配がこうした性格と土台を失うやいなや、伝統との同盟は、たしかに唯一ありうる選択肢というわけではないが、とりわけ生活技術の合理化が未発達な時期には、絶対的なまでに可能性が高い、ほとんど不可避の選択肢になる。

これによっていまやカリスマの本質は、最終的に犠牲にされ、失われたようにみえる。カリスマのきわめて革命的な性格に関するかぎり、実際にそうである。

というのも、経済的・社会的な権力ポジションにいるだれもが、カリスマ的な、したがって神聖な権威と源泉からの導出によって、彼らの所有物をレジティメーション〔正当化〕することに利害関心を持っており、この利害関心がカリスマを奪い取る。これが典型的な仕方で反復される展開の基本的特徴である。

したがって、カリスマは、誕生の時点のように、その本物の意味にふさわしく、あらゆる伝統的なものや、「レジティメイト」な権利取得に基づいているものに、革命的な影響を与えることはない。いまやまったく逆で、カリスマは「既得権」の正しさ〔法〕の根拠(Rechtsgrund)として機能する。

内的本質からすると、このような機能はカリスマとは無縁である。しかしまさにこの機能によって、カリスマはいまや日常生活の一部となる。

というのも、このようにカリスマが充足するニーズというのは、まったく普遍的なものだからである。

なによりも一般的な理由からそうである。

（1）【用語】「ゼクテ」を参照。

（2）新約聖書『テサロニケの信者への手紙一』五・一九。

[8] トップの選抜

官僚制的、家父長制的、封建制的な支配の日常的な権力について分析してきた。これまで論じてきたのは、これらの権力がどのような仕方で機能するかであり、それに限定されていた。

しかし、官僚制的ないし家父長制的な階層構造で、最高の地位を占める権力保持者自身が、どのような目印〔メルクマール〕によって選別されるのかという問題は、まだ片付いていない。

もちろん、官僚制的なメカニズムのトップ〔Haupt〕は、なんらかの一般的な規範に準拠して、その地位に到達した最高位の官僚であるということも考えられる。

しかし、ほとんどの場合において、トップはこのような存在ではない。少なくともこの人は、階層構造で自分より下にいる官僚と同じ規範に準拠してはいない。これは偶然ではない。

まさに官僚制の純粋類型、つまり任命された官僚の階層構造は、なんらかの特別な審級を必要とする。この審級は、彼らの地位については、同様に他の官僚と同じ意味での「任命」に基づかせることはない。

家権力保有者となる人は、親と子の小家族ではおのずと明らかである。また大家族の場合は、家権力保有者が確定されるのはしばしば、伝統の一義的なルールによってである。

しかし、家父長制的国家やレーエン〔封土〕制的階層構造のトップがどの人になるのかは、難なく決まるわけではない。

〔9〕 後継者問題

他方で明らかなのは、カリスマ的支配が持続的な制度に変貌しようとする場合に、カリスマ的支配が直面する第一の根本的な問題は、まさに後継者問題だということである。預言者、英雄、師、政党党首のいずれにおいても同じである。

まさにここにおいて制定法や伝統の軌道への〔カリスマ的支配の〕合流がまず最初に不可避的に始まる。

〔10〕 ブッダの弟子

焦点はカリスマなので、さしあたりは後継者の自由な「選挙」というのは問題外である。ここでもまた問題になるのは、後継者の候補にカリスマがある、ということの「承認」だけである。

したがって、個人としてその人が有資格者であることを証明する後継者の出現か、地上における代理人または預言者の出現か、このいずれかを待たねばならない。ブッダの化身やマフディー(1)がその具体例である。

しかし、そのような新しい受肉がないこともしばしばあるし、それどころか教義上の理由から期待しえないことも多い。

キリストには新たな受肉はないし、もともとブッダもそうであった。

こうした見解からラディカルな結論を実際に引き出したのは、真正な（南方の）仏教だけである。ブッダの弟子（信奉者）たち②は、彼の死後も托鉢僧のゲマインシャフトとしてここにとどまり、いかなる組織化・ゲゼルシャフト化（目的合理的な秩序や命令に準拠した関係の形成）もミニマム（最小限）にとどめ、できるかぎり無定形で、臨時的なゲマインシャフト結合の性格を維持した。

パーリ仏典③にある古い秩序が実際に実行されたところでは（インドとセイロンではしばしば現実にそうであった）、家長がいないだけでなく、個人が具体的な僧院のゲゼルシャフト関係にしっかりと結びつくこともない。「教区」は、より便利に区分けするための地理的な枠組みにすぎない。僧たちはわずかの共通の儀式を行うためにそこに集う。ただここにはいかなる「礼拝」も存在しない。僧院の「官僚」は衣服管理人と少数の類似の職員に限定され、個人と僧侶のゲマインシャフト自体の無所有と純粋な喜捨（寄進と托鉢）によるニーズの充足が、日常生活の条件のもとで、可能なかぎり実行された。

会合での座席順や発言順における「優先」を決めるのは、（僧侶としての）年齢と、教師と新参者の関係だけである。新参者は教師に助手として仕えるからである。脱会はいつでも可能で、入団にはごく簡単な前提条件（見習い期間、教師が作成する素行と自由身分を証明するもの、最低限の儀式）だけがあった。

本来の意味での「教義学」（ドグマティーク）はなく、教育ないし説教が職業として行われることもない。最初の数世紀に開催された半伝説的な二つの「公会議」(4)（結集）は、継承されなかった。

(1) マフディー（Mahdis）はアラビア語の「導かれた者」で、イスラームの「救世主」を意味する。【用語】「マフディー」も参照。

(2) ここで弟子と訳したのはJüngerschaftである。ここ以外のところでは、基本的に「信奉者」と訳している。

(3) パーリ仏典は、スリランカ、ミャンマーなどで信仰されている南方仏教の経典のこと。南方上座部仏教の経典のための文語であるパーリ語で書かれている。日本語訳は『南伝大蔵経』（六五巻、七〇冊）。

(4) 仏教の聖典編集のための集会である結集ないし法典結集を指す。第一回の結集はブッダの入滅直後に王舎城（ラージャグリハ）郊外で行われ、第二回は滅後およそ百年後に、戒律上の争いがもとで開催された。なお、ウェーバーは二回だけとしているが、伝承によれば、第三回はアショーカ王のときに、そして第四回はカニシカ王のときに行われたと伝えられている。

［11］ダライ・ラマ、ローマの政務官、元首政

このような高度に無定形な僧侶のゲマインシャフトの性格は確実に、インドにおける仏教の消滅に大きな意味を持った。

そもそもこうした無定形な性格は、純粋な僧侶のゲマインシャフト、より詳しくいえば、個人の救いはもっぱらその個人本人によってのみ達成されうるという僧侶のゲマインシャフトでのみ可能であった。

というのも、その他の種類のゲマインシャフトであればどこでも、当然のことながら、そのような振舞いや、新しい〔救世主の〕出現をただ受動的に待つことは、カリスマ的ゲマインデ〔信徒団〕の結束を危うくするからである。ゲマインデが求めるのは、肉〔体〕とともに存在する主〔人〕であり導き手である。

カリスマの担い手を継続的に自分の身近に保持していたいという要望に応えることで、〔カリスマの〕日常化の方向への重要な一歩が踏み出される。

受肉がたえず刷新されるということは、カリスマのある種の物象化を引き起こす。召命されたカリスマの担い手は、いまや体系的に、その人のカリスマを示すなんらかのメルクマール〔目印〕によって、したがってとにかく「ルール」に準拠して探し出され

なければならない。新しいダライ・ラマ〔チベット仏教（ラマ教）の法王〕はこのようにして探し求められる。原則的にはアピス(1)〔聖なる牛〕とまったく同じである。

あるいはそうでなければ、新しいカリスマをみつけるための別の手段が利用できなければならない。それは告知可能で、したがって同じようにルールに準拠して確定可能な手段でなければならない。

このような手段として、さしあたりだれもが思いつきそうな信仰がある。カリスマの持ち主自身に自分の後継者を指名する資格がある、という信仰がそれである。キリストのように、意味の上からして、一度きりの受肉でしかありえないとすれば、カリスマの持ち主に、その人の地上での代理人を指名する資格がある、ということになる。

主人が自分の後継者や代理人を創出するというのは、もともとカリスマ的な起源を持つどの組織（預言的な組織でも戦士的な組織でも）にとっても、支配の連続性を維持するのに、とても適合的な形式である。

しかし、主人が自分の後継者や代理人を決めるということは、当然のことながら、カリスマ個人としての固有の権力を基礎にした自由な支配から、「源」〔元祖であること〕の権威を基礎にした「レジティマシー」〔正当性／正統性〕の方へと一歩を踏み出すことを意味する。

よく知られた宗教の例のほかに、ローマ時代の政務官(Magistrat)の創出の形式が、儀式においてカリスマ的特徴を保持していた。自身の指揮権の後継者を資格のある者のなかから指名し、集まった軍隊がアクラマツィオーン〔歓呼賛同〕する、というのがその形式である。官職の権力を制限するために、任期と、秩序だった形での市民軍の事前の同意(「選出」(Wahl))とに、官職を縛りつけるようになってからも、カリスマ的特徴は保持された。そして、非凡な人を必要とする戦時、緊急時の独裁官(Diktator)[2]の指名は、古い「純粋」な〔カリスマの〕創造という類型の特徴的な残滓として、長期間にわたって存続した。

ローマの元首の地位(Prinzipat)は、戦争に勝利した英雄を「インペラトル」〔戦勝将軍〕として軍隊がアクラマツィオーンすることから生まれた。元首の地位は、「叙任法」(lex de imperio)によって支配者として任命されるのではなく、〔この人が〕支配を要求することは正しいという形で承認を受ける。その最も特徴的な時期に、元首政〔プリンキパトゥス〕が「レジティメイト」な王位の継承〔の仕方〕として有していたのは、同僚と後継者の指名だけであった。もちろん、同僚や後継者の指名は、養子縁組の形をとるのが普通であった[3]。逆に、ローマの家権力の場合には、明らかに指揮権の慣行から、自分の「相続人」をまったく自由に指名することが普及していた。神々に対しても、財産(familia pecuniaque)に対しても、この相続人は死んだ家長の地位を引き継いだ。

養子縁組による継承には、カリスマの世襲性という思想も持ち込まれた。ただし、この思想は真性のローマ軍事王政の原理として承認されることはなかった。他方で、元首政にはやはりつねに、官職の性格が存続した。軍事王政がローマ的性格を保持するかぎり、プリンケプス[4]〔市民の第一人者〕は、ルールを基礎にした、秩序ある、官僚制的な管轄権を持つ官僚であり続けた。

プリンケプスに、このような官職的な性格を持たせたのは、アウグストゥス〔ローマ帝国の初代皇帝〕の仕事である。カエサルは〔アレクサンドロス大王の帝国に由来する〕ヘレニズム的な王政の思想を思い描いていたかもしれない。しかしアウグストゥスの仕事はそれとは異なり、ローマの伝統と自由を維持し、回復するものであると、同時代の人びとにはみられていた。

（1） アピスは古代エジプトの都市メンフィスで信仰された聖なる牛。
（2） ディクタトル（独裁官）は共和政ローマにおける非常時の最高官職。コンスル（執政官）とは異なり、毎年選出されるのではなく、非常時にのみコンスルによって指名された。最大六箇月の任期と定められていた。独裁は性格上、さまざまな制約を無効化して進んでいく傾向がある。スッラやカエサルの独裁も例外ではなかった。しかし古代ローマのもともとの意味での独裁は、暴政(tyranny)や専制政治(despotism)とは明確に区別されるべき概念である。

(3) ローマ帝政期の五賢帝(ネルウァ、トラヤヌス、ハドリアヌス、アントニヌス・ピウス、マルクス・アウレリウス)の間の継承は、元老院から有能な者を選び、前の皇帝の養子にするという形で行われた。

(4) **家[57]**も参照。

[12] 承認とアクラマツィオーン(歓呼賛同)

ところがしかし、カリスマの担い手が後継者を指名しておらず、また、受肉について道を示すような、一義的な外的メルクマール(目印)がない場合には、支配される側の人たちが次のような信仰を持つのは自然なことである。カリスマの所有者による支配に参加していた人たち(1)(clerici)、つまり信奉者やフォロワーが、いまや資格を備えた者をそのような者として認識するのに最も適任である、というのがその信仰である。とくに信奉者やフォロワーだけが実際に権力手段を所有しているので、この役割を「権利」として自分のものにすることは、彼らには難しくない。

もちろん、カリスマが自分の影響力の源泉を見いだすのは、支配される側の人たちの信仰においてである。このため、指名された後継者が、支配される側の人たちによって承認されることが不可欠である。

むしろ、支配される側の人たちの承認こそが、そもそも決定的である。選帝侯会議が〔神聖ローマ皇帝〕選出の準備委員会としてすでに明確に確立されていた時代[2]になってすら、実際に重要な問題であったのは、選帝侯のうちのだれが、集まった軍隊に選出案を提案すべきかであった[3]。というのも、少なくとも原理的には、他の選帝侯の意志に反してでも、〔選出案を軍隊に提案する〕選帝侯は、自分が個人的に推す候補者のために、アクラマツィオーン〔歓呼賛同〕を調達することができたからである。

（1） clerici はラテン語の clericus の複数形。一二世紀後半以降、俗人ないし平信徒に対する「聖職者」という意味で用いられるようになるが、もともとのキリスト教の用語法では、神の所有物を分有する者という意味。Cf. Sohm, *Kirchenrecht*, S. 235-247.

（2） 選帝侯（Kurfürst）は神聖ローマ皇帝を選出する特権を有した大諸侯。一三三八年にレンゼの選帝侯会議で多数決原理が導入され、カール四世が発布した一三五六年の金印勅書で選挙の手続きが確定した。

（3） Cf. Urlich Stutz, *Der Erzbischof von Mainz und die deutsche Königswahl*, Weimar: Hermann Böhlaus Nachfolger, 1910, S. 113-116.

【13】近代的な意味での選挙との違い

したがって、このような継承者の任命が行われる通常の形式は、最も近くて最も有力なフォロワーによる指名と支配される側の人たちによるアクラマツィオーン〔歓呼賛同〕である。

家産制的および封建制的な日常の国家では、カリスマ的な根源に由来する、こうしたフォロワーの指名権は、最も重要な家産官僚やレーエン〔封土〕保有者の予備〔事前〕選挙権[1]（Vorwahlrecht）として存在する。

この点で、ドイツの国王選挙は教会の司教選挙を模倣していた。

新しい国王の「選挙」〔選出〕は、教皇、司教、説教師の選挙と同様に、**1** 信奉者やフォロワー（選帝侯、枢機卿、教区司祭、参事会、長老）による指名と、**2** それに続く人民によるアクラマツィオーンによって行われた。したがって国王選挙は、近代の大統領選挙や議員選挙の意味での「選挙」ではなく、少なくともその真の意味からすると、まったく異質のものであった。〔国王になる〕資格というのは、選挙によってはじめて成立するのではなく、前からすでに存在している。選挙はこのような資格の存在、つまりはカリスマの存在を認識し承認する。むしろ、選挙で選ばれるべき人というのは、カリスマの担い手としてカリスマの承認を要求する権利を持っている人である。

したがって、原理的に、多数決による選挙はもともと存在しえない。というのも、少数派がどんなに少数でも、第一のカリスマを認識する点で正しいということはありえるからである。まったく同様に、多数派がどんなに多数でも間違うことはある。ただ一人だけが正しいということもありえる。〔この正しい一人に〕反対する〔多数派の〕投票者は暴挙を犯していることになる。

教皇選挙の規範はどれも、全員一致の達成を目指す。

ところで、国王の二重選出は、教会の分裂〔シスマ〕とまったく同じである。これは召命された者についての正しい認識が曇らされた、ということである。この曇りを取り除くことができるのは、原理的には、物理的または魔術的手段による個人的な闘争という神の審判で、召命された者であることを証明することによってのみである。こうした闘争は、黒人部族の王位要求者(とりわけ兄弟間)において、また他の場所でも制度として存在する。

（1）【用語】「予備(事前)選挙」を参照。

【14】多数決原理

さらに多数決原理が浸透すると、いまや投票結果によって証明された正義(Recht)に従い、事後的に多数派に加わることが少数派の道徳的「義務」とみなされる。

しかし当然のことではあるが、多数決原理が浸透するやいなや、このような仕方で後継者を決定するカリスマ的な支配構造は、それだけいっそう本来的な意味での選挙制度の軌道に入っていく。

[15] 人民投票〔プレビシット〕、少数者支配

支配者の任命の近代的な形式がどれもカリスマと無縁(charismafremd)というわけではなく、また民主的な形式がどれもカリスマと無縁ということでもない。

いずれにせよ、いわゆる人民投票[1]〔プレビシット〕的支配という民主的システムは、フランスのカエサル主義〔ボナパルティズム〕の公式理論であり、これはその理念からして、本質的にカリスマ的特徴を帯びている。民主的システムの支持者の議論はすべて、まさにそれに固有のカリスマ的特徴を強調する結果になる。

人民投票〔プレビシット〕は「選挙」ではなく、王位要求者を個人として資格のあるカリスマ的支配者として最初に、あるいは改めて承認するものである(〔改めてというのは〕一八七〇年の人民投票[2]〔プレビシット〕のことである)。

しかしまた、ペリクレス[3]の民主主義も、将軍一人だけは〔人民投票的な〕選挙で選ばれ

た〔エドゥアルト・マイヤー[4]の仮説が正しければ、他の人〔の選出〕については、くじ引きであった〕。まさにここに特徴的なカリスマ的性格が含まれていた。ペリクレスの民主主義は、その創設者の理念によれば、精神と言論のカリスマによるデマゴーグの支配である。

もともとはカリスマ的であったゲマインシャフトも、支配者を選任する経路を進んでいくと、長期的にはどこでも、選挙の手続きが規範に縛られるようになる。

さしあたりは、カリスマの真の根源が消滅するのにともなって、伝統の日常的な力、および伝統の神聖さへの信仰がふたたび優位になり、それらを遵守することだけがいまや正しい選挙を保証できるようになったからである。

そうなると、カリスマ的原理に規定されつつ、聖職者、宮廷官僚、高位の封臣が行使する予備〔事前〕選挙権[5](Vorwahlrecht)の背後に隠れて、支配される側の人たちのアクラマツィオーン〔歓呼賛同〕がしだいに後退する。そしてついには、少数者が支配する(oligarchisch)排他的な選挙当局が出現する。

カトリック教会でも神聖ローマ帝国でもそうであった。

しかし同じことは、実務に精通した集団が提案権や予備〔事前〕選挙権を持っているところであればどこででも起こった。

とくにほとんどの都市制度で、いつの時代であっても、ここから支配的な門閥の、事実上の互選の権利が生まれた。このようにして支配的な門閥は、主人を主人の地位から同輩中の首席(primus inter pares)の地位へと引き下げ(アルコン、コンスル、ドージェ)[6]、他方で、門閥以外のゲマインデが任命に関与できないようにする。現在でも、例えばハンブルクの参事会員選挙の発展傾向には、これとパラレルな現象がみられる[7]。

形式的に考察すれば、少数者支配(Oligarchie)へと至る、きわめてしばしば生じる「合法的」(legal)な経路がこれである。

(1)【用語】「プレビシット」を参照。

(2) ナポレオン三世によって行われた、一八五二年一一月二一、二二日と一八七〇年五月八日の国民投票を指す。

(3) ペリクレス(Periklēs, c. 495 BC–429 BC)は古代ギリシア、アテネの政治家。アテネの民主政治の黄金時代を築いた。デマゴーグは通常では悪い意味であるが、ウェーバーはしばしば肯定的にこの語を用いている。彼はよい意味でのデマゴーグの例としてペリクレスの名前を出すことが多い。

(4) エドゥアルト・マイヤー(Eduard Meyer, 1855–1930)はドイツの歴史家・古代史家。ウェーバーはマイヤーの「歴史の理論と方法」を批判的に検討する論文「文化科学の論理学の領域における批判的研究」を書いている(MWG I/7, S. 384–480.「文化科学の論理学の領域における批判的研究」『歴史は科学か』森岡弘通訳、みすず書房、一九六五年）。しかし本書のこの箇所については、ウェーバーはマイヤーの大著『古代史』(*Geschichte des Altertums*. 1884-1902)に依拠している。

（5）【用語】「予備（事前）選挙」を参照。

（6）アルコンはアテネなどの古代ギリシアの都市国家の最高官職、コンスルは古代ローマの最高官職の「執政官」、そしてドージェはヴェネツィア、ジェノヴァなどの支配者である。

（7）ハンブルクの都市憲章（一八六〇年）で、市議会による参事会員選挙が導入されたが、生涯会員の参事会員が相変わらず人事に大きな影響力を持っていた。Cf. MWG I/22-5, S. 171, Anm. 85.『都市の類型学』一七三頁。

[16] アクラマツィオーン（歓呼賛同）から選挙へ

しかし逆に、支配される側の人たちのアクラマツィオーン〔歓呼賛同〕が正規の「選挙手続き」へと発展することもある。正規の「選挙手続き」には、ルールによって標準化された「投票権」、直接または間接の「選挙権」、「〔小〕選挙区選挙」または「比例代表選挙」、「選挙等級」、「選挙区」などが含まれる。

〔ただし〕ここに至るまでの道のりは長い。形式の点でも最高の支配者自身の選挙に関するかぎり、この道の歩みを最後まで進めたのはアメリカ合衆国だけであった〔この場合でも、選挙事業の最重要の部分の一つが存在するのは、二つの政党のそれぞれの「ノミネート」をめぐるキャンペーンである〕。その他のところでは、首相のポストとその同僚〔閣僚〕を埋めるうえで決定的な力を持つ、議会の「代表者」の選挙がせいぜいであった。

　支配者をカリスマ的にアクラマツィオーンすることから、支配される側の人たちのゲマインシャフトによって直接的に行われる本来的な意味での支配者の選挙への発展は、実に多様な文化段階で生まれた。そして、この経過の観察が、感情的な信念から解放され、合理的になるにしたがって、やはり〔アクラマツィオーンから選挙へという〕この転換を不可避的に引き起こすことを助けないわけにはいかなかった。

　これに対して、支配者の選挙から代表制へと徐々に発展していったのは、西洋だけであった。

　例えば、古代のボイオタルケス[1]は、ゲマインデ〔選挙区〕の代表であり、〔全体としての〕有権者そのものの代表ではなかった。イギリスの「庶民」[2]〔院〕の議員がもともとそうであったのと同じである。例えば、アッティカ〔ギリシアのアテネ周辺〕の民主主義では、官僚〔役職者〕は、実際にはデモスのたんなる受任者・代理人ということになっており、デモスがいくつかの部分に分かれているところでは、本来的な意味での「代表」の思想ではなく、むしろ持ち回り〔輪番〕の原理が妥当していた。

ただし、この原理が徹底的に貫徹された場合には、ここで選出された人は、形式上は、直接民主主義の場合と同様に、投票した人の委員〔仕事を請け負った人〕であり、したがって彼らの奉仕者である。つまり、この人は選ばれてはいるが、彼らの「主人」ではない。これによって、構造の点で、カリスマ的な基礎は完全に放棄される。

しかし、大きな行政機関という条件下では、「直接」民主主義の原理をこのように徹底的に貫徹することは、つねに断片的にしか可能ではない。(3)

(1) ボイオタルケスはテーベを盟主とするボイオティア同盟の最高官職。ボイオタルケスは七つの選挙区それぞれで選出され、選挙は毎年行われた。

(2) Commoner は貴族ではない平民のこと。ここからこの語はイギリスの下院である庶民院(House of Commons)の議員の意味でも用いられる。

(3) 直接民主主義的な行政については**支［6］**で考察されている。

［17］代議制、カネの権力、喋りのカリスマ

代表者に対する「命令的」委任(„imperatives“ Mandat)は、たえず変化する状況とたえず生じる事前に予測できない問題のために、純粋に技術的な観点からして、完全に実現

することはできない。有権者の不信任投票による代表者の「罷免」は、これまでは散発的に試みられたことがあるだけである。「レファレンダム」によって議会の決定を見直すことが意味するのは、重要な点としては、主張に固執するありとあらゆる非合理的な勢力を実質的に強化することである。なぜならレファレンダムには、利害関係者間の駆け引きや妥協を技術的に排除してしまう傾向があるからである。

最後に、選挙を頻繁にくり返すことも、そのコストがしだいに増加するため不可能である。

国会議員(Volksvertreter)を有権者の意志に縛り付けようとする試みはすべて、実際のところ長期的にはいつも、ただ次のことを意味するだけである。その意味というのは、有権者の意志に対する、すでに増大している代表者の政党組織の力をさらに強化することである。なぜなら、彼ら政党組織だけが「国民」を動かすことができるからである。

議会装置の弾力性を確保しようとする事柄に即した〔ザッハリヒな〕利害関心と、国会議員および党職員の権力利害は一致する。一致するのは、有権者の奉仕者としてではなく、選出された「主人」として「国会議員」を扱うという方向性である。

このことはほとんどすべての憲法で次のような形で表現されている。君主と同じく国会議員は、その人に対する投票〔一部の支持者〕に責任を負うのではなく、「国民全体の利益を代表する」(1)というのが、それである。

国会議員の事実上の権力は、実にさまざまである。フランスでは、個々の代議士(Deputierte)は、実際には、すべての官職の任命権を持つ通常の長であるだけでなく、そもそもその人の選挙区では本来の意味で「主人」(Herr)である。このせいで〔フランスでは〕比例代表制〔の導入〕は反対を受けるし、また政党の中央集権も存在しない。アメリカ合衆国では、上院の優越性が下院議員に立ちはだかり、上院議員が〔フランスの代議士と〕同じような地位を占めている。イギリス、そしてそれ以上にドイツでは、相互にまったく正反対の理由で、個々の議員自身は、選挙区の主人というよりも、経済的利害の受託者〔委員〕であり、パトロネージ〔任命権〕への影響力は有力な政党幹部が自分たちで保持している。

選挙メカニズムはいかに権力を配分するのか。この問いへの答えは、かなりの程度まで自己法則的な、つまり技術的に条件づけられた理由によって決まる。この理由は、歴史的に条件づけられた支配構造の種類に由来する。ただ、ここでこれ以上追求することはできない。

ここでの問題は原理だけである。

どのような「選挙」も、リアルな意味を持たず、形式だけの性格しか持たないことがある。

〔ローマ〕帝政初期のコミティア〔民会〕や、ヘレニズムや中世の多くの都市でもそうであった。少数者支配のクラブ、あるいは一人の暴君（Gewaltherrscher）が政治的権力手段を意のままに用い、選挙で選ばれるべき官職候補者を、事実上拘束力をもって指名するようになるとすぐにそうなった。

しかし、形式的にはそうでない場合でも、資料に出てくる過去のゲルマン民族のように②、人民のゲマインデによる、首長その他の権力保持者の「選挙」、というような一般的な用法で議論がなされている場合には、選挙という表現は、近代的な意味ではなく、実際にはなんらかの他の権威〔審級〕によって指名され、さらに資格を持つ一人または少数の門閥からピックアップされた候補者に対する、たんなるアクラマツィオーン〔歓呼賛同〕という意味で理解するのがよいであろう。

主人の権力をめぐる投票が人民投票〔プレビシット〕的、すなわちカリスマ的な性格を持つ場合には、つまり候補者からの選出ではなく、一人の〔支配者の地位を〕要求する者の権力要求の承認が問題であるような場合には、もちろんそもそも「選挙」は存在しない。

しかし、どんなに通常の「選挙」であっても、原則として、彼らのみが考慮されるものとしてすでに事前に確定され、有権者に提示された、複数の権力要求者の間での決定にすぎない。この決定は、選挙というアジテーションの戦場で、個人の影響力によって、物質的または理念的な利害関心への訴えかけによって行われる。そしてこの場合には、選挙手続きの規定は、いわば形式上「平和的」な闘争のためのゲームのルールである。

さて、唯一〔有権者の〕検討の対象となる候補者の指名は、その主要な場所を政党の内部に持っている。

というのは、当然のことながら、いまや選挙の票をめぐる闘争を組織し、したがって官職の任命権をめぐる闘争を組織するのは、有権者の無定形なゲマインシャフト行為ではなく、政党のリーダーと彼らの個人的なフォロワーだからである。

選挙のアジテーションの費用は、アメリカではすでに〔任期の〕四年以内に、直接的にも間接的にも、ほぼ植民地戦争と同程度のものになっている。ドイツでも選挙費用は、安い労働力を使って活動しているわけではない、いずれの政党にとっても著しく上昇している。安い労働力というのは〔カトリック系政党の中央党の場合には〕助任司祭や封建的・官職的な名望家、あるいは〔ドイツ社会民主党の場合には〕別のところで収入を得ている労働組合の書記やその他の書記である。

選挙のアジテーションでは、カネの力(Macht)と並んで、「喋りのカリスマ」がその威力(Gewalt)を発揮する。

「喋りのカリスマ」の力(Macht)それ自体は、特定の文化的状況とは無関係である。インディアンの酋長会議やアフリカの時間のかかる交渉でも、喋りの威力がものをいう。

ヘレニズム〔古代ギリシア〕の民主主義では、喋りの威力がその最初の強力な質的発展を経験した。言語と思想の発展にとって計り知れない影響があった。これに対して、純粋に量的にみれば、もちろん「選挙演説」(stump speech)を行う近代民主主義の選挙キャンペーンは、それ以前に存在したすべてを凌駕する。③

このとき大衆的な効果を狙えば狙うほど、また政党の官僚制的な組織が強化されればされるほど、演説〔喋り〕の内容はますますおまけ的な意味しか持たなくなる。

というのも、階級状況やその他の経済的利害が単純に与えられており、したがって合理的に計算し対処することができる、というのでもないかぎり、喋りの効果は純粋に情緒的であり、政党のパレードやフェスティバルと同じくらいの意味しか持たないからである。喋りが持つのは、政党の力と勝利の確実性についてのイメージ、そしてなによりもリーダーのカリスマ的資質についてのイメージを大衆に植え付けるという意味だけである。

（1）ドイツ帝国憲法二九条にはこのように規定されていた。なお、日本国憲法四三条一項では「全国民を代表する選挙された議員」という表現が使われている。
（2）タキトゥス『ゲルマニア』一一、一二を参照。
（3）stump は木の「切り株」のこと。アメリカで選挙の候補者が遊説先で切り株の上で演説したことから、stump speech という表現が用いられた。日本では「りんご箱」あるいは「ビール・ケース」がこれに相当する。

[18] 官僚制化とカリスマ的英雄崇拝

感情的な大衆効果はどれも、必然的にある種の「カリスマ的」な特徴を帯びる。この結果として、政党と選挙事業の官僚制化が進み、それがピークに達したときに、カリスマ的英雄崇拝が突然燃え上がることによって、官僚制化が英雄崇拝に奉仕を強いられるという事態も生じる。

この場合には、ローズヴェルト・キャンペーン[1]が示しているように、カリスマの英雄的精神は政党の「経営」という日常的な権力と衝突する。

（1）セオドア・ローズヴェルト（Theodore Roosevelt 1858-1919）はアメリカの政治家、第二六代大統領（一九〇一～一九〇九年）。ローズヴェルトは、一九一二年夏に共和党の大統領指名をタフトと争ったが敗北した。ウェーバーはこの予備選挙を、大衆に人気のあるローズヴェルトと共和党の政党マシーンを掌握したタフト(William Howard Taft, 1857-1930)の争いであると解釈している。ローズヴェルトはそれでも諦めずに革新党(Progressive Party)を組織して大統領選挙に出馬した。このとき彼は「古い腐敗した政党マシーン」に対する戦いとして、この選挙を位置づけている(Theodore Roosevelt's Confession of Faith Before the Progressive National Convention, August 6, 1912)。

[19] 政党と名望家

どの政党[1]〔党派〕もほとんど例外なくカリスマのフォロワーの集まりとして活動を開始する。レジティメイトなものであれ、あるいはカエサル主義な権力要求者、ペリクレス型、クレオン型[2]、またはラッサール型[3]のデマゴーグであれ、同じである。このような政党が継続的な組織という日常に行き着く場合には、政党は〔少数の〕「名望家」によって導かれる構成体に変容する。これが政党の一般的な運命であった。このとき「名望家」によって導かれる構成体というのは、一八世紀末までは、ほとんどつねに貴族の連合体であると述べて差し支えない。

中世のイタリアの都市では、それなりに大きなレーエン〔封土〕市民層は、もちろんほとんどがギベリン〔皇帝派〕であった。このためしばしば貴族身分に対する直接的な「懲罰処分」が行われた。これは官職就任資格の喪失や政治的権利剥奪と同義である。

それにもかかわらず、「ポポロ」[4]の時代ですら、貴族でない者が指導的な官職に就くことは、ごく稀な例外であった。いつもそうではあるがこの場合も、市民層は党派に資金を提供しなければならなかったが、それにもかかわらず、官職には就けなかった。

例えばゲルフ〔教皇派〕の場合には、党派は非常に頻繁に直接的な暴力に訴えた。この軍事力は確定された名簿に基づいて貴族から提供されていた。当時はこれが決定的な意味を持った。

カリスマの高揚期には、一人か数人の英雄にとって有利な形で、階級や身分の壁が突き破られる。その高揚期から、ほとんどの場合はコースを変えて、貴族によって導かれる名望家団体が発展する。ユグノーやカトリック同盟[5]、「円頂派[6]」を含むイギリスの党派、およそフランス革命以前に存在したどの党派も、この同じ典型的な経過をたどった。

一九世紀の「市民」政党でさえ、いつも名望家支配の軌道に入っていった。最も急進的な「市民」政党も例外ではなかった。

〔経済的・時間的に手が離せる〕名望家だけが、国家そのものも、そして政党〔党派〕も、報酬を受け取ることなく統治することができる。すでにこの理由だけでも、名望家支配にならざるをえなかった。

しかしこれだけではもちろんなく、名望家は身分的あるいは経済的な影響力を持っており、名望家支配はその結果であった。

田舎で、ある荘園領主が政党を変えると、イギリスでは、家産制の論理によって領主〔主人〕に従属している人びとだけでなく、農民も領主に付いていくというのは、ほとんど当然のこととして理解されていた。〔一八〕七〇年代まで東プロイセンでもそうであった。革命の高揚期を除いてはそのようなものであった。

都市では、少なくとも比較的小さな都市では、市長のほかに、裁判官、公証人、弁護士、牧師、教師、そして階級として労働者が組織化される以前はしばしば工場主も、少なくともほぼ似たような役割を担っていた。

なぜ後者〔工場主〕が、階級的な状況を度外視しても、この役割を果たす資格が相対的に少ないのかについては、別の関連で論じられるべきことである(7)。

ドイツの教師は、職業の「身分的」事情に由来する理由から、とくに「市民」政党にとっては、給料を必要としない無償の選挙運動員として利用できる階層である。権威主義的な政党にとって聖職者が(普通は)利用できるのと同じである。

フランスでは、市民政党が昔から利用することができたのは、弁護士であった。一部は彼らの技術的適格性のためであり、一部は(革命期および革命後には)身分的な事情のためであった。

(1)　**支[9]**も参照。

(2)　クレオン(Kleōn, ?–422 BC)はペリクレスの死後に活躍したアテネの政治家。アリストファネス(Aristophanēs, c. 445 BC–c. 385 BC)などから、成り上がり者のデマゴーグと批判された。

(3)　ラッサール(Ferdinand Lassalle, 1825–1864)はドイツの社会主義者。一八六三年に全ドイツ労働者協会を設立した。

(4)　ポポロはイタリア語で「民衆」。ここではとくに一三世紀のイタリアのコムーネで、封建貴族に対抗した「民衆」を指す。

(5)　カトリック同盟は、ユグノー戦争末期の一五七六年にギーズ公アンリ(Henri Duc de Guise, 1550–1588)を中心に結成された。これによってフランスの宗教戦争は激化した。

(6)　ピューリタン革命における議会派のこと。騎士を中心とした国王派(騎士党)とは異なり、髪を短く刈った徒弟・職人らが参加していたことから、この蔑称が付けられた。ピューリタンが多数を占めた。

(7)　該当箇所は見当たらない。「一九一四年構成表」では、「近代的政党」という章が予定されていた(「訳者あとがきII」を参照)。しかしこの章は、実際には執筆されることはなかった。

[20] 政党における官僚制とカリスマ

フランス革命のそれぞれの構成体は、確定的な構造を発展させるには、あまりにも短命であった。それでも、最初に官僚制的な形成の萌芽を示したのはこれらの構成体であった。それがいたるところで優勢になり始めるのは、一九世紀の最後の数十年間である。一方におけるカリスマへの服従と他方における名望家的な人たちへの服従の間の振子運動に代わって、いまや官僚制的な経営(Betrieb)とカリスマ的な政党のリーダーシップ(Parteiführerschaft)の間で闘いが始まった。

(1) 官僚制化が進めば進むほど、また政党経営に結びついた直接的・間接的なプフリュンデ〔俸禄〕の利益やチャンスが広範囲に及べば及ぶほど、それだけ確実に、政党経営は経営の「専門家」の手に握られるようになる。彼らがすぐに公式の政党官僚として出てこようとも、さしあたりはアメリカのボスのように自由な企業家として出てこようとも、いずれにしても同じことである。代表委員、アジテーター、監査人、その他の不可欠な人員との体系的に結合された人間関係、名簿および文書、その他すべての資材が彼らの手中にある。ここで資材というのは、それについての知識があってはじめて政党マシーンの操縦が可能になるようなそれである。

こうなると、政党の態度に効果的に影響を与え、場合によっては政党からの分離〔分党〕を成功させることができるのは、そのような装置を所有することによってのみである。

代議士の〔ハインリヒ・〕リッケルト②は代表委員の名簿を持っていた。これが「分離」を可能にした。オイゲン・リヒター③とリッケルトがそれぞれ特別な装置を手にしていたことは、〔ドイツ〕自由思想家党の分裂を予示していた。「旧国民自由党員④」は政党を統制する資材を調達する方法を知っていた。このことはこれまでのあらゆる話よりも、本当に分離する意図があることを示す重要な徴候であった。

逆に、ライバル関係の装置がパーソナルな理由で統合できないことのほうが、〔政策や主義などの〕中身についての差異よりもはるかに、政党を統合しようとするあらゆる試みを失敗させることが多い。ドイツの経験も同様の傾向を示している。

いまや、多かれ少なかれ一貫して発展してきた官僚制的な装置が、通常の時代には、政党の行動を決定する。決定的に重要な候補者〔をだれにするかという〕問題も含めてである。

しかし、北米の政党のように厳格に官僚制化の進んだ構成体の内部にあっても、強い興奮の時代には、カリスマ的なリーダーシップの類型が折にふれて、くり返し発生した。

前回の〔一九一二年のアメリカ〕大統領選挙はこのことを教えてくれた。「英雄」に自由があれば、この英雄は人民投票的な指名の形式を押し付けることによってか、事情によっては、指名の仕組み全体を作りかえることによって、政党〔組織運営〕の技術者の支配を打破しようとする。

通常の時代には、装置が支配的である。当然のことながら、カリスマの高揚はいつでも装置の抵抗にあう。この装置を握っているのは、プロの政治家である。プロというのは、とくに政党の運営と資金調達を組織化し、政党の機能を動かし続けているボスである。〔党の公認を受ける〕候補者はボスの言いなりであることも多い。

というのも、政党の〔公認〕候補者の選別に関係するのは、ポストを得ようとする人の物質的な利害だけではないからである。

政党のパトロン〔後援者〕である銀行、納入業者、トラスト関係者の物質的な利益も、もちろんこうした〔候補者をだれにするかという〕人の問題によって非常に影響を受ける。

カリスマ的な政党のリーダーに個別に資金を提供し、その当選によって、場合によっては国家の契約、徴税の請負、独占権およびその他の特権、とりわけ相応の利子付きでの前払金の償還を期待する大口のスポンサーは、クラッスス⑤の時代からよくいるタイプの人物である。

他方で、通常の政党経営も、政党の後援者に〔経済的に〕依存している。政党の経常収入は、党員からの会費と、場合によっては政党が官職に就任させた官僚の給料からの天引き（北米の場合）である。しかしこれで足りることはめったにない。政党の権力ポジションを経済のために直接的に利用することは、たしかに関係者たちの儲けになる。しかしかならずしもこれと同時に政党の金庫自体が満たされるわけではない。

プロパガンダのために、会費〔党費〕が完全に廃止されたり、〔会費の金額が〕各自の評価に任されたりすることも少なくない。これによって、大口のスポンサーは〔実質的にというだけでなく〕形式上も党財政の支配者になる。

しかし、通常の〔政党〕経営の幹部や本来の専門家（ボスや政党書記）が、こうしたスポンサーの資金を例外なしに当てにすることができるのは、政党のマシーンをしっかりと掌握している場合だけである。

このためカリスマが台頭すると、それがどのようなものであれ、財政的にも通常の〔政党〕経営がおびやかされることになる。

したがって、競合政党の、相互に闘っているボスやその他の幹部たちが、共通のビジネス上の利益のために、通常の経営メカニズムから独立したカリスマ的なリーダーの出現を阻止しようとして結託するということも、決して珍しい光景ではない。

政党経営〔幹部〕は一般に、とても簡単にカリスマの去勢に成功する。アメリカでは人民投票的〔プレビシット的〕でカリスマ的な「大統領〔選挙〕のプライマリー〔予備選挙〕」が実施される。その場合ですらカリスマの去勢はくり返し成功していくだろう。まさに専門家による〔政党〕経営そのものが有する継続性が、情緒的な英雄崇拝よりも、長期的に戦術的な視点で優れているためである。

カリスマが経営に勝利する助けになるのは、特別な条件だけである。カリスマと官僚制の間の独特な関係はよく知られている。第一次アイルランド自治法案が提出されたとき、イギリス自由党を分裂させたのは、この関係であった。グラッドストン⑥のカリスマはまったく〔彼〕個人のものであり、ピューリタン的な合理主義にとっては抗しがたいものであった。グラッドストンのカリスマは、コーカス⑦官僚制の多数派を有無をいわせずに寝返らせ、彼の味方にした。〔政策の〕内容についての強硬な反発があり、選挙予想も悪かったにもかかわらず、である。こうしてグラッドストンのカリスマは、チェンバレンが作ったメカニズム〔コーカス〕を分裂させ、結果として〔一八八六年の〕選挙戦の敗北を招いた。昨年〔一九一二年〕のアメリカでも同様であった。

（1）プフリュンデはもともと「教会禄」を指すが、ウェーバーはここで〔近代的な〕政党にこの用語を用いている。政党の業務内容が拡大し、規模が大きくなれば、政党の内部、あるいはその周辺で働き、生計を立てる人も多くなる。彼らが受け取る給料を、ウェーバーはプフリュンデとして論じている。

（2）ハインリヒ・リッケルト（Heinrich Rickert, 1833-1902）は、ドイツの自由主義の政治家・著述家であり、ウェーバーとも親交が深かった新カント派の哲学者ハインリヒ・リッケルト（Heinrich Rickert, 1863-1936）の父である。彼は一八九三年にドイツ自由思想家党から分派し、ドイツ自由思想家連合を結党した。

（3）オイゲン・リヒター（Eugen Richter, 1838-1906）は左派リベラルの政治家・ジャーナリスト。一八八五年に『自由主義新聞』を創刊した。リヒターは財政の専門家であり、ビスマルクを激しく批判したことでも知られていた。しかし、彼の独断には反発も多くあり、自由主義陣営の分裂を招いた。

（4）国民自由党はドイツ第二帝政期の政党。一八六七年にドイツ進歩党から分離して結成され、ビスマルクを支持し、第二帝政期のほとんどの期間で与党であった。しかし、保護関税問題をめぐって分裂し、自由貿易を主張する党内左派はドイツ自由思想家党に参加した。

（5）クラッスス（Marcus Licinius Crassus, c. 115 BC-53 BC）は、古代ローマ共和政末期の有力政治家で、第一次三頭政治の一人。商業と高利貸しによって蓄財した富豪としても知られており、彼はその資金でカエサルを助けた。

（6）グラッドストン（William Ewart Gladstone, 1809-1898）はイギリスの政治家。自由党党首。

四度首相になる。彼は一八八六年の第一次アイルランド自治法案を提出したが、反発したチェンバレンは自由統一党を結党し、これによって自由党は分裂した。ウェーバーはカリスマと政党官僚制の対立という視点からこの件を分析している。

（7）コーカスについては**官［45］**を参照。

［21］主義なし政党とカリスマのチャンス

党内の官僚制との闘争で、カリスマにはどれくらいのチャンスがあるのか。この点について、政党の一般的性格が意味を持たないはずはない。これは認めるべきである。政党が単純な「主義なし」政党①、つまり、個々の選挙戦の〔より多くの集票の〕可能性に応じてその政党の綱領を臨機応変に形成する、ポストの獲得を目指すフォロワーの政党なのか、あるいは主として純粋に身分的な名望家政党ないし階級政党なのか、あるいは理念的な「綱領政党」や「イデオロギー政党」の性格を比較的強く保持しているのか。もちろんこれらのコントラストはつねに相対的である。それでも政党の性質に応じて、カリスマのチャンスの大小は非常に異なる。ある点で考えると、最初に挙げた性格〔「主義なし政党」〕が優越している場合に、カリスマのチャンスは最大化する。他の条件が同じであれば、ドイツの政党、とくに断固たる「綱領」と「世界観」を持つ自由主義政党の小市民的な名望家組織に比べて、「主義なし政党」という性格は、印象的な個性を持った人が、必要なフォロワーを獲得することをはるかに容易にする。ドイツの自由主義政党の場合には、「綱領」と「世界観」をその都度のデマゴギー〔大衆扇動〕的なチャンスに適応させることは、毎回、破局が起こることになりかねない。

しかし、この点についてなにか一般的なことを述べることはできない。政党〔の組織運営〕のテクニックの「固有法則性」と、具体的なケースの経済的・社会的条件は、個々の場合ごとに、あまりにも密接に関係している。

（1）「主義なし」と訳したのは gesinnungslos である。主義なし政党は世界観政党ないしイデオロギー政党の対極に位置する政党である。英語では pragmatic という訳語が使われることが多い。ウェーバーが責任倫理と信条倫理の対抗関係について論じたことはよく知られている。信条倫理というときの信条もこの Gesinnung である。Cf. MWG I/17, 237–238.「仕事としての政治」一九五〜一九六頁／『職業としての政治』一〇三〜一〇四頁。

[22] 支配の継続的性格

以上の例が示すように、カリスマ的な支配は原始的な発達段階にのみ存在するわけではない。一般的にいって、支配構造の三つの基本類型は単純に次から次へと一つの発展の系列に組み入れられるのでは決してなく、互いに実に多様な仕方で結びついて現れる。しかしもちろん、制度となった継続的な構成体がしだいに発展するにつれて後退していくことが、カリスマの運命である。

私たちがアクセスできるゲマインシャフト関係の始原では、家経済で伝統的なニーズの充足を超えるゲマインシャフト行為は、すべてカリスマ的な構造で登場する。

プリミティブな人間は、外から自分の人生を決定するいかなる影響をも、特殊な力(Gewalten)の作用だと考える。この力は、生きているものにも死んでいるものにも、また生きている人間にも死別した人間にも内在しており、利益をもたらしたり、損害をもたらしたりする権力を彼らに与える。

プリミティブな民族のいっさいの概念装置は、自然や動物についての彼らの寓話も含めて、このような前提から出発している。

マナやオレンダ(1)、およびこれと類似の概念の意味については、民族学が教えてくれる。これらの概念は次のような特殊な力を指している。その特殊な力というのは、その力が「超自然的」であるのはもっぱら、だれもがこの力にアクセスできるわけではなく、〔特別な〕人的あるいは物的な担い手とこれが結びついているという点だけであるような、そうした力である。

魔術的な資質や英雄的な資質は、こうした特殊な力の、とくに重要な事例にすぎない。およそ日常生活の軌道から外れた出来事はどれも、カリスマ的な力を生み、あらゆる非凡な能力がカリスマ的な信仰を燃え上がらせる。しかし、こうしたカリスマ的信仰は日常生活ではふたたび意味を失っていく。

通常の時代には、村落の首長の力は極めて小さい。それはほぼ仲裁裁判的なものと村落を代表するものだけである。

たしかに、村落の首長を罷免する本来的な権利を、ゲマインシャフトの構成員は一般には自分たちに認めない。首長の力はカリスマによって基礎づけられているのであり、選挙によってではないからである。

しかし、彼らは、場合によっては迷うことなく首長を見捨て、別の場所に移住する。カリスマの欠如を理由として王を退けるという現象は、ゲルマン系部族の間ではこのような仕方でなおも存在している。

事実として慣れ親しんだものは無思想的に遵守され、あるいは変革によるなんらかの不測の結果を怖れて遵守される。慣れ親しんだものの遵守によってのみ規制されたアナーキーは、ほぼ、原始的なゲマインシャフトの普通の状態とみなすことができる。

普通の日常生活では、魔術師の社会的権力についても事情は似たようなものである。

しかし、どんな特別な出来事も直ちに英雄や魔術師のカリスマを発現させる。特別な出来事というのは、例えば狩猟の大遠征、デーモンの怒りによる干ばつやその他の脅威、そしてとりわけ戦争の危険である。

平和時の首長は主として経済的な機能、これとともに場合によっては仲裁裁判官的な機能を担う。狩猟・戦争を導くカリスマ的な人が、こうした平和時の首長と並存して、別のものとして存在しているということも非常に多い。

神々やデーモンに影響を与えることが継続的な礼拝の対象になると、カリスマ的な預言者や魔術師から祭司が誕生する。

戦争状態が慢性化し、武装したチームの体系的な訓練と召集のために、戦争遂行の技術的発展が必要になると、カリスマ的な軍隊のリーダーが国王となる。

フランク王国の官僚であるグラーフ(Graf)とサケバロ(Sakebaro)はもともと軍司令官と財政官で、それ以外のもの、とくに司法は、後になってから加えられた。司法は、さしあたりすべて古来のカリスマ的な人民仲裁裁判官に任されていた。

それぞれの場合によって、首長はより経済的機能を持つこともあり、より魔術的(礼拝的または医学的)機能を持つこともあり、より司法(もともとは仲裁裁判的)機能を持つこともある。経済的機能というのは、共同経済や村落ないし市場ゲマインデの経済的規制のための機能である。こうした首長に対して武侯の支配が、継続的な構成体として、継続的な装置をもって出現する。これは決定的な一歩を踏み出すことを意味した。人が王権と国家の概念を目的に適った仕方で結びつけるのが、この一歩である。

これに対して〔フリードリヒ・〕ニーチェ(2)の思想に倣って、王権や国家が始まるのは、勝利した部族が他の部族を服従させ、今度はその部族を従属させて貢租義務を負わせるために継続的な装置を作ることによってである、とするのは恣意的である。

というのも、これとまったく同じ分化は、慢性的に戦争の脅威にさらされているどの部族でも、非常に容易に発展するからである。この分化というのは、武装能力があり、貢租義務を負わない戦士と、無防備で貢租義務を負い、先の戦士の仲間に属さない人たちとの分化を指す。後者〔武装せず、貢租義務を負う人たち〕は、かならずしも家産制的な従属という形をとらず、むしろ非常にしばしば従属関係にはなかった。

この場合には、首長の従士団〔フォロワー〕が一つの軍事ツンフトに集結し、政治的な主人の権利を行使することがある。この結果として封建的な性格の貴族制が生まれる。あるいは、首長がしだいに俸給を払ってフォロワーを雇うこともある。さしあたりは、略奪を行うためであり、その後は自らの部族の仲間を支配するためである。これには同じくいくつもの実例がある。

正しいことは次の点だけである。通常の王権というのは、継続的な構成体に転化した武侯の支配であり、権力に屈服させられている武装していない人びとを馴致化するための支配装置を備えている、というのがそれである。

もちろん、そしてごく自然なことであるが、このような〔支配〕装置が最も厳格な形で発展するのは、自国外の征服した地域である。③ こうした地域では、支配層に対する絶え間ない脅威が、支配装置の発展を要求するからである。

ノルマン人の国家、とくにイングランドは、真に中央集権的で技術的に高度に発展した行政を備えた、西洋で唯一の封建国家であった。これは偶然ではない。アラブ、ササン朝、トルコの戦士国家も同じである。これらの国々は征服した地域で最も厳格に組織された。

ちなみに、教権制的権力の分野でも同じである。

カトリック教会の厳格に組織された中央集権体制は、西洋の布教地域で発展し、革命によって歴史的な地方教会権力が廃棄されたあとに完成に至った。「戦う教会」(ecclesia militans)として、教会は技術的装置を作り上げた。

しかし、支配の制度の継続的性格、したがって継続的な支配装置が存在することこそが、決定的な目印〔メルクマール〕である。この支配装置が官僚制的性格なのか、家産制的性格なのか、あるいは封建制的な性格なのかは問題ではない。そうであるとすれば、王権や大祭司の権力それ自体も、征服や布教とは無関係に存在することになる。

（1）マナは「力」を意味するメラネシア語で、超自然的な力を指す。マルセル・モース(Marcel Mauss, 1872-1950)も『贈与論』でマナに注目している。オレンダは北米のイロコイ族の言葉で、これも超自然的な力を意味する。

（2）ニーチェ『道徳の系譜学』第二論文一七節を参照。

（3）ウェーバーはジョゼフ・コンラッド(Joseph Conrad, 1857-1924)の『闇の奥』(Heart of Darkness, 1899)に言及してはいない。しかし征服された地域でこそラディカルな支配装置が発展するという視点は、ヨーロッパの植民地主義を論じるうえでも重要である。

[23] カリスマの物象化

私たちはこれまで、カリスマの日常化のありうる帰結について考察してきた。これらの考察のいずれでも、具体的な人に緊密に結びついているカリスマの性格については手をつけないできた。いまや私たちはカリスマの独特な物象化を共通の目印〔メルクマール〕とする現象に目を向けなければならない。

このときカリスマは、厳密に個人が有する賜物から、**1** 譲渡可能で、**2** 個人で取得可能で、3ある〔特定の〕個人その人ではなく、人のいかんは問わない官職の保有者、あるいは制度的構成体に結びついた資質となる。

このときそれでもなおもカリスマについて語ることは、次の〔二〕点によって正当化される。〔一つは〕カリスマがつねに非日常的で、だれにでもアクセスできるものではなく、カリスマによって支配される側の人たちに対して原理的に優越する資質を保持している点であり、〔二つ目は〕カリスマはまさにこのことによって、カリスマがそのために用いられる社会的機能にとって有用であるという点である。

しかしもちろん、カリスマが日常生活に流入していく、まさにこのような形式、カリスマの継続的な構成体への転換は、カリスマの本質と作用の仕方の最も深い組み替えを意味する。

［24］血統、氏族国家、日本の場合

カリスマの物象化の最もよくあるケースは、血の絆によってカリスマは移転可能である、という信仰である。

信奉者やフォロワー、カリスマによって支配されたゲマインデ〔共同体〕は、カリスマが永続することを切望する。血の絆によるカリスマの移転可能性への信仰によって、こ

の切望は最も簡単に満たされる。

このとき相続権という思想は、そもそも家ゲマインシャフトの構造にはもともとは存在しない。したがって、本来的な個人の相続権という思想は、ここではまだ遠ざけておかなければならない。

相続権の代わりに存在するのは、個人は変化しても財産の担い手として長期にわたって続く家ゲマインシャフトの不死性だけである。

カリスマの担い手はその家ゲマインシャフトや氏族〔ジッペ〕の内輪からしか出てこない、というほどまで、家ゲマインシャフトや氏族には魔術的に恩恵が与えられていると断固として信じられていた。カリスマはこのような家ゲマインシャフトや氏族に結びついている。カリスマの世襲性についても、もともと重要なのはここであった。

この観念はそれ自体としてとても明白であり、この観念の出現は特別な説明を必要としない。

恩恵が与えられているとみなされている家は、それによって他のどの家よりも強力に引き立てられる。家が持つこの資格は特別で、自然の手段では到達できず、したがってカリスマ的である。この資格に対する信仰が、どこでも王や貴族の権力の発展の基礎となった。

というのも、主人のカリスマが主人の家に結びついているように、信奉者やフォロワーたちのカリスマも彼らの家に結びついているからである。

皇別[1]、つまり日本のカリスマ的支配者である神武天皇の家（氏）に由来する（とされる）家族は、継続して特別の恩恵を受けた家族として現れ、その他の氏に対して優位性を保持している。そうした家族のなかで、「神別」、つまりこのような支配者のフォロワーの家が、カリスマ的な貴族を形成している。ここでのフォロワーというのは（伝承によると）支配者とともに移住してきた異邦人、および支配者によってフォロワーに編入された古来の氏族である。

貴族は自分たちの間で行政機能を配分する。

Muraji〔連〕と Omi〔臣〕の両氏族が、カリスマの位階で頂点に位置する。この二つの氏族でも、他の氏族と同様に、家ゲマインシャフトの分解に際して、かならず同じことがくり返される。氏族のなかの一つの家が大家（das große (ō = oho) Haus）〔大氏〕とされる。とくに O Muraji〔大連〕と O Omi〔大臣〕は、この氏族特有のカリスマの担い手であり、このためそれらの家の家長は宮廷や政治ゲマインシャフトで相応の地位に就任する権利を主張する。

この原理が完全に貫徹されているところでは、最下位の職人に至るまで、すべての職業身分的編成は、少なくとも理論的には、同じ結びつきを基礎にしており、あるいはそのようにみなされる。ある特殊なカリスマは特定の氏族に結びつき、その氏族の主導権は氏族内でカリスマ的に特権を持った(「大」)家に結びつく。

国家の政治的編成はどれも、氏族とその取り巻き、および領土の所有状態に応じた編成である。

この純粋な「氏族国家」(2)の状態は、その移行が歴史的現実にあっていかに流動的であったとしても、あらゆる種類のレーエン(封建制)国家、家産制国家、世襲官職をともなう官職国家から、類型として厳密に区別されるべきである。というのも、個々の氏族が職務を要求する権利の「レジティマシー」の根拠は、財産や官職の授与によるパーソナルな忠誠関係ではなく、むしろ個々の家それぞれに固有の特別なカリスマだからである。

すでに述べたように(3)、氏族国家からレーエン国家への移行はしばしば、主人の側からの見方ではあるが、これらの氏族の権利の「固有のレジティマシー」と手を切り、その代わりにその人、つまり主人に由来するレーエン(封土)というレジティマシーを据えるというモチーフによって行われる。

(1) 古代日本の氏族の系譜書である、平安初期の「新撰姓氏録《しょうじろく》」には、氏族の分類として皇別・神別・諸蕃の三つが出てくる。皇別は神武天皇以後の天皇の子孫で臣下になった氏族で、遠い皇親には臣、近い皇親には公(君)の姓が与えられた。これに対して、神別は神代の神々の後裔と伝えられる諸氏であり、諸蕃は中国・朝鮮からの渡来人系の氏族である。なお、全集版の註でも指摘されているように、日本についてのこの記述は、ドイツの経済学者ブレンターノ(Lujo Brentano, 1844-1931)のもとで学んだ福田徳三(一八七四〜一九三〇年)の博士論文 Tokuzo Fukuda, *Die gesellschaftliche und wirtschaftliche Entwicklung in Japan*, Stuttgart: Cotta, 1900, S. 3 に依拠している。

(2) 氏族国家(Geschlechterstaat)という用語は、カール・ラートゲンによって用いられている。Karl Rathgen, *Staat und Kultur der Japaner* (Monographien zur Weltgeschichte, Band 27), Bielefeld und Leipzig: Velhagen & Klasing, 1907, S. 32. なお Geschlechter はヨーロッパの中世都市の文脈で出てくるときなどでは、基本的に「門閥」と訳しているが、ラートゲンのこの用語については、「氏族国家」という訳語が用いられることが多いので、本書でもこの慣例に従う。その他の文脈で出てくる「氏族」は、古代ゲルマンの氏族ユニットで、ドイツ法制史上の概念でもあるジッペ(Sippe)の訳語である。

(3) **封［6］**を参照。

［25］ 氏族国家の痕跡

氏族国家という類型の純粋類型に、かつて完全に一致する現実が存在したのかどうかは、ここでの関心事ではない。ここでは次のこと〔を確認する〕だけで十分である。この原則は、多かれ少なかれ、発展した形式あるいは痕跡を残した形式で、実に多様な部族の間でくり返し登場した。そして歴史的古代の構造(アテネのエテオブタダイ家①の血特権、この裏面としてのアルクマイオニダイ家②の殺人罪による資格の喪失)にも、ゲルマン古代にも、この原理は名残りをとどめている。以上がその確認である。

(1) エテオブタダイ家(Eteobutaden)は、ギリシア神話上の人物ブテス(Boutēs)を祖とするといわれるアテネの名門貴族。アテネの政治家・弁論家のリュクルゴス(Lykourgos, c. 390 BC–325/324 BC)などがこの家系に属する。

(2) アルクマイオニダイ家(Alkmaioniden)は、ギリシア神話の英雄アルクマイオンの子孫とされるアテネの名門貴族。ペリクレスの母もこの家系である。紀元前六三二年に、僭主政治を行うべく、キュロンによって起こされたクーデタを、この家系に属するメガクレスが市民とともに鎮圧した。しかし神殿に逃げたキュロンの仲間を殺害したことで、この家系には冒瀆の汚名がつきまとった。

[26] 定期的な礼拝と血統カリスマ

有史時代になると、家および血統カリスマの原則が一貫して貫徹されることは、はるかに少なくなるのが普通である。

最も原始的な文化レベルでも、最も高い文化レベルでも、一般的にいって、政治的支配者の家と、場合によっては、ごくかぎられた数の有力な門閥だけにしか、カリスマ的な特権はなかった。

魔術師、雨乞い師、医師、祭司のカリスマは、同一人物のなかで政治的な支配権と結びついていないならば、原始的な状況では、家のカリスマと結びつく頻度ははるかに低い。定期的な礼拝(Kultus)が発展してはじめて、特定の祭司職が貴族の門閥に血統カリスマによって結合する機縁を与えられるのが普通である。こうなると、この結合は非常に頻繁になり、その他のいろいろなカリスマの世襲化にも遡及効果を持つ。

生理学的な血のつながりの価値評価が高まるにつれて、まず祖先の神格化が始まる。その発展が抑制されないと、ついにはそのときそのときの主人自身の神格化も始まる。こうした神格化の諸帰結については、さらに論じなければならない。(1)

（1）維［9］〜［12］を参照。

［27］長男子相続制、世襲

ところで、たんなる血統カリスマそれ自体は、〔だれが〕個人として後継者に召命されるのかについて、一義的にはなにも決定しない。

このためには、明確な相続の順序が必要である。そしてそれには、血のカリスマへの信仰それ自体に加えて、さらに長子が有する特殊なカリスマへの信仰が出てこなければならない。

というのも、オリエントでしばしば目撃される年長者相続もそうであるが、〔長子〕以外の他のすべての制度は、荒々しい宮中の陰謀や革命につながるからである。ましてやポリガミー〔一夫多妻制〕が支配的であり、したがって自分の子孫を優先して他の王位候補者を排除したいという主人の利害関心に加えて、自分の子どもの相続をめぐる女性たちの闘争が加わるときには、なおさらそうである。

レーエン〔封土〕制国家では、生産能力という利害関心のために、世襲されるレーエンの分割を制限する必要があった。この必要から、単純な長男子相続制の原理はまずはレーエン保有者のために発展した。そこからこの原理は最高の頂点にいわば逆投影されることが多かった。

封建化の進行にともなって、西洋ではこの逆投影が起こった。

オリエントのものであれ、メロヴィング朝のものであれ、家産制国家では長男子相続制の原理の妥当性ははるかに不確実である。

長男子相続制の原理がない場合には、次の二者択一になる。政治権力も、家産制的な主人が所有する他の財産と同じように分割するか。そうでなければ、秩序づけられた方法で後継者を選ぶか。後者には次のものがある。神の審判〔原始的民族にしばしばみられる、息子たちの決闘〕、くじによる信託〔実質的には、ヨシュア[1]以来のユダヤ人の場合のように祭司の選択〕、あるいは最後にカリスマ的選任の通常の形式である。カリスマ的選任の通常の形式というのは、予備〔事前〕選挙(Vorwahl)による有資格者の選抜と、フォロワーおよび人民によるアクラマツィオーン〔歓呼賛同〕である。この手続きは、この場合にはもちろん他よりも、二重選挙と闘争の危険性をより多く内に含んでいる。

しかしいずれにせよ、レジティメイトな、唯一の婚姻形式としてモノガミー〔一夫一婦制〕が支配していることが、君主制権力が秩序を保って継続する最も重要な基礎の一つであった。オリエントの状態とは対照的に、これが西洋の君主制を有利にしてきた。オリエントでは、差し迫った、あるいは将来可能性のある王位交代についての思いが、行政全体に息つく暇を与えない。そして王位交代はその都度、国家の破局のチャンスを必然的に含んでいる。

カリスマが世襲可能であるという信仰は、支配の構成体の存在と構造に最大の「偶発性」を持ち込んだ諸条件の一つである。世襲の原理は他の後継者指名の形式と競合する可能性があるので、なおさらそうである。

ムハンマドは男子の子孫を残さずに亡くなった。そして彼のフォロワーはカリフの地位を世襲カリスマに基礎づけなかった。それどころか、ウマイヤ朝[2]時代に、カリフの地位を直接的に神政政治に反する仕方で発展させた。以上のことは、イスラームの構造に最も深いところにまで至る影響を及ぼした。シーア派は、アリー家の世襲カリスマを基礎にし、無謬の教義的権威を備えた「イマーム」〔指導者を意味するアラビア語〕を一貫して保持する。伝統と「イジュマ」(信者の合意)を基礎とする正統スンナ派と、シーア派は激しく対立する。この理由は、主として支配者の資格に関する以上のような相違にある。

〔キリスト教の場合には〕イエスの家族と、それが当初のゲマインデ〔信徒団〕で有していた重要な地位が取り除かれた。[3]この除去は明らかにより苦痛が少ないものであった。

ドイツのカロリング朝、そしてその後の王朝の消滅は、ほとんどの場合で、フランスやイギリスとは対照的に、諸侯によって主張された共同決定権を世襲カリスマが押しのける力(Kraft)を獲得しようとした、ほぼその瞬間に起こった。[4]この消滅は、フランスやイギリスの王権が強化されていったのとは対照的に、ドイツの王権が衰退したという事実にとって、尋常ではない重要な意味を持った。これはおそらくアレクサンドロスの家族の運命[5]に比べてすら、歴史的にみてより重要な結果をもたらした。

反対に、最初の三世紀のローマの皇帝で、卓越した資質を有していたものは、ほとんど例外なしに、血のつながりではなく、養子という形式で後継者指名によって王位についた。血のつながりによって王位に任命された者の圧倒的多数は、権力を弱めた。

以上のことは、明らかに、次の二つの政治権力の構造の違いに関係している。一方にあるのは、封建国家の政治権力の構造であり、他方にあるのは、しだいに官僚制的に統治されつつあり、常備軍とその将校たちの決定的な役割を基礎とする国家の政治権力の構造である。

ただ、ここではこれ以上は追求しない。

（1）ヨシュア(Joshua)はモーセの後継者として古代イスラエルを導いた。カナンを占領し、一二部族に分配した。

（2）ムハンマドの没後、四人のカリフは選挙などによって選出され、イスラームの理念が政治に反映されていた。この時代は「正統カリフ時代」と呼ばれる。これに対して、アブド・シャムス家出身のムアーウィヤ一世が、四代目のカリフのアリーから権力を奪取して樹立したウマイヤ朝(六六一～七五〇年)では、権力維持が優先されたため政治がイスラームの理念から乖離し、カリフも世襲化した。

（3）イエス・キリストの弟ヤコブは、イエスの死後、エルサレムで活動していた弟子たちの教団(エルサレム教会)で指導的な立場にあったが、紀元六二年のユダヤ人の暴動で死去した。

（4）東フランクのカロリング家は九一一年のルートヴィヒ幼児王の死によって、九一一年に断絶した。

（5）アレクサンドロス大王の家族の運命とは、彼が前三二三年に急逝したあと、ギリシア語で後継者を意味するディアドコイを自称する有力な将軍が対立・抗争したことを指す。

[28] 先祖によるレジティメーション（正当化）

カリスマは血のつながりと結合している。この信仰がひとたび所与になると、カリスマの意味はすべて逆転する。もともとは自分自身の行いが高貴とされたものが、いまでは先祖の行いによってのみ人は「レジティメーション」される。ローマで貴族に属すのは、貴族的な官職に就いている者ではなく、貴族的な官職に就いていた祖先を持つ者であった。そしてこのように囲い込まれた官職貴族の努力は、こうした官職をこのサークル内で独占することに向けられた。

本物のカリスマは真逆の存在へと転化する。この展開はどこでも同じパターンである。真にアメリカ的（ピューリタン的）な考え方は、自分で財産を「作り上げた」、セルフメイドマンをカリスマの担い手として賞賛した。たんなる「相続人」それ自体にはなんの価値もなかった。ところが、この感情はいまや目の前で反対のものに転倒している。

〔カリスマとして〕通用しているのは、出自(ピルグリム・ファーザーズ、(1) ポカホンタス、(2) ニッカーボッカーズ(3))、あるいはすでに〔上級階層として〕受け入れられている(比較的)「昔から」の富裕層の家族の一員であることにすぎない。

貴族名鑑〔からの新規参入者〕の閉め出し、先祖の系図証明、新しい富裕層を「下級の家系」としてのみ容認することなど、これらの現象はすべて同じであり、希少価値を独占することによって社会的威信を高めようとする努力の産物である。

経済的動機としては、直接的または間接的に利益をもたらす国家の地位の独占や、そのときどきの国家権力に対するその他の社会的関係の独占という動機がある。これ以外に、同時に動機として重要な役割を果たしているのが、結婚の独占である。つまり、貴族的な身分によって与えられる、富裕な女性相続人を手に入れる優遇的なチャンスを得ること、および自分自身の娘の求婚が増えることが動機となっている。

(1) ピルグリム・ファーザーズは、一六二〇年にメイフラワー号でアメリカに渡ったピューリタン。
(2) ポカホンタス(Pocahontas, 本名 Matoaka, 1595-1617)は、ヴァージニアの先住民ポーハタンの首長の娘。先住民のキリスト教化と植民地事業の成功の偶像となった。
(3) ニッカーボッカーズはオランダ人移民を指す。彼らが着用していた膝下までのゆったりとしたズボンもこの名称で呼ばれている。

[29] 官職カリスマ

以上のようなカリスマの「物象化」のあり方は、カリスマを世襲財産として扱う。これ以外にも、歴史的に重要なものがある。

さしあたり、血による移転の代わりに、人工的・魔術的な移転可能性〔の観念〕が出てくる可能性がある。司教叙任の操作による使徒の「継承」、祭司叙任による不滅のカリスマ的資格の取得、国王の戴冠と塗油の意味、その他、自然民族・文化民族における無数の同様のプロセスが、この移転可能性を前提にしている。

実際に重要なのは、だいたいはそれ自体が形式になっているシンボルそのものではなく、しばしばこのシンボルと結びついている思想の方である。カリスマが結びついているのはまさに官職を保持していることである、という思想がそれである。按手《あんしゅ》(1)、塗油などがこの官職に持ち込まれる。

というのも、ここにあるのは、例のカリスマ特有の制度的な転換の方向への移行だからである。継続的な構成体と伝統の支配が、啓示と英雄に対するカリスマ的で、個人的な信仰に代わって登場する。この結果として、カリスマは社会構成体そのものに付着する。

（1）按手は、キリスト教で、人の頭の上に手を置いて祝福を与えること。

[30] ローマ司教のカリスマ

古教会におけるローマ司教（もともと、ローマ司教はローマのエクレシア〔信徒団〕と合体していた）の地位は、本質的にカリスマ的な性格を持っていた。教会は、非常に早い時期に特別な権威を獲得した。教会の権威は、ヘレニズム的オリエントの知的優位性に対して、たえず自己を主張した。オリエントは、ほとんどすべての偉大な教父を生み出し、教義を形成し、すべての普遍公会議がその土地で開催されるのを目にしてきた。〔しかし〕教会の統一性が存在したかぎりで、そしてこの教会の知的手段が〔ヘレニズム的なオリエントに比べて〕はるかに劣っているにもかかわらず、神は世界の首都である教会そのものを誤らせることはない、という確固たる信仰に、この統一性が基づいているかぎりで、教会の権威の自己主張がなされた。

これはカリスマ以外のなにものでもなかった。ここに示されているのは、権威ある「教導権」[1]や普遍的な管轄権という近代的な意味での首位性ではまったくなかった。ここでの管轄権を、上訴権という意味で理解しても、ましてや地方権力と普遍的に競合する司教権力という意味で理解してもそうである。というのも、これらの概念は当時まだ発展していなかったからである。

さらに、あらゆるカリスマがそうであるように、ローマ司教のカリスマも、当初は不安定な恩恵の賜物とみなされていた。少なくともあるローマ司教は、公会議でアナテマ〔破門〕を宣告された。[2] しかし、全体としてローマ司教のカリスマは、教会への約束として堅固であった。

絶頂期のインノケンティウス三世[3]でさえ、ごく一般的で、内容的にも確定されていないい、この約束への信仰以上のものは要求しなかった。法的に官僚制化し、知性主義化した近代の教会になってはじめて、ここから職務権限が作り出された。この職務権限には、あらゆる官僚制に特徴的な官職（「聖座から」(ex cathedra)）と私人の分離がともなっていた。

（1） Lehramt は今日では「教職」と訳されることが多い。しかしここではカトリックで教義を教えることができる権利である magisterium を指すので、「教導権」と訳しておく。

（2） 第七〇代ローマ教皇ホノリウス一世（Honorius I, ?-638）のこと。第三回コンスタンティノープル公会議（六八一年）で、「キリストは単一の意志をもつ」とする単意説が異端とされ、これにともなって、すでに没していたホノリウス一世も破門された。

（3）インノケンティウス三世（Innocentius III, 1160–1216）は、中世教皇権の最盛期を築いたローマ教皇。ドイツ皇帝の選挙に干渉し、離婚問題でフランス王フィリップ二世を破門し、イギリス王ジョン（失地王）には封臣の誓いをさせた。第四次十字軍の推進者でもある。

［31］ピューリタニズムによる官職カリスマの拒否

官職カリスマは、特定の社会制度そのものが特殊な恩恵を受けていることに対する信仰である。このカリスマは、決して教会だけに特有の現象ではなく、いわんや原始的な状況だけに固有の現象ではない。

近代的な条件下で、権力に服従する人たちが国家権力に対して持つ内面的な関係において、官職カリスマは政治的に重要な仕方で現れてくる。というのも、国家権力は、それが官職カリスマに好意的か敵対的かによって、大きく違ってくるからである。

あらゆる被造物に対してピューリタニズムは独特な無遠慮さを持ち、あらゆる被造物の神格化を拒否した。こうした無遠慮さと神格化の拒否の影響で、ピューリタニズムの支配領域では、地上の権力者に対する内的態度から、およそあらゆるカリスマ的な尊敬関係が根絶された。あらゆる職務遂行は、別のものと同じように一つのビジネス（business)であり、支配者とその官僚は、他の人と同じく罪人であり〔〔アブラハム・〕カイパー①が一貫して強く主張したところである〕、他の人よりも賢いわけではない。

究めがたい神意によって〔他のだれかではなく〕彼らは偶然にこの地位に至り、こうして法律、命令〔政令〕、判決、処分を生み出す権力を付与されている。

もちろん、教会の官職から、不道徳の印のある者は取り除かれなければならない。しかし、国家のメカニズムでは、このような原則は貫徹不可能であり、またこうした原則なしで済ますことができる。

世俗の権力保持者が良心と神の名誉に直接的に反することをしないかぎり、人はその権力を甘受する。というのも、権力保持者を変えてみても、同じように罪深く、おそらく同じように愚かな他の人間がその代替になるだけだからである。

それに、権力保持者は、人間の目的のために人間が作り出したメカニズムの構成要素にすぎないため、内面を拘束するいかなる権威も持っていない。

官職は事柄に即した〔ザッハリヒな〕必要性のために存在するだけである。官職は、そのときどきの官職保有者の上下を浮遊して、この官職保有者に（例えば、普通のドイツ人の感覚からすれば、「国王の区裁判所」(königliche Amtsgericht)が有しているような）なんらかの威光を放射するようなものではない。

国家に対するこの自然主義的に非合理的な内的態度や内的立場は、場合によって非常に保守的であり、非常に革命的でもありえた。そして実際にそのように作用した。こうした内的な態度や立場は、ピューリタニズムの影響を受けた世界で、数多くの重要な特有の性質を生み出す、一つの基本条件であった。

官職、個人的なものを超越したなにかと考えられている官庁、そしてその威光に対して、例えば普通のドイツ人は、根本的にまったく別の態度をとる。こうした態度は、たしかにルター主義の宗教意識のまったく具体的な特質によって条件づけられている部分もある。しかし、「神がお望みになられた支配機関②」という官職カリスマで権力を飾るという点で、こうした態度はきわめて一般的な類型に対応する。そして国家の純粋に感情的な形而上学はこの土壌で成長する。この形而上学は、政治的に遠くにまで及ぶ帰結をもたらした。

ピューリタンが官職カリスマを拒否したのと対をなすのが、司祭の消えない霊印③というカトリックの理論である。この理論には、官職カリスマと個人の価値の分離が含まれる。

カトリックの理論は、人物の証明に付着した、純粋に個人的なカリスマ的召命を、次のようなカリスマ的な能力へと物象化し、転化する最も急進的な形式である。そのカリスマ的な能力は、魔法のような行為によって官職の階層構造にその一員として受け入れられたすべての人に、消え去ることがありえない仕方でしっかりと付着し、その担い手である人の価値を問うことなく、官職のメカニズムを聖化する。

カリスマの物象化は、あらゆる場面で魔術的な能力を目にしていたような世界に、一つの教権制的なメカニズムを植え付ける手段であった。

個人としての祭司は絶対的な非難を受けることがある。しかしそうだからといって祭司のカリスマ的資格は疑われない。このような場合にのみ、教会の官僚制化は可能となり、また教会のアンシュタルト的(4)〔構成員の同意や承認を必要としない〕性格は、そのカリスマ的な価値という点で、あらゆる個人的な偶発性から離脱する。

まさにまだブルジョア化していない人間にとっては、地上の世界についても、地上を超越する世界についても、世界を道徳化して考察することは、なおも身近な話ではない。神々は善良ではなく、ただ強いだけである。また、ありとあらゆる動物的、人間的、超人間的な存在において、魔術的な能力と遭遇することができた。これゆえに、人を事柄〔官職〕から、このような仕方で分離することは、馴染みの観念に完全に結びついていた。この分離はこれらの観念を大きな構造の理念、つまりまさに官僚制化に奉仕させたが、これはとてもよく考えられた仕方によってなされたというだけのことであった。

（1）アブラハム・カイパー（Abraham Kuyper, 1837–1920）はオランダの改革派神学者、政治家。**教［48］**も参照。
（2）新約聖書『ローマの信徒への手紙』一三。
（3）**官［18］**を参照。
（4）**【用語】**「アンシュタルト」を参照。

［32］ カリスマ的教育、専門教育へのアンチテーゼ

カリスマ的能力が〔神からの〕賜物であれば、その所有が試され証明されることはあっても、伝達されたり習得されたりすることはない。ところがカリスマ的能力が、なんらかの、さしあたりは純粋に魔術的な手段によって移転可能なザッハリヒな〔客観的な〕資質になると、これによって賜物から原理的に〔人間の力で後天的に〕獲得できるなにかへと変質する道が踏み出される。

こうして、カリスマ的な能力が教育の対象になる可能性が出てくる。

もちろんここでの教育は、少なくとも最初は、合理的あるいは経験的な教説という形式ではない。

英雄的精神や魔術的能力は、さしあたりは教えられるものではないとみなされる。

むしろ、英雄的な精神や魔術的な能力は、それらが潜在的に存在する場合にのみ、全人格の生まれ変わり(1)(Wiedergeburt)によって覚醒可能なものである。

生まれ変わり、それによるカリスマ的資質の開花、試験、証明、およびカリスマ的有資格者の選抜が、カリスマ的教育の真の意味である。

〔教育を受ける者は〕通常の環境から隔離され、家族のあらゆる自然な絆の影響からも隔離される(原始民族の場合には、若者は直接、森に移住する)。つねに特別な教育ゲマインシャフトに入り、生き方の全体を変革し、エクスタシー〔忘我〕と生まれ変わりの能力を目覚めさせるために、禁欲や実にさまざまな形式での肉体的・精神的な鍛錬が行われる。精神的な衝撃、肉体的試練、切除(割礼はおそらく第一次的には、このような禁欲的な手段の一要素として生まれた)を通じて、そのときどきに到達したカリスマの完全性のレベルが継続的に試験される。最後に、試験に合格した者は、証明されたカリスマの担い手のサークルに段階を踏んで荘厳に迎え入れられる。

専門教育との〔カリスマ的教育の〕対立は、当然のことながら、一定の限界内では流動的である。

いかなるカリスマ的教育にも、教育を受ける者を戦争の英雄に育てるのか、まじない師に育てるのか、雨乞い師に育てるのか、祈禱師に育てるのか、祭司に育てるのか、法律家に育てるのかに応じて、なんらかの専門教育的な要素が含まれている。この経験的な意味で専門的な要素、つまり教説は、威信と独占化という利害関心のために、しばしば秘密の教えとして扱われる。職業の分化が進み、専門知識が拡大するにつれて、量的にも、また合理的な質的の点でも教説は着実に増大していく。そしてついに〔今日では〕カリスマ的能力を目覚めさせ、試すための古い禁欲的手段の残滓として、寄宿舎生活や学生生活での周知の新入生指導的現象②が、本質的には専門的な訓練の内部で残っているのみである。

しかし、真にカリスマ的な教育は、官僚制によって要請される専門教育の教説に対する根本的なアンチテーゼである。

カリスマ的な生まれ変わりを目指す教育と、官僚制的な専門知〔の獲得〕を目指す合理的な授業の中間には、先に述べた③言葉の意味での「陶冶」〔教養〕(Kultivierung)を目指すあらゆる種類の教育が存在する。陶冶とは、外的および内的生き方の変革のことである。こうした教育は、カリスマ的教育の本来の非合理的な手段をただ残滓としてのみ保持している。そしてこのような教育の最も重要なケースは、昔から戦士や祭司になるための訓練であった。

戦士や祭司になるための教育も、元来なんといってもカリスマの資質を持つ者の選抜である。

魔術的に覚醒できない者は「俗人」のままであるように、戦士教育の英雄の試験に合格しない者は「女性」のままである。

資格要件の維持と強化は、私たちに馴染みの図式をなぞる形で、フォロワーたちの利害関心によって熱心に促進される。主人を強いて、同じ試験に合格した者だけに、支配の威信と物質的利益に参与させるようにするのは、フォロワーである。

（1）新約聖書『ヨハネによる福音書』三・三には「はっきり言っておく。人は、新たに生まれなければ、神の国を見ることはできない」とある。Wiedergeburt は新生、再生、あるいはボーン・アゲインなどとも訳すことができるが、ここでは特定の宗教を指してこの語が用いられているわけではないので、「生まれ変わり」としておく。Cf. MWG I/22-2, S. 304-305.『宗教社会学』一九二～一九三頁。

（2）一六〇〇年頃のドイツのプロテスタントの大学では、新入生に対する先輩学生の虐待をともなう指導関係があり、Pennalismus ないし Pennalwesen と呼ばれた。

（3）**官[60]**を参照。

[33] 騎士教育と祭司教育

このように組み替えられて発展する過程で、もともとのカリスマ的教育は、形式的に国家や教会の制度になることもあれば、あるいはツンフト〔同業者組合〕に結集した利害関係者たちによる、形式的に自由なイニシアティブに委ねられたままのこともある。発展がどのような経路をとるのかは、さまざまな状況によって、とくに競合する個々のカリスマ的権力の力関係によって決まる。

一つのゲマインシャフトの内部で、軍事的な騎士教育と祭司教育がどの程度まで普遍的な意義を獲得するか。とりわけこの問題も同じく力関係に依存している。騎士的な教育とは対照的に、祭司教育を合理的な教育にすることを容易にするのは、まさに聖職教育の精神主義(Spiritualismus)である。

祭司、雨乞い師、まじない師、シャーマン、ダルヴィーシュ〔イスラーム神秘主義の修行僧〕、修道士、聖なる歌手とダンサー、書記や法律家、弁護士を養成する教育、また騎士と戦士を養成する教育は、実にさまざまな形式で存在する。しかし究極的にはつねに本質は類似している。

ただ、このようにして育成された教育ゲマインシャフトの影響力が、互いの関係によって異なるだけである。

この影響力は世俗的権力(imperium)と教権的権力(sacerdotium)の相互の力関係に依存する。この力関係についてはさらに論じられるべきである。[1] しかし、この影響力はそれだけではなく、さしあたりは軍事業務が（軍事業務によって特別な資格を獲得している階層の義務として）どれくらい社会的名誉という性格を持っているかに依存する。

軍事業務が社会的な名誉である場合にのみ、そしてその場合にはどこでも、ミリタリズムが独自の教育を展開する。逆に、聖職者に特有の教育の展開は、支配の官僚制化、さしあたりは聖職者の官僚制化の関数であることが多い。

（1）「国家と教権制」の章を参照。

[34] ヘレニズム、オリエント、西洋

ヘレニズムの青年の軍事訓練はヘレニズム文化の根幹をなす人格の体操的・音楽的形成の構成要素である。これは世界中に広まった軍事教育という現象の特殊例にすぎない。

軍事教育に属すのは、とりわけ、成人式、すなわち英雄の生まれ変わりへの準備、男性同盟および共同の戦士住居への受け入れである（共同の戦士住居というのは、一種の原始的な兵営である。というのも兵営はもともとメナーハウス（男子集会所）だからである。シュルツ(1)はとても愛情を込めて、いたるところにメナーハウスを見いだした）。

軍事教育は俗人教育である。戦士の門閥がこの教育を支配している。

政治的ゲマインシャフトのメンバーがもはや主として戦士でなくなり、戦争状態がも

はや近隣の政治的構成体の間の慢性的関係ではなくなればいつでも、この制度は崩壊する。

他方で、典型的に官僚制的なエジプトの国家では、少なくとも官僚と書記の養成は祭司層によって支配されていた。教育が広範に聖職者によって行われていた例がこれである。

オリエントのその他、大部分の民族でも、祭司層が官僚教育、そして教育全般の支配者であったし、またそうであり続けた。なぜなら、祭司層だけが合理的な教育システムを開発し、国家が必要とする読み書きの知識と、合理的思考の訓練を受けた官僚を国家に供給したからである。

中世の西洋でも教会と修道院による教育が非常に重要であった。教会と修道院はあらゆる種類の合理的な教育の場であった。

ところで、純粋に官僚制的なエジプトの国家体制には、教育の聖職者化に対抗するものは存在しなかった。また、オリエントのその他の家産制国家も、特別な騎士教育を発展させることはなかった。そのための身分的な基礎が欠けていたからである。イスラエルはシナゴーグとラビによる結束を基礎にして、完全に脱政治化されていた。まさにこのイスラエルに至っては、厳格な聖職者教育の主要な類型が発展した。これに対して、西洋中世では、主人〔領主〕層の封建的・身分的な性格のゆえに、聖職者的な意味で合理的教育と騎士的教育が並存し、対立し、共存していた。中世西洋の人間性、そして西洋の大学に特有の性格を与えたのは、この騎士的教育であった。

(1) ハインリヒ・シュルツ(Heinrich Schurtz, 1863-1903)はドイツの民俗学者・歴史学者。彼は親衛隊(SS)などにもつながっていく、「男性同盟」(Männerbund)に注目した。なお、メナーハウス(Männerhaus)は、家族とは別に成年男子が集合的に居住する集会所ないし結社のことである。Cf. Schurtz, *Altersklassen und Männerbünde: eine Darstellung der Grundformen der Gesellschaft*, Berlin: Reimer, 1902.

[35] ヘレニズムとローマにおける祭司的な教育システムの不在

ヘレニズムのポリスやローマでは、国家装置がなかっただけでなく、このような祭司的な官僚制装置も欠如していた。聖職者の教育システムを構築することができたであろうものがこの装置であった。

ホメロスは、神々を非常に無遠慮に扱った世俗的な貴族社会の文学的産物である。彼は文学的な教育媒体の頂点におり、それと切り離せない存在であり続けた。それゆえプラトンのような人はホメロスを深く憎んだ。(1) たしかに以上のことは、宗教的な力を神学的に合理化しようとする一切の試みを邪魔する、運命的な偶然であった。しかし、この邪魔はたんに部分的なものにすぎなかった。

決定的な要因は、祭司に特有の教育システムがそもそもまったく存在しないことであった。

（1）プラトン『国家』第一〇巻のいわゆる「詩人の追放」を参照。

［36］中国

最後に、中国の儒教的合理主義の固有の特性、慣習主義、教育の基礎としての儒教的合理主義の受容を条件づけているのは、世俗的な家産官僚層の官僚制的合理化であり、封建制的権力の不在である。

［37］教育と特権と富裕層

魔術的なカリスマを育てる教育にしても、英雄的精神を育てる教育にしても、およそいかなる教育も、狭いツンフトの仲間だけの事柄〔ザッヘ〕になる可能性がある。そうなると、こうした仲間たちは、一方では祭司の秘密結社を、他方では上流社会の貴族クラブを発展させる可能性がある。

とくに西アフリカでは、政治的あるいは魔術的ツンフトがしばしば秘密結社として組織されてきた。こうした政治的あるいは魔術的ツンフトによる支配には、整然とした支配から偶発的な略奪に至るまで、およそ考えうるすべての段階がある。

クラブやツンフトに発展した、どのゲマインシャフトにも共通するのが、カリスマ的資格に代わって、ますます純粋に経済的な資格を押し出す傾向である。もともと戦士の従士団から発展したものであれ、試練を経て武装能力〔を持っていること〕を証明された全男性の団体から発展したものであれ、同じである。

時間がかかり、経済の観点では直接的には役に立たないカリスマ的教育を受けるためには、家の経済が若者の労働力を差し迫って必要としていないことが、若者にとっての前提条件である。この前提条件は、経済的な労働の集約性が増大するのにともなって、ますます所与ではなくなっていった。

しだいに増大しつつあった、富裕層によるカリスマ的教育の独占化は、人為的にさらに高められた。

本来の魔法的あるいは軍事的な機能が衰退するにつれて、事柄の純粋に経済的な側面が前面に出てきた。

インドネシアでは、発展の最終段階になると、人はカネを払ってさまざまなレベルの政治的「クラブ」に簡単に入会した。原始的な状況では、豪華な宴会を催すことによってそれをした。

カリスマ的な主人層は純粋にプルートクラシー[1]〔カネ持ち支配〕的な支配層へと組み替えられる。とくに原始的な民族にあって、軍事的あるいは魔術的カリスマの現実的意義が後退するところでは、こうした組み替えは典型的な現象である。

このとき、たしかにかならずしも財産そのものが貴族化をもたらすわけではない。しかしそれでも、貴族化をもたらすのは、財産があるからこそ可能な生き方[2]である。中世の騎士的生活とは、なによりも客人のために開かれた家を持っていることを意味した。

多くの民族では、首長を名乗る資格は、たんに宴会を催すことで獲得され、同じ方法で維持される。これは一種の「ノブレス・オブリージュ」である。この方法はいつの時代も自己負担する有力者を容易に困窮させる。

（1）【用語】「プルートクラシー」を参照。

（2）【用語】「生き方」を参照。

カリスマの維持〔および規律〕(1)

（1）すでに凡例で述べたように、ウェーバー全集（MWG I/22-4）は、マリアンネ編の初版に準拠し、『経済と社会』の改版で加えられた修正を元に戻すことを基本方針としている。しかし、この章だけはこのルールから逸脱している。『経済と社会』の初版では、この章のテクストは「レジティマシー」（Legitimität）というタイトルを付けられ、「階級、身分、政党」（全集版ではMWG I/22-1）の章と「官僚制」の章の間に配置されていた。全集版の編者は前後参照註の整合性とテクストの内容を理由として、この章のテクストを「カリスマの組み替え」の章の後ろに置き、タイトルを「カリスマの維持」にしている。テキストの位置を移動させたのは『経済と社会』第四版・第五版の編集を引き継ぐ形になっている。ただし、第四版・第五版では、第三項「支配形態の規律化と没主観化」というタイトルのもとで、**維[8]**までがこの位置に収録され、**維[9]**から**維[12]**は第二項「カリスマ的権威の成立と組み替え」の最後に編入されている。全集版ではこの部分をマリアンネの初版の位置に戻している。「カリスマの維持」というタイトルは、規律を扱った**維[1]**から**維[8]**までと、カリスマの日常化以後の支配のレジティメーション（正当化）を論じている**維[9]**から**維[12]**をブリッジするために、全集版の編者によって新たに付けられたものである。「レジティマシー」という章のタイトルはウェーバー自身ではなく、マリアンネによって付けられており、タイトルの適切性についても大いに疑問がある。ただし、全集版で新たに登場した、この「カリスマの維持」についても議論の余地がないわけではない。本書では章のタイトルに〔および規律〕を付け加え、意味を補っている。「規律」をタイトルに入れておいたほうが読者に親切ではないかと考えたためである。これは訳者の判断によるものなので、ご参考程度にとらえていただきたい。

〔1〕 カリスマの消滅

カリスマがゲマインシャフト行為[1]の継続的な構成体に流入すると、それにともなって、伝統の力か、合理的なゲゼルシャフト化の力か、そのいずれかが優勢になり、カリスマはつねに後退していく。これはカリスマの宿命である。

全体としてみると、カリスマの消滅は個人の行為の抑圧を意味する。

ところで、個人の行為を抑圧する力(Gewalten)にあって、最も抗しがたい権力(Macht)は、合理的な規律である。この権力は、個人のカリスマだけでなく、身分的名誉による区別を根絶する、あるいはそうでなくとも、その作用を合理的に変形する。

規律とは、中身についていうと、一貫して合理的に、つまり計画的に訓練を受け、精確に、自分自身への批判をすべて無条件に見合わせて、受け取った命令を実行することであり、この目的だけに容赦なく内面的志向を集中させることにほかならない。

この特徴に、命令された行為の均一性という、さらなる特徴が加わる。規律に特有の効果は、大衆的構成体のゲマインシャフト行為としての性質に基づいている。ここで服従する人たちは、かならずしも局所的にまとまっていたり、同時に服従したり、あるいはまたは量的にとくに大きな塊であったりする必要はない。決定的に重要なのは、多数の人びとの服従が合理的に画一化されていることである。規律そのものは、カリスマや身分的名誉と敵対していない。むしろ逆である。ヴェネツィアの参事会貴族[2](Ratsaristokratie)やスパルタ、パラグアイのイエズス会[3]、あるいは君主を頂点とする近代的な将校団のような、身分的な集団は、量的に大きな地域や構成体を支配しようとする。こうした身分的な集団は、自分たちの集団内での非常に厳しい規律という手段によってしか、支配される側の人たちに対する確実で効果的な優位を主張できない。支配される側の人たちの「盲目的」服従も、この規律に服従し、それ以外のものには従わないように教育することによって、彼らに教え込むことができる。

こうして、身分的威信や身分的な生き方を型に嵌めて固定化し、育成することを堅持するという態度が、強い程度で意識的かつ合理的に意欲されたものとなるのは、つねにもっぱら規律という動因からである。そしてこの意欲されたものは、こうしたゲマインシャフトからなんらかの影響を受けた文化内容の全体にも、逆作用を及ぼす。ただし、この逆作用についてはここでは論じない。

そして同様に、カリスマ的英雄も「規律」を自分のために利用することができる。そして自分の支配を量的に遠くにまで拡大したいのであれば、カリスマ的英雄はそうせざるをえない。ナポレオンはフランスにあの厳格な規律を持った組織を作り、それは今日でも影響を及ぼしている。

（1）【用語】「ゲマインシャフト行為／ゲゼルシャフト行為」を参照。
（2）Cf. MWG I/22-5, S. 154-155.『都市の類型学』一五一頁を参照。
（3）家【9】も参照。

〔2〕規律と熱狂

一般的に「規律」といわれているものは、特殊的には官僚制のことである。規律の最も合理的な子どもが官僚制である。規律および官僚制は「事柄に即した〔ザッハリヒな〕もの」であり、動揺することなき「ザッハリヒカイト」〔事柄に即していること〕そのものとして、規律の奉仕を手に入れようとし、規律を生み出す術を知っている、ありとあらゆる権力に自らを利用させる。

ただしこのことは、最も内的な本質の点で規律が、カリスマや身分的名誉、とくに封建的な名誉とは異質であることを否定しない。

病的な怒りの発作をともなったベルセルク(1)。個人の名誉を獲得するために、英雄の誉が高い、個人の対抗者と、個人として競い合いたいと願う騎士。彼らはひとしく規律とは異質である。前者は行為の非合理性からであり、後者は内面の態度がザッハリヒ〔客観的〕でないことからである。

個々の英雄のエクスタシー〔忘我〕、恭順[2]、個人としてのリーダーへの熱狂的な興奮とコミットメント、「名誉」の崇拝、「技芸」としての個人のパフォーマンス能力の鍛錬の代わりに、規律は「訓練」によって機械化された熟練への「調教」を前提として必要とする。また、そもそも「倫理的」性格の強い動機に訴える場合には、規律は前提として「義務」と「良心」を必要とする（クロムウェルの言葉では「名誉の人」に対して「良心の人」である）[3]。これらすべては、一律に調教された大衆の肉体と精神の衝動力を合理的に計算された最適化という目的に向けて奉仕させようとする。〔ただし〕熱狂や惜しみないコミットメントが、規律にまったく居場所を持っていないということではない。

反対である。あらゆる近代的な戦争遂行はしばしば、部隊のパフォーマンス能力における「道徳的」要素をなによりも考慮し、ありとあらゆる種類の感情的手段を用いて作動する（その方法の点では、最も洗練された宗教的規律手段であるイグナチオの霊操[4]とまったく同じである）。そして近代的な戦争遂行は、戦闘における「鼓舞」によって、さらには〔戦争を〕導く人の意志に導かれる人たちが「感情移入」するように教育がなされることで、効果を上げようとする。[5]

しかし、社会学的に決定的なことは、次の点になる。**1** この際にすべてのもの、とくに「計量不可能なもの」、非合理的なもの、感情的な要素も、合理的に「計算される」ということである。少なくとも原理的には、石炭や鉱石の豊富さが計算されるのとまったく同じである。

2「コミットメント」は、人を魅了するリーダーが存在する具体的な事例では、なおもきわめて強力に「パーソナル」な色彩を帯びることがありうる。しかしコミットメントは、その目的と通常の内容では「事柄に即した」〔ザッハリヒな〕性格を有している。これは共通の「ザッヘ」〔大義〕へのコミットメント、合理的に追求される「成果」に対するコミットメントであり、ある個人その人へのコミットメントではない。

ただし、奴隷所有者が手にしている主人の権力が規律を生み出す場合だけは話が別である。プランテーション経営、初期オリエントの奴隷軍、奴隷や囚人を乗り込ませた古代や中世のガレー船などである。

ここでは事実上、機械化された調教と、個人にとっては逃れられるものではない、「共同作業」をその個人に強いるメカニズムが、有効性のある唯一の要素である。このメカニズムは、隊の一員に配置された個人を、いわば「強制的」に全体に挿入する。ありとあらゆる規律、とりわけ規律化されて遂行されるどの戦争でも有効性の強い要素が、このメカニズムである。ただしこれらも、義務や良心といった「倫理的」資質がうまく働かない場合には、どこでも「無意味なもの」(caput mortuum) にとどまる。

(1)【用語】「ベルセルク」を参照。
(2)【用語】「恭順」を参照。
(3) 一六四二年一〇月二三日のエッジヒルの戦いのあとで、オリバー・クロムウェル (Oliver Cromwell, 1599-1658) は、王の軍隊（「名誉の人」）は将来、「宗教の人」(men of religion) によって打ち破られなければならないと述べた。
(4) イグナチオ・デ・ロヨラはイエズス会の創設者。スペインのバスク地方出身で、元軍人。著書に『霊操』(exercitia spiritualia) がある（門脇佳吉訳、岩波文庫、一九九五年）。**カ[2]**も参照。
(5) ヴィリィ・ヘルパッハの用語。**支[4]**も参照。

[3] 軍隊と規律

規律と個々のカリスマの間の闘争は変化に富んでいる。この闘争の古典的な場所は戦争、戦争遂行の構造の発展である。

当然のことながらこの分野では、純粋に戦争技術によって、規律とカリスマの闘争の進路がある程度まで決まる。

しかし、槍、剣、弓といった武器の種類は、かならずしも決定的ではない。というのも、これらはすべて、規律化された戦闘にも、個人の戦闘にも利用できるからである。

それでも、私たちが知ることのできる近東および西洋の歴史の発端では、馬の導入が決定的な役割を果たした。また、不確かではあるが一定程度は、あらゆる点で画期的な、工具金属である鉄の支配の始まりも同様であった。

馬は戦車を生み出し、それとともに戦車に乗って戦場に赴き、場合によっては戦車から降りて個人として戦う英雄を生み出した。このような英雄は、オリエント、インド、古代中国の王たちの戦争を支配し、またケルト人、そしてアイルランドに至るまで、西洋全体を支配した。ここ〔アイルランド〕ではその後の時代までこれが続いた。

騎兵〔隊〕は戦車よりも後発ではあったが、より持続性があった。これによって「騎士」が生まれた。ペルシアの騎士、およびテッサリア、アテネ、ローマ、ケルト、ゲルマンの騎士である。

〔騎士の登場〕以前には歩兵が、たしかにある程度の規律化の方向を進み、重要性を持っていた。しかし、歩兵は長期的には騎士のはるか後景に退いた。もっとも、ふたたび発展の方向を反対の軌道に変えた一つの契機となったのは、青銅製の投げ槍が鉄製の近接武器に置き換わったことであった。

しかし、鉄そのものが転換をもたらしたわけではない。というのも、長距離の武器や騎士の武器も、もちろん鉄製になったからである。ちょうど中世の時代に、火薬そのものが変革をもたらしたわけではないのと同じである。

むしろ変革をもたらしたのは、ヘレニズムやローマの重装歩兵の規律であった。

すでにホメロス〔のテクスト〕には規律の萌芽がある。よく引用される一節でホメロスは、重装歩兵が隊列を離れて戦うことを禁じている。①ローマでは、昔の英雄的な仕方で敵の司令官を一騎討ちによって討ち取った執政官の息子②が処刑されたという伝説が、大きな転換を象徴している。

まずはスパルタの職業兵士の訓練された軍隊、次にボイオティアの訓練された神聖隊③、次にマケドニア人の訓練された長槍密集方陣、そしてローマ人の訓練された、より機動的なマニプルス戦術④が、ペルシアの騎士軍、ヘレニズムやイタリアの市民民兵、蛮族の人民軍に対して優位性を獲得した。

ヘレニズムの重装歩兵の初期には、長距離の武器を騎士的でないとして「国際法」上、排除する試みがみられる（ちょうど中世にクロスボウ〔弩《いしゆみ》〕が禁止されようとしたのと同じである）。〔このことからも〕武器の種類は規律化の原因ではなく、その結果であったことがわかる。

歩兵の近接戦闘戦術が独占的な地位を占めたことによって、古代では、あらゆるところで騎兵が衰退し、ローマでは「騎士の登録」〔ケンスス〕が実質的に兵役の免除と同義という事態に至った。

中世末期に、騎士による戦争の独占をはじめて打ち破ったのは、スイスの密集部隊であり、それと並行し、またそれに続いた発展であった。もっともスイスでも、密集部隊がまとまって前進したあと、密集からハルバード〔ほこやり〕兵を抜け出させ、英雄的な戦闘をさせていた。ただし、密集部隊の外側は射手隊によって占拠されていた。こうした発展は、さしあたりは、騎士の個々の戦い方を分散させる以上ではない。

騎兵隊それ自体は、もちろんますます規律化された形式になってはいたが、それでも一六世紀から一七世紀にかけての戦闘でもなお、決定的な役割を果たした。例えば、イングランドの内戦〔ピューリタン革命〕の経過が示しているように、攻撃や敵を真に制圧するのは、騎士なしには依然として不可能であった。

しかし、最初に変革を引き起こしたのは、火薬ではなく、規律であった。近代的に規律化され、あらゆる「身分的」な特権を奪われた最初の軍隊の一つが、オラニエ公マウリッツ[5]が率いるオランダ軍であった。例えば、それまでは塹壕工事は傭兵から「奴隷的労働」(opera servilia)として徹底して拒否されていた。これなどが「身分的」な特権であった。

騎士の激しい猛勇に対して、クロムウェルは勝利を収めた。この勝利は冷静で合理的なピューリタン的な規律のおかげであった。

クロムウェルの「鉄騎隊[6]」、「良心の男たち」は、小走りでしっかりと隊形を整え、同時に落ち着いて発砲し、そのうえで切り込み、攻撃の成功後は隊形を維持するかすぐに再集結した。攻撃後にも乱れないというところに〔騎士との〕主たる違いがあった。クロムウェルの「鉄騎隊」は、技術の点で騎士の高揚に優位していた。

というのも、全力疾走の熱狂で攻撃を行い、その後は、敵陣を略奪するか、あるいは(身代金目的で)捕虜を確保するために〔特定の〕個人をさっさと個別に追跡するかして、規律なく解散してしまう習慣が、すべての成功を台無しにしてしまったからである。このようなことは古代と中世で典型的であったように(例えばタリアコッツォ[7]のように)。

火薬と火薬に依存した戦争技術のすべては、規律という基盤の上でのみ、また全面的には、規律を前提とした戦争マシーンという基盤においてはじめて、その意義を発揮した。

（1）ホメロス『イリアス』上、松平千秋訳、岩波文庫、一九九二年、一二五頁。

（2）紀元前四世紀の共和政ローマの執政官マンリウス・トルクァトゥス(Titus Manlius Imperiosus Torquatus)は、軍規に違反して一騎打ちをした息子の処刑を命じた。オランダの画家フェルディナント・ボル(Ferdinand Bol, 1616–1680)の作品など、この場面を描いた絵画も少なくない。またマキアヴェッリは『ディスコルシ』第三巻第二二章で、マンリウスによるこの処分に言及している。

（3）ボイオティアはギリシア中部の地方。前四四七年にテーベを盟主とする都市同盟のボイオティア同盟を結んだ。神聖隊は、将軍ゴルギダス(Gorgidas)によって編制されたテーベの先鋭歩兵部隊のこと。前三三八年にマケドニア王フィリッポス二世(Philippos II, 382 BC–336 BC)とのカイロネイアの戦いで全滅するまで、神聖隊は無敗を誇った。

（4）マニプルスは重装歩兵の小規模で、機動力のある編制単位。紀元前五世紀にローマで導入された。

（5）オラニエ公マウリッツ(Maurits van Oranje, 1567–1625)はオランダ総督。ウィレム一世(Willem van Oranje (Willem I), 1533–1584)の次男。軍事的な知識と才能で知られる。スペインとの戦争で大きな成果をあげ、共和国の事実上の独立に貢献した。

（6）鉄騎隊(Ironsides; Eisenseiten)は、ピューリタン革命で議会派の中心となった騎兵隊。

クロムウェルは熱烈なピューリタンを集め、厳しい規律のもとで訓練を行った。この軍隊は、国王軍を打ち破ったネーズビーの戦い（一六四五年）などで決定的な役割を果たした。

（7）イタリア中部の都市。ここでは一二六八年のタリアコッツォの戦いを指す。タリアコッツォの戦いは、シチリア王シャルル一世とホーエンシュタウフェン家のコンラディン（Konradin, 1252-1268）との戦い。最初の戦闘でコンラディン軍が勝利を収めるが、戦利品をあさっているときに奇襲を受けて敗北した。コンラディンは捕らえられてナポリで処刑された。これによってホーエンシュタウフェン家は途絶えた。

［4］軍隊の経済的土台と規律

そのときそのときの軍隊の体制が基礎としている経済的土台は、規律の発展を可能にする唯一の決定要因ではない。しかしそれでも、経済的土台にはかなりの重要性があった。

だが、むしろそれ以上に、最も持続性のある影響を政治的・社会的体制に及ぼしたのは、戦争で訓練された軍隊の規律が果たす役割の大小であった。

しかし、この影響も一義的ではない。

戦争遂行の基礎としての規律は、次〔のような実にさまざまな体制〕の母である。家父長制的な、しかし（スパルタのエフォロス[1]のような仕方で）軍司令官の権力によって立憲的に制限された、ズールー族[2]の王権。ヘレニズムのポリスで、体育訓練があり、熟練を極めた歩兵訓練（スパルタ）があることから不可避的に「貴族制的」な構造を持つものと、これに対して海軍の規律（アテネ）のゆえに「民主的」な構造を持つもの。〔このようなヘレニズムとは〕まったく異なるスイスの「民主主義」（よく知られているようにスイス傭兵の時代には〔ヘレニズム的にいえば〕「ペリオイコイ」〔半自由民〕や、ヘイロータイ〔スパルタに征服された先住民で、農業に従事した奴隷〕の地域の支配が含まれていた）。ローマの名望家支配。最後にエジプト、アッシリア、そして近代ヨーロッパの官僚制的国家体制。

これらの例が示すように、戦争の規律は、まったく異なる経済的条件と密接に結びついて発展する可能性がある。

ただし、国家体制や経済体制、場合によっては家族の体制にも、その性質はさまざまながら、つねになんらかの影響が及ぶ。

というのも、完全に規律化された軍隊は、かつては必然的に「職業的な軍隊」であり、それゆえ戦士の生計をどのように調達するかがいつも根本的な問題だったからである。

いつでも攻撃できるように準備され、訓練され、規律を守ることができる原初的な形態は、すでに述べた[3]戦士のコミュニズムである。地球の大部分に広がっている「メナーハウス」〔男子集会所〕、つまり職業的戦士の一種の「兵営」ないしは「食堂」(Kasino)の形式か、あるいは〔シチリア島の北方に位置する〕エオリア〔諸島〕の海賊のコミュニズムの形式か、あるいは「ピクニック」の原理によって組織された、スパルタ式のシュッシティア〔男性が共同で食べる食事〕の形式か、あるいはカリフ・ウマル〔イスラーム第二代正統カリフ〕の組織や中世の宗教戦士団の組織のようなものが、この戦士のコミュニズムである。

この場合には、戦士のゲマインシャフトは、すでに論じたようにどちらかである。(4) 戦士のゲマインシャフトは完全に自律した、外に対して閉じたゲゼルシャフト結合(Vergesellschaftung)の可能性がある。あるいはそうでなければ、通例ではそうであるように、戦士のゲマインシャフトは明確に限定された政治的領域団体に(もちろん、実質的に戦士ゲマインシャフトによって決定的に規定された)その秩序の構成要素として編入され、したがってその人員のリクルートについては、その秩序によって拘束される可能性もある。

この拘束はたいがいは相対的である。

例えばスパルタでも、かならずしも「血の純潔」を重んじていたわけではない。戦士教育については別の文脈で論じられるべきであるが、(5) 戦士教育への関与が、ここでも決定的な要因となっていた。

このような条件下で、戦士の存在は完全に修道士の存在と対応する。修道士の共同住居と修道院のコミュニズムもまた戦士と同様に、彼岸の（およびその結果として、場合によってはまた此岸〔現世〕の）主人に奉仕するための規律という目的に仕える。

まさに修道会とのアナロジーに基づいて作られた独身制の騎士団以外でも、その制度が十分に発達すると、家族からの分離やあらゆる私的経済的な特殊利益からの分離が進み、しばしば家族関係を完全に排除するところにまで至る。

「メナーハウス」の居住者は、自分たちのために少女を買ったり奪ったり、あるいは彼女たちが結婚のために売られていないかぎりで、支配的なコミュニティの少女は自分たちの自由になると主張する。

ポリネシアの支配身分であるアレオイ⑥の子どもたちは殺害される。「勤務期間」を終えてから、つまりメナーハウスを出てから、したがって多くの場合で高齢になってからでないと、男たちは個別経済〔所帯〕を備えた継続性のある性的ゲマインシャフトに入ることができない。

かなりの数の民族で性的関係を規制するうえで重要な「年齢階級」構成があり、またゲマインシャフト内の原初的な性的「族内の乱婚関係」の名残りといわれているものがあった。あるいは、まだ〔特定の〕個人に専有されていない女子に対する仲間全員の（しばしば「原初的」なものと評価されている）端的な「要求権」の名残りといわれているものもあり、同じように「結婚」の「最古」の形式といわれている女性の略奪や、そしてなによりも「母権制」(7)があった。おそらくこれらの大多数は、慢性的なフェーデ（私闘）の状態にあって広く普及していた、右のような種類の軍事的な体制の名残りであった可能性がある。戦士が家に居ないようにし、家族の不在をもたらしたのは、こうした軍事体制であった。

このようなコミュニズム的な戦士ゲマインシャフトは、おそらくどこでも、カリスマ的な武侯の従士団の遺物である。この従士団が持続的な制度へと「ゲゼルシャフト化」し、いまや平時でも存在するようになって、武侯の支配は衰退した。

武侯のほうも、有利な条件のもとではもちろん、規律化された戦士団の無制限の主人にのし上がることができた。

戦士のコミュニズムは、女性や武器を持つのに適さない者、場合によっては隷従民の貢租や、戦利品によって賄われる。このため、こうした戦士のコミュニズムに対して極端な反対像を形成するのが、軍事体制の基礎としての「オイコス」(8)、つまり家産制的軍隊である。この軍隊は一人の主人によって、その人の蓄えから扶養され、装備を整えられ、指揮される。家産制的な軍隊が存在したのはとくにエジプトであったが、これは他の種類の軍事体制でも断片的な形では非常に広く存在した。家産制的軍隊はその後には専制的な君主権力の基礎になった。

これとはまったく逆の現象もある。無制限的な主人の権力から、戦士のゲマインシャフトが解放される場合である。スパルタがエフォロス〔監督官〕を任命することで実現したのがこれである。ただしこの現象は、規律を維持するという利害関心が許す範囲でしか行われない。

したがってポリスで、王権の弱体化、つまり規律の弱体化が進むのはたいがいは平時だけであり、また本国のみである(ローマの官職法(Amtsrecht)の〔専門〕技術的な表現によれば、〔ローマ市の境界の〕「外」(militae)ではなく「内」(domi)においてである)。

スパルタでは、王が手にしている主人の権力は平時にだけはゼロに近くなるが、戦場では、規律を維持するという利害関心から、王が全権を握る。

(1) エフォロス(複数形はエフォロイ)は民会で選出される五名の官職者。監督官と訳されることもある。

(2) ズールー族は現在の南アフリカ共和国東部を中心に居住しており、一九世紀前半に強大な征服国家を築いた。

(3) **組【4】**および MWG I/22-1, Politische Gemeinschaften, S. 211-213 を参照。

（4）Cf. MWG I/22-1, Politische Gemeinschaften, S. 209-215.
（5）**組［32］［33］**を参照。
（6）アレオイはタヒチの宗教的な秘密結社。ポール・ゴーギャン（Paul Gauguin, 1848-1903）の絵に「アレオイの種」（一八九二年）がある。
（7）スイスのバーゼルの法学者バハオーフェン（Johann Jakob Bachofen, 1815-1887）の著作『母権論』（一八六一年）。『母権論』一・二・三、岡道男・河上倫逸監訳、みすず書房、一九九一～一九九五年。
（8）**家［6］**を参照。

［5］経済の分権化と規律の弱体化、傭兵から国民皆兵への過程と規律の強化

これに対して、全般的な規律の弱体化は、プレベンデ〔俸禄〕的であれ、封建的であれ、あらゆる種類の分権的な軍事体制に結びつくことが多い。

弱体化の程度はかなり異なる。

訓練されたスパルタ軍、その他のヘレニズムやマケドニア、かなりの数のオリエントの軍事体制におけるクレーロス〔割当地〕保有兵（*κλῆροι*）、トルコのプレベンデ的なレーエン〔封土〕、そして最後に日本や西洋の中世のレーエン、これらはすべてたんに経済の分権化の諸段階である。ただし、この経済の分権化は、規律の弱体化と個人の英雄的精神

の意義の増大と、密接に関連して進行する傾向がある。〔荘園〕領主的な封臣は自ら装備を整え、補給をし、お供を引き連れていくが、それだけでなく、〔同じく自ら武装する〕下級の封臣も召集する。規律という観点からすると、このような封臣は家産制的兵士や官僚制的兵士のまさに正反対であり、また経済的観点からしても正反対である。前者〔規律の弱さ〕は後者〔経済の分権〕の帰結である。

これに対して、中世末から近代初頭にかけて支配的であったのは、傭兵隊長が全面的あるいは半ば私的〔民間〕資本主義的に傭兵を調達し、政治権力が常備軍を共同経済的に徴募し、装備を整えることであった。これは規律の強化を意味した。この規律の強化は、戦争手段が軍事的主人の手中にますます集中することを土台にしていた。

オラニエ公マウリッツ(1)から〔アルブレヒト・フォン・〕ヴァレンシュタイン(2)、グスタフ・アドルフ(3)、クロムウェル、フランス軍、フリードリヒ大王やマリア・テレジアの軍隊に至るまで、軍隊のニーズ充足の合理化が進展し、革命を経て職業軍から人民召集軍へと移行し、ナポレオンによる召集軍の〔一部〕職業軍への規律化がなされ、そして最後に一九世紀に一般的な防衛義務〔国民皆兵制〕が実施される。これらの過程については、ここで詳しく叙述することはできない。

〔それでも〕成果という点で、この発展の全体の意味は一義的である。その意味というのは規律の意義の増大であり、同様にあの〔集中化という〕経済的プロセスの首尾一貫した貫徹である。

（1）**維［3］**を参照。

（2）アルブレヒト・フォン・ヴァレンシュタイン（Albrecht Wenzel Eusebius von Wallenstein, 1583-1634）は、三十年戦争期の傭兵隊長。企業家的な精神と軍事的才能を兼ね備えていた。シラー『ヴァレンシュタイン』濱川祥枝訳、岩波文庫、二〇〇三年は、ヴァレンシュタインの生涯を描いた戯曲である。

（3）グスタフ・アドルフ、またはグスタフ二世（Gustavus II Adolphus, 1594-1632）は、三十年戦争期のスウェーデンの国王。新教徒の側で参戦して大勝利を収め、「北方の獅子」と呼ばれた。この勝利の背景には彼が行った軍事改革があった。

［6］ 戦争の経営手段の集中と大衆の規律

機械戦争の時代にあって、一律の兵役義務〔国民皆兵制〕の独占的な支配が最後の言葉として残るかどうかについては、疑問の余地がある。例えば、イギリス艦隊の記録的な射撃の成果を条件づけているのは、艦砲を操作する傭兵のアンサンブルが長年にわたって続いたことだと思われる。現在ヨーロッパでは、兵役期間の短縮が停滞している。しかし、とりわけこの兵役期間の短縮のプロセスが進行していけば、ある種の部隊については職業軍人のほうがおそらく軍事技術の点ではるかに優れているという、多くの将校のグループですでに内輪で唱えられている見解が、力を増すことになるのは確実である。フランスで導入された三年の兵役義務化(一九一三年)[1]は、あちこちにあった「職業軍」を求めるスローガンによって動機づけられていた。ただし、兵の種類の分化がまったく存在しないので、このスローガンはいくぶん場違いではある。

これらのまだ非常に曖昧な可能性と、こうした可能性にともなって考えられる、政治的でもある帰結については、ここで論じることはできない。いずれにしても、これらが大衆の規律の極度の重要性を変えることはないであろう。

ここでのポイントは、戦士を戦争の経営手段から切り離し、戦争の経営手段を戦争の主人の手に集中することが、どこでもこの大衆の規律の典型的な基礎の一つであったということである。戦争の経営手段の集中が、オイコス的に行われるか、資本主義的に行われるか、官僚制的に行われるかは問題ではない。

(1) 一九一三年に成立した三年法(Loi des Trois ans)により、フランスでは兵役期間が二年から三年に延長された。

［7］大企業の規律化、科学的管理法

ところで、軍隊の規律は、規律一般の生みの親である。規律の第二の重要な育て役は、経済の大企業である。ファラオ時代の工房や土木事業（ただし、その組織の詳細についてはほとんど知られていない）から、カルタゴ・ローマ時代のプランテーション、中世後期の鉱山、植民地経済の奴隷プランテーション、そして最後に近代の工場まで、たしかに直接的に歴史を橋渡しするものはない。しかし、それらには共通するものがある。それは規律である。

古代の農園の奴隷は結婚することもなく、財産も持たずに、営舎で寝泊まりしていた。個別の住宅を持っていたのは、官僚、なかでもウィリクス〔ヴィラの管理者〕だけであった。ここでの個別の住宅というのは、私たちの〔ドイツの〕下士官の住宅や、近代の大規模農場の土地管理者の住宅のようなものである。準財産（peculium、本来は家畜の所存を意味した）[1]と婚姻の権利（contubernium）を持っていたのも、普通はウィリクスだけであった。

労働奴隷は朝に「共同的な仕方で」（「十人組」で）到着し、鞭を打つ人（monitores）によって働かされた。彼らの日用品は、兵営の概念を用いれば、装具庫で保管され、必要に応じて支給された。病院や留置場も足りていた。

中世や近代の領主直営地の規律は、これに比べればはるかにゆるやかであった。伝統によって型に嵌められて固定化されており、したがってともかく主人の権力を制限していたからである。

これに対して、「軍隊の規律」は、古代のプランテーションと同じように、近代の資本主義的な工場経営にとって理想的なモデルである。このことは特別な証明を必要としない。

ただし近代の資本主義では、プランテーションとは異なって、企業の規律は完全に合理的な基礎を持っている。企業は、適切な測定方法の助けを借りて、なんらかの物質的な生産手段と同様に、個々の労働者をその最適な収益性という観点で計算するようになる。

労働のパフォーマンスをこうした原理に基づいて合理的に訓練し実践する。これが最大の勝利を収めているのが、よく知られているように、アメリカの「科学的管理法」のシステムである(2)。このシステムは、まさにこの点で、経営の機械化と規律化の最終的な結論を出している。

ここでは、外的世界が人間に対して設定する要求に、人間の精神的・肉体的装置は完全に適応する。外的世界というのは、道具や機械、要するに機能のことである。そして人間の精神的・肉体的装置は、自分自身の有機的連関によって与えられたリズムを剝ぎ取られ、個々の筋肉の機能への計画的分解と最適な力のエコノミー（Kräfteökonomie）の創造によって、労働条件に適合するように、新しいリズムを与えられる。

どこでもそうであるようにここでも、そしてとりわけ国家の官僚制的装置でも、この合理化の全過程は主人の支配権力下にある物質的生産手段の集中化とパラレルに進行する。

（1）ペクリウム（peculium）は、古代ローマで、所有権を持たない人に許された制限付きの財産のこと。家畜を意味するラテン語の pecus に由来する。

（2）二〇世紀初頭のアメリカで、フレデリック・テーラー（Fredrick Taylor, 1856-1915）は、標準時間と作業量の設定など、作業場の効率化のための手法を編み出した。いわゆる「テーラー・システム」である。ここから始まる一連の工場管理の方法は「科学的管理法」（scientific management）と呼ばれる。テーラーの著作（*The Principles of Scientific Management*）は一九一一年に刊行された。ウェーバーはすでに一九一二年九月の書簡でテーラーに言及している（cf. MWG II/7, S. 678）。なお、自動車のT型フォードの大量生産は、この科学的管理法の導入によって可能になった。フォード自動車会社の創業者ヘンリー・フォード（Henry Ford, 1863-1947）はウェーバーと同時代人である。

〔8〕 普遍的な現象としての規律化、カリスマ・個性的行為の抑制

このように、政治的・経済的なニーズの充足の合理化にともなって、規律化の蔓延は普遍的な現象として絶え間なく進行し、カリスマや個人によって異なる〔個性的な〕行為の意義をますます制限するようになる。[1]

（1）内容上の切れ目を示すために、全集の編者の判断で、このあとに一行の空白が入れられている。この章の、ここまでの部分が軍事の合理化と規律化を扱っていたとすれば、以下の部分は、次章の「国家と教権制」への導入的な記述になっている。

〔9〕 既得権をレジティメーションするカリスマ

クリエイティブな力としてのカリスマは、支配が継続的な構成体に硬直化していく過程で後退する。カリスマがなおも威力を発揮するのは、選挙やそれに類する機会での、効果が予測できない、短期間の大衆感情においてのみである。それでもカリスマは、もちろん強く変容した意味ではあるが、社会構造の非常に重要な要素であり続ける。

私たちはここで、カリスマの日常化を主として条件づけている、先に触れた経済的要因に戻らなければならない。[1] 既存の政治的、社会的、経済的秩序によって特権を与えられている層は、次のような欲求を持つ。自分たちの社会的・経済的状況が「レジティメ

ーション」〔正当化〕されている、つまり純粋に事実としての力関係の存続から、獲得された権利のコスモス〔秩序〕へと転換され、聖化されていると思いたい、という欲求がそれである。カリスマの日常化をもたらす経済的な要因とは、この欲求のことである。

この利害関心が、支配構造の内部でカリスマ的要素を物象化された形で維持しようとする最も強い動機を形成する。

本物のカリスマは、制定された秩序や伝統的な秩序や獲得された権利〔既得権〕ではなく、個人の英雄的精神や個人の啓示によるレジティメーションを基礎にしている。このため本物のカリスマは、こうした動機に対しては端的に敵対的である。

ところが、カリスマの日常化以後には、まさに超日常的、超自然的、神的な暴力(2)という本物のカリスマの資質が、この動機に、カリスマ的英雄の後継者が支配者権力をレジティメイトな形で獲得するのにふさわしい源泉であるとのスタンプを押す。さらに、カリスマは自分たちの権力と所有が支配者権力によって保障されているすべての人に、つまりはその支配者権力が存続することに依存しているすべての人に有利なように機能する。

ある支配者のカリスマ的レジティマシーが現れる形式は、そのレジティマシーがそれによって基礎づけられている超自然的な暴力との関係のあり方によって異なってくる。

（1）組【7】を参照。
（2）ヴァルター・ベンヤミン（Walter Benjamin, 1892-1940）は一九二一年に「暴力批判論」（Zur Kritik der Gewalt）を書いている（『暴力批判論　他十篇』野村修編訳、岩波文庫、一九九四年所収）。ベンヤミン自身はカリスマという表現を用いていない。しかし「神話的暴力」という彼の概念は、ウェーバーがここで論じる既成秩序を正当化するカリスマについての記述と関連づけて理解することができるかもしれない。

【10】後見を付ける必要性と隔離されるカリスマ

支配者のレジティマシーが世襲カリスマによっても、明確なルールに準拠して確定できない場合には、支配者は他のカリスマ的な力によるレジティメーション〔正当化〕を必要とする。通常、これができるのは、教権制的な力[1]だけである。神の化身として現れ、したがって最高の「自分自身のカリスマ」を所有する支配者にも、またまさにそうした支配者にこそ、このことは当てはまる。この人自身の行いによる証明に支えられていないかぎり、自分はまさに「自分自身のカリスマ」を持っているという主張は、神的なものに精通した職業的な専門家による承認（Anerkennung）を必要とする。

したがって、まさに神の化身となった君主は、レジティマシーのいちばん近くにいる物質的・観念的な利害関係者である宮廷官僚や祭司によって、特異な隔離のプロセスに置かれる。このプロセスは、継続的な宮中での幽閉や、それぱかりか成人に達すると殺害されるという結果に終わることもある。神が神性を損なったり、後見から解放される機会を手に入れたりすることがないようにそうされる。

真正な見解によれば、カリスマ的支配者は支配される側の人たちに対して責任を負わなければならない。それにしてもその責任は重大である。支配者に後見を付けようとする欲望が生まれる。こうした方向に非常に強い実際的な作用を及ぼすのが、この責任の重大さである。

（1）次章の表題は「国家と教権制」である。カリスマの日常化から教権制へのつながりを、ウェーバーはここで説明している。

［11］責任を肩代わりする大宰相

まさにその高いカリスマ的資質ゆえに、このような支配者は統治行為、とくに失敗したり嫌われたりした行為の責任を、支配者の代わりになって担ってくれる一人の人物を切実に必要とする。今日でも、オリエントのカリフ、スルタン、シャーがそのような支配者である。これらの帝国に存在する「大宰相」という伝統的で特殊な地位の基礎にはこのような事情がある。

ペルシアでは、直近の世代になってもなお、シャーが個人として保有する長の地位のもとで、官僚制的な専門省庁を創設して、大宰相を廃止する試みがあった。しかし、この試みは失敗した。(1) この仕組みはシャーを行政の長にする。行政の長は人民のあらゆる苦難と行政のあらゆる失敗に対する責任を個人としてすべて負わなければならない。これによってシャーだけではなく、「カリスマ的」レジティマシーへの信仰そのものが不断に深刻な危機さらされかねない。これが〔大宰相廃止が〕失敗した理由であった。大宰相はもう一度、設置されなければならなかった。大宰相が責任をかぶって、シャーとシャーのカリスマを守るためである。

(1) カージャール朝の第四代シャーのナーセロッディーン・シャー (Nāṣer al-Dīn Shāh, 1831-1896)は、一八四八年に王位に就き、近代化政策を進めた。自身もヨーロッパを歴訪した。一八五八年から一八七一年と一八七三年から一八八三年の二度にわたり、彼は大宰相を置かずに統治したが、結局、大宰相を再導入することになった。

〔12〕イギリスの議会制王政

西洋では、とりわけ議会制国家においては、責任を負う内閣の長〔首相〕がいる。大宰相は、こうした首相の地位のオリエントにおける対応物である。

「王は君臨すれども統治せず[1]」(le roi règne, mais il ne gouverne pas) という公式や、王はその地位の尊厳を保つために「大臣風の衣服を身につけることなしに現れてはならない」という理論[2]、あるいはさらに進んで、自分の尊厳のために、国王は大臣の地位にいる政党のリーダーの味方をして、官僚制の専門家によって運営されている通常の行政に対して自分から介入することを完全に控えるべきであるという理論が存在する。これらの公式や理論は、神格化された家産制的支配者が、伝統と儀式の専門家である祭司、宮廷官僚、大官によって、カプセルに封じ込められるという現象[3]に完全に照応している。

これらの事例のいずれにおいても、カリスマそのものの社会学的な本質がこれに深く関与している。当然ながら、宮廷官僚や政党のリーダー、および彼らのフォロワーも同様である。

議会制のもとで国王は無力である。それにもかかわらず国王が保存されるのには理由がある。なによりも、国王が存在するというただそのことによって、また暴力(Gewalt)が「国王の名において」行使されることによって、国王は自らのカリスマで、既存の社会・所有秩序のレジティマシーを保障する。そしてその利害関係者はみな、国王を排除すれば、その結果として、この秩序の「正しさ」に対する信頼が揺らぐことを恐れなければならない。国王が保存される理由はここにある。

そのときそのときの選挙で勝った政党の統治行為を「正しい」行為として「レジティメーション」〔正当化〕する機能であれば、一定の規準で選出された大統領でも、純粋に形式的には果たすことができる。しかし議会制における君主は、こうした機能とは別に、選出された大統領が果たすことのできない機能を果たす。国家の最高の地位が最終的に君主によって占められているということによって、君主は政治家の権力追求に形式的な制限を加える。それがその機能である。

最後の、本質的にネガティブな機能は、明確なルールによって任命された国王が国王として存在しているというただそれだけの事実に結びついている。純粋に政治的にみるならば、このネガティブな機能こそがおそらく実際的には最も重要である。

ポジティブに言い換えるならば、この種の原型においてこの機能は次のことを意味している。国王は、法的ルール（大権の王国（kingdom of prerogative））によってではなく、もっぱら卓越した個人的能力または社会的影響力によって、政治権力〔影響の王国（kingdom of influence）〕に真に活動的に関与することができる。そしてこのような場合には、最近の出来事や人物が示しているように、(4) いかに「議会統治」が行われていようとも、国王はこのような政治権力への関与を実際に実現できる。

イギリスで「議会制」王政というのは、政治に携わる資格のある君主が有利になるように、〔その人が〕リアルな権力の座に就くことを可能にする選別(Auslese)を指す。というのも、外政および内政で誤った選択をしたり、国王が個人として持つ資質や威信にそぐわない要求をしたりすることによって、国王は王位を奪われる可能性があるからである。

大陸型の公式の王政は、〔自分が〕支配者であるという要求を、ただ相続権があるというだけで認める。したがって間抜けなやつにも、政治的な天才にも認める。こうした大陸型に比べれば、このかぎりで、イギリスの「議会制」王政はやはりはるかに真正に「カリスマ的」な形態である。

(1) この表現は、フランスの政治家・歴史家のティエール(Louis Adolphe Thiers, 1797-1877)に遡ることができる。彼も共同創刊者の一人であった新聞『ナショナル』(Le National)の一八三〇年二月一九日の記事に出てくる。

(2) 一八九二年一〇月に、ジャーナリストのハルデン(Maximilian Harden, 1861-1927)との会話で、ビスマルクはこのように述べている。

(3) 「カプセルに封じ込める」(Einkapselung)という表現は、**教【1】【37】**でも用いられている。

日本の武家社会の慣行であった、いわゆる「主君押込」にも通じる現象である。ただし、「主君押込」の場合は、政治共同体（「家」）の存続のために、悪しき主君を閉じ込めるという意味が強い。これに対して、ウェーバーの「カプセル」の場合には、主人をカプセルに入れることによる権力の作動に力点が置かれている。

（4）「最近の出来事や人物」には、一九一〇年に死去したエドワード七世(Edward VII, 1841-1910)が含まれる。母のヴィクトリア女王の在位期間が長かったので、エドワード七世がイギリス王であった期間は一九〇一〜一九一〇年までと、それほど長くはなかった。しかし彼はヨーロッパ各地を歴訪し、国際協調に貢献した。彼の国王時代に英仏協商、日英同盟などが締結された。ウェーバーは「新秩序ドイツの議会と政府」などで、エドワード七世に言及している(cf. MWG I/15, S. 472, 584.「新秩序ドイツの議会と政府」『政治論集』2、三七〇、四七一頁)。

国家と教権制①

(1)『経済と社会』第四版・第五版では、この章のタイトルは「政治的支配と教権制的支配」となっている。これに対して全集版では、マリアンネ編の初版でのタイトルに戻され、「国家と教権制」(Staat und Hierokratie) とされている。Hierokratie は「神聖な」を意味するギリシア語の hieros (*ἱερός*) に由来し、聖職者による支配を指す (詳しくは**教[3]**を参照)。なお、この章については六頁だけ、手書きのオリジナル原稿が遺されている (Bayerische Staatsbibliothek München, NI. Max Weber, Ana 466, E I. 1)。ただし判読はかなり難しい。手書き原稿のコピーは全集にも収録されている (MWG I/22-4, S. 681–713)。本書のカバーのデザインに用いられているのも、ウェーバーのオリジナル原稿である。

〔1〕 無力な君主と宗教

平均的な議会制の国王は無力である。なんといってもこの無力さが、政党の長の支配のレジティマシー〔正当性／正統性〕の基礎である。これとちょうど同じように、〔神の〕化身ではあるが、「カプセルに封じ込められた」君主の無力さは、次のいずれかの帰結に至る。〔一つは〕祭司の支配、あるいは〔二つ目は〕これとは別のもの、つまり、きわめてしばしば起こることであるが、支配者が持っているカリスマゆえの義務から解き放たれた門閥の手中に実権が渡り、こうした門閥が実際の支配者〔宮宰(Hausmeier)、〔日本の場合では〕将軍〕を立てるという帰結である。

この場合にも、公式(offiziell)の支配者を形式上(formell)保存しておくことが不可欠である。なぜなら、公式の支配者のカリスマだけが、真の最高権力者の地位を含む政治構造全体のレジティマシーに不可欠な神々との結びつきを保障するからである。

もしその支配が本当にカリスマ的であれば、つまりそのカリスマが他の力から得たものではなく、その人個人に固有のものであれば、メロヴィング朝の支配で起こったようには、人は支配者を排除できない。この場合には、新しい支配者の家〔カロリング朝〕のレジティメーション〔正当化〕のために、カリスマ的な資格を持つ審級〔権威〕が、ローマ教皇庁に求められた(1)。

〔日本の〕ミカドのような、神の化身あるいは神々の子による真にカリスマ的な支配の場合には、個々の支配者を退位させることは、もちろんなんらかの暴力的あるいは平和的な形でいつでも可能である。ところが、カリスマ的に資格を与えられた〔支配者の〕家全体の廃位を企図することは、あらゆる支配権力のレジティマシーを疑問視し、したがって権力に服する者の服従に対するすべての伝統的支柱を揺るがすことを意味する。このためこのような廃位は、想像しうるかぎり最も激しい対立が存在する場合でさえ、既存の秩序に利害関心を持つ全員によって、不安ゆえに十分な理由から回避されることが多い。支配王朝〔清朝〕は外国支配の担い手であると受け止められていた。しかしそうした事情にあってさえ、現在の中国のように、王朝の廃位が継続して貫徹されるかどうかは疑わしい(2)。

(1) フランク王国の宮宰カール・マルテルの子小ピピン(Pippin der Jüngere, 714-768)は、七五一年にメロヴィング家の国王を廃し、教皇の承認を受けて自らが即位し、カロリング朝を開いた。ここからカロリング王権と教皇権との密接な関係が始まった。

(2) 「現在の中国」というのは、一九一一年に始まる辛亥革命直後の状況を指す。おそらくウエーバーは一九一二年頃にこの記述を書いている。この革命によって清朝は終焉し、中華民国が成立した。しかしこの時点で政治状況はきわめて不安定であり、ウェーバーは王朝の復活もありうると考えていたようである。

[2] 祭司層による認証

カロリング朝の支配は教皇によって認定を受けた。この事例は、次のような数多くの事例の典型である。その事例というのは、支配者自身が神ではなく、あるいはいかなる場合でも、征服やその他のルールによって一義的に明確に確定された、自分自身のカリスマによって自らの「レジティマシー」を十分に基礎づけることができず、他の審級（祭司的権威であることが自然である）によるレジティメーション（正当化）を必要とする、そのような事例である。宗教的カリスマが祭司という資格へと発展する傾向が十分に強く、その担い手が政治権力とは異なる場合に、このようなことがよく起こる。

こうなると国王のカリスマを持つに値する担い手は、神によって、つまり祭司によって認証されるか、あるいは少なくともこの認証を後から受けることになる。神の化身とされる支配者は、神性の専門家としての祭司によって承認される。ユダ王国[1]では、王をめぐって祭司はくじの神託を仰いだ。アモン[2]の祭司は、異教徒の王イクナートン[3]の子孫を倒してから、事実上自由に王位を任命した。バベルの王は帝王神の手を握った[4]、等々である。ローマ・ドイツ帝国〔神聖ローマ帝国〕の偉大な範例に至るまで、これにはさまざまな例がある。

たしかに、これらすべての場合で、真にカリスマ的な資格を持ち合わせている者に対しては、レジティメーション〔正当化〕しないということは原理的に許されない。中世の〔神聖〕ローマ皇帝の帝位でも、これが妥当していた。〔一三三八年の〕レンスの選帝侯会議での〔選出された皇帝は教皇の承認を必要としないという〕決定が思い出させるのは、まさにこのことである。

というのも、レジティメイトかどうかは、判断の問題であって、恣意の問題ではないからである。

しかしながら同時に、祭司の操作だけがカリスマの完全な効果を保証するという信仰も存在する。このかぎりでは、ここでもカリスマの「物象化」が生じている。

王位を意のままにする権力(Verfügungsgewalt)は、こうして祭司層の手に委ねられた。この権力は、極端なケースでは、実際に他のいくつかの事例で起こったように、正式な祭司的王権にまで昇りつめることもある。この場合には、宗教的な階層構造のトップが宗教的な階層構造のトップとして、世俗の権力も行使する。

（1）ソロモン王の没後、古代イスラエル王国は南北に分裂した。ユダ王国は、前九二八年にその南半に成立した王国。首都はエルサレム。

（2）アモンは古代エジプトの神で、テーベ市の守護神。テーベが首都となった中王国以来の最高神。太陽神ラーと同一視され、アモン＝ラーとして信仰された。アメンホテプ四世（Amenhotep IV）によって崇拝を禁じられるが、その死後、復活した。

（3）イクナートン（Echnaton）は、古代エジプト第一八王朝第一〇代の王アメンホテプ四世の別名。在位期間は、前一三七七～前一三五八年。彼はアマルナに遷都して宗教改革を試み、アモンの名を消し太陽神アトンの信仰を推奨した。そして自らを「アトンを満足させる」という意味のイクナートンを名乗った。このアマルナ革命には、アモン神に奉仕する神官による介入を排除するという意味もあった。イクナートンのアトン信仰は人類史上初の一神教といわれる。彼の死後、後継者のツタンカーメンがアモン信仰を復活させ、イクナートンは長らく忘れ去られることになる。しかし一神教をめぐる記憶の影は、驚くような仕方で現代にも及んでいる。ジークムント・フロイト『モーセと一神教』渡辺哲夫訳、ちくま学芸文庫、二〇〇三年、ヤン・アスマン『エジプト人モーセ――ある記憶痕跡の解読』安川晴基訳、藤原書店、二〇一六年を参照。

（4）Cf. Bruno Meissner, *Babylonien und Assyrien* (*Kulturgeschichtliche Bibliothek* I, 3), Heidelberg: Carl Winter, 1920, S. 64.

［3］教権制の定義、市民と宗教の選択的親和性

別の場合にはこれとは逆に、大祭司の地位が世俗の支配者の官職に服従していた。こうした事態は、ローマの元首政〔プリンキパトゥス〕、中国、カリフ制で、事実として当てはまっていた。そしておそらくはすでにアリウス派①の支配者、またイギリス国教会の、ルター派の、ロシアの、ギリシア正教会の支配者のいずれもが、教会との関係で占めていた地位でもそうであったし、一部には今日でもそうである。

このとき、世俗的な支配者が教会に対して持つ権能は実にさまざまである。たんなる教会守護権から、ビザンツの君主の事例で知られているドグマ形成への影響力を持つ場合まで、そしてカリフ国家のように支配者が説教師としての機能を果たす場合まであった。

いずれにしても、教会的権力に対する政治権力の関係は、次のようにさまざまである。**1** 世俗の支配者が（神の化身としてであれ、神の意志によって定められた者としてであれ）祭司によってレジティメーション〔正当化〕される場合。**2** 世俗の支配者が祭司の職にあって、つまり祭司として国王の機能も果たしている場合（以上の二つが「教権制」である）。そして最後に **3** 世俗の支配者が皇帝教皇主義に基づいて（cäsaropapistisch）、つまり世俗の支配者自身の固有の権利によって教会的な問題についても最高権力を持つ

場合である。

このような意味での「教権制」は、それが出現したところではどこでも、行政の構造に非常に持続的な影響を及ぼした(なお、二番目のケースだけが本来の「神政政治」(Theokratie)である)。

教権制は〔教権制からの〕解放を熱望する世俗的な勢力の出現を妨げなければならない。したがって、自分の権力と並存して、あるいは自分の権力の下に国王が存在する場合には、教権制は国王が独立して権力を発展させないようにする。例えば、昔の国王には欠かせないものであった王室財産(テサウロス)の貯蔵を、教権制は妨げる。また国王が独立の軍事力を創設することを阻むために、教権制は国王の護衛に制限を加える(ヨシヤ統治下のユダ②ではすでにそうであった)。

さらに教権制は、純粋に世俗的な自立的戦争貴族の台頭に可能なかぎりブレーキをかける。なぜなら、戦争貴族は教権制の単独の支配のライバルになりかねないからである。教権制は結果的として(相対的に)平和的な〔志向を持つ〕市民層を優遇することが非常に多い。

市民の諸勢力と宗教の諸勢力が発展すると、一定の段階で、両者の間には一般的な選択的親和性が生じる。これは典型的なことである。この選択的親和性は、やがて封建権力に対する両勢力の正式の同盟に発展することもあった。オリエントでは非常にしばしばそうであったし、またイタリアにおける叙任権闘争の時代③も同様であった。〔市民層・宗教勢力は〕政治的な英雄のカリスマに対立する。この対立はいたるところで、征服された民衆を馴致化する手段として教権制を採用することを、征服国家に促した。このように、チベットやユダヤ、後期エジプトの教権制は、部分的には外国の支配によって支持され、部分的にはまさに作り上げられた。そして、あらゆる歴史の示唆によれば、ヘラス〔古代ギリシア〕でも神殿、とりわけデルフォイ④の神は、ペルシアが勝利した場合には、これに似た役割を果たす準備をしていた。

その最も重要な特徴の点で、ヘレニズムとユダヤ教は、一方ではペルシアの支配に対する防御の産物であり、他方では服従の産物であるように思われる。

教権制的な権力による馴致化がどこまで進むかは、モンゴル人の運命が示している。モンゴル人は、千五百年もの長期にわたり、目の前にある平和な文化国家に対して絶えずくり返し侵攻することで文化の存続をおびやかしてきた。しかしその後、主としてラマ教⑤の影響によって、彼らの好戦的精神の攻撃的な毒性はほとんど完全に取り除かれた。

（1）アリウス派は、アレクサンドリアの司教アリウス（Arius, c. 250–c. 336）によって唱えられたキリスト教の一派。三二五年のニケーア公会議で異端と断じられた。

(2) ヨシヤ統治下のユダは、古代イスラエルのユダ王国第一六代の王ヨシヤの時代で、彼の在位期間は前六四〇年頃～前六〇九年であった。

(3) 一一～一二世紀の高位聖職者の叙任権をめぐる教皇と皇帝の対立以後、ゲルフ(教皇派)とギベリン(皇帝派)が対立した。ゲルフには都市の市民層が多かった。教[24]も参照。

(4) デルフォイは、パルナソス山麓にあった古代ギリシアの都市。アポロンの神殿があり、その神託の影響力は大きかった。ローマ時代にキリスト教が国教となると閉鎖された。

(5) ラマ教はチベット仏教のこと。ヨーロッパ人がつけた俗称。ラマはチベット語で「師」を意味する。

[4] 皇帝教皇主義

戦争貴族と神殿貴族との争い、国王のフォロワーと祭司のフォロワーとの争いは、いつもあからさまな戦闘という形で現れ出てくるわけではない。〔それでも〕この争いは、国家と社会の性格を形成するうえで、いたるところで影響を及ぼしてきた。

インドの祭司カーストと戦士カーストの相互に対立する地位。すでに最古のメソポタミア都市国家、エジプト、およびユダヤ人のもとで存在した、軍事貴族と祭司との間の、一部には公然とした、一部には潜在的な闘争。ヘレニズムのポリス、ましてやローマではなおさらそうであったような、世俗貴族門閥の権力に対する祭司の完全な降伏。〔ヨーロッパ」中世、そしてイスラムでもそうであった両勢力の争い(ただし、オリエントと西洋にとってこの争いは文化の発展にまったく異なる結果をもたらした)。このような形で、戦争貴族と神殿貴族との争いは、決定的な特徴や相違を生み出した。

いかなる教権制にも著しく対立するのが、皇帝教皇主義、つまり祭司権力が世俗権力に完全に屈服するものである。皇帝教皇主義は、厳密に解すれば、完全に純粋な形式では歴史上その実在を証明できない。中国、ロシア、トルコ、ペルシアの支配者のみならず、まったく同様に、国教会の長(Summepiskopat)を授けられているイギリスやドイツの統治者も、皇帝教皇主義的性格を持っている。しかし、どこにでもこの権力は、教会が持つカリスマの独立性とぶつかって、どこかで限界に達する。ビザンツの皇帝や、その以前にはファラオ、インドや中国の君主、またプロテスタントの国教会首長(summi episcopi)も、くり返し自分たちが作り出した宗教的信仰内容や規範を押し付けようとしてきたが、ほとんどが無駄であった。そしてこれらすべての人にとって、まさにその試みの進展はつねにきわめて危険であった。

祭司権力を国王の権力に服従させることに、最も完全に成功したのは、一般的には、次のような場合である。宗教的資格が主としてその担い手の魔術的カリスマとしてなお機能し、独自の教義体系を持つ独立した官僚制的装置へと合理化されていない場合

(両者はたいてい結びついている)、そしてとりわけ宗教意識の点で倫理宗教あるいは「救済宗教」(1) の類型がまだ達成されていないか、あるいはこのタイプがふたたび放棄された場合である。

「救済宗教」の類型が優勢な場合には、世俗権力に対して教権制的な諸勢力の抵抗力はしばしば克服できないほど強く、世俗権力は妥協する以外の選択肢を持たない。これに対して、古代ポリスは、主として魔術的・儀礼的な志向の宗教勢力に対して支配権を獲得することに、最も完全に成功した。また東アジアの封建制的な権力(日本)と家産制的な権力(中国)もかなり広範に、そしてビザンツとロシアの官僚制国家も少なくともそれなりに、これに成功した。

しかし、このような宗教的カリスマが教義体系と独自の官職装置を発展させたところではどこでも、皇帝教皇主義的な国家においてすら、強い教権制的な特徴が混入した。

(1) 現世的な利益の追求や、儀礼的な形式の遵守ではなく、彼岸的な「救済」を求める宗教のこと。ウェーバーはこの概念を用いることによって、キリスト教や仏教などに共通する性格に目を向ける。ただ当然のことながら、「どこから」「どこへ」の救済が問題なのかについては、それぞれの宗教によって相当な違いがある。【用語】「救済宗教」も参照。

[5] 妥協

祭司のカリスマはしばしば世俗権力と妥協した。この妥協は暗黙のうちに行われることが多かったが、しかし「コンコルダート」〔協約〕という形で明示的に締結されることもあった。このような妥協は、利害の衝突を避けるために、両者に各自の権力領域を確保しつつ、〔同時に〕それぞれに対して相手の権力領域への一定の影響力を残した。例えば、世俗権力は特定の教会の官僚の任命に影響力を行使し、教会権力は国の教育機関に影響力を行使する、といったようにである。そしてこの妥協は、世俗権力と教会権力に、その他の点では相互に助け合う義務を負わせた。かなり著しく皇帝教皇主義的であったカロリング帝国や神聖ローマ帝国の教会的・世俗的な組織ではそうであった。神聖ローマ帝国は、オットー時代とザーリアー朝の初期に同様の特徴を示した。そして広範に皇帝教皇主義的であった多くのプロテスタント諸国でもそうであり、また反宗教改革、コンコルダート、〔教皇庁の〕境界確定勅書①の地域でも、権力配分は異なるが、これと同じであった。

世俗権力は、教会権力の権力ポジションを維持するために、少なくとも教会税やその他の物質的な存続手段を徴収するために、外面的な強制手段を教会権力に自由に使わせる。教会権力はこのお返しとして、とくに世俗の支配者のレジティマシーの承認を約束し、宗教的手段による臣民の馴致化を世俗の支配者に提供することが多い。たしかに、政治権力が独立したカリスマを持つことを完全に否定する試みが、グレゴリウス〔七世〕の改革運動のような、強力な教会改革運動によって行われることもあった。しかし、これが継続して成功することはなかった。

今日、カトリック教会は、「教会を略奪する」権力でないかぎり、その権力の出自にかかわらず、事実として争いがない〔内乱ではない〕状態で権力を所有していれば、いかなる支配機関をも承認し、それに服従することを宗教的義務としている（これは同等論②に似ている）。このことによってカトリック教会はすでに、政治的カリスマの自律性を認めている。

（1）境界確定勅書（Zirkumskriptionsbulle）は、司教区を確定する教皇勅書。一八一五年のウィーン会議を受けて、バイエルン、プロイセン、ハノーファーで境界が確定された。教皇勅書という名称ではあるが、教会と世俗国家の「妥協」の一形態である。

（2）同等論（Ebenbürtigkeitsdoktrin）というときの「同等」は、身分・家柄などが対等であることを指す。ここでは教会と国家権力が相互に自律的で対等であるという意味で用いられている。これは、教会が聖俗両方の権力を神から授かっているとする、いわゆる両剣論（Zwei-Schwerter-Theorie）よりも、いっそう「分化」が進んだ状態にある。

[6] レジティメイトな政治権力の基礎にあるミニマムな神政政治的あるいは皇帝教皇主義的要素

したがって、どのような構造であれ、レジティメイトな政治権力には、なんらかの仕方でミニマムな〔最低限の〕神政政治的あるいは皇帝教皇主義的要素が溶け込んでいることが多い。なぜなら、結局のところ、やはりカリスマはみな魔術的な起源の残滓を必要とし、したがって宗教的な力(Gewalten)と親和的であり、このため政治権力にはいつもなんらかの意味での「神の恩恵」[1]が存在しているからである。[2]

(1)【用語】「神の恩恵」を参照。
(2) オリジナル原稿の切れ目を示すために、学習版ではこの次の一行が空白になっている。

[7] 世俗的な国家に織り込まれた宗教的なモチーフ

なによりもしっかりと留意されるべきなのは、これらのさまざまなシステムのいずれが支配するかは、人びとが宗教的なもの一般にどれほどのウェイトを置いているかには関係がない、ということである。

ヘレニズム、ローマ、日本の生活には、宗教的なモチーフが織り込まれている。古代のポリスは、教権制的な国家と同様に、まさに第一義的には宗教的な団体であると解釈しようとする人がいたほど[(1)]である。やや誇張であるが、これは正しい。タキトゥスのような歴史家でも、全体としては、中世の民衆本のように不可思議なことや奇蹟について物語ることがはるかに少なかった、というわけではなかった。ロシアの農民は宗教的な仕方で結びついている。その程度は、ユダヤ人やエジプト人と変わらない。

もっとも、社会的支配の配分の仕方だけは大きく異なっており、このことが宗教的発展そのものの形成の仕方にも影響を及ぼしている。

（1）フランスの歴史家フュステル・ド・クーランジュ（Numa Denis Fustel de Coulanges, 1830–1889）による研究『古代都市』(*La cité antique*, 1864) を指すものと思われる。『古代都市』新装復刊、田辺貞之助訳、白水社、一九九五年。

[8] 救済宗教への発展の阻害

皇帝教皇主義的な統治は、かなり純粋な形では、西洋の古代の国家に登場した。次に純度のレベルはさまざまであるが、ビザンツ帝国、オリエントの国家、東方教会の国家、ヨーロッパのいわゆる啓蒙専制主義に登場した。こうした統治は、教会関係の事項を政治的な行政のたんなる一分野として扱う。

神々や聖人は国家の神々であり国家の聖人である。その礼拝は国事であり、新しい神々、教義、教団は政治的な権力保有者の意志で認められたり排除されたりする。

神々に対する義務の技術的な履行は、政治的な官僚がその資格によって、祭司のような「専門家」の助けを借りて行われることもあるが、そうでないかぎりは、この義務の履行は政治権力に完全に従属した祭司層の手に委ねられる。

祭司層は、国家のプフリュンデ〔俸禄〕を当てにしており、経済的自律性、独自の財産、政治権力に依存しない固有の補助的官僚装置を欠いている。官僚装置はむしろ国家によって提供される。祭司層の職務行為はすべて国家によって規定化され、管理される。祭司に特有の生き方というものは存在しない。このことと関連して、特別に祭司的な教育も存在しない。したがって普通は、本来の神学の発展もなく、とりわけこの結果として、政治権力とは独立に、教権制的に、俗人の生き方を規定化することもない。要するに、教権制的カリスマは、たんなる官職のテクニック(Amtstechnik)に落ちぶれている。

ましてや皇帝教皇主義的な仕方で支配する貴族になると、彼らは高位の祭司を、経済的に、威信と権力の源泉として利用できる個々のファミリーの世襲財産に転換した。そしてこうした貴族は、大量に存在する低いレベルの祭司の地位を、宮廷官僚と同じ仕方で彼らが占有するプレベンデ〔俸禄〕に転換し、修道院または類似の財団を、未婚の娘や若い息子を扶養するためのプフリュンデに転換し、そして伝統的な儀式の規定の遵守を、彼らの身分的儀礼と身分的慣例主義の構成要素に転換した。

このような意味での皇帝教皇主義が無制限に支配するところでは、宗教の内面的な内容は、超感覚的な力に対して純粋に技術的で儀式的な影響を及ぼすという段階に、型に嵌められて固定化された。「救済宗教」へのいかなる発展も阻害された。これが不可避の結果であった。

［9］教会

逆に、教権制的なカリスマがより強いか、あるいはより強くなる場合には、教権制的なカリスマは政治権力と政治秩序を手に入れようとする。そして端的に自分たちのものにできないとなると、政治権力と政治秩序を格下げしようとする。

政治権力と政治秩序は、次のいずれかである。〔一つ目として〕政治権力と政治秩序は〔教権制的カリスマと〕競合するそれ自身のカリスマを主張するため、悪魔の作品（Werk）に他ならない。何度もくり返し、まさにキリスト教における最も一貫した倫理的・教権制的方向性〔の人びと〕が、この立場を貫徹しようと試みている。

あるいは〔二つ目として〕政治権力と政治秩序は、現世〔世界〕の罪に対する、神の許しによるやむを得ない譲歩である。人びとは現世に生きており、この譲歩に合わせなければならないが、できるかぎりそれとは接触しないようにする。政治権力と政治秩序がどのように形成されようと、それはいかなる場合でも倫理的にまったく無意味である。終末論的な初期の時代のキリスト教の態度がこれであった。

あるいは最後に〔三つ目として〕政治権力と政治秩序は、教会と対立する権力を手なずけるための、神意に適った道具であり、そのために教権制的な権力に、意のままに使ってもらえるように待機すべきものである。

それゆえに実践において教権制は、政治権力を祭司権力の受封者に変え、政治的構成体が存続するということが自らの利益と両立する範囲で、政治権力からそれ自身の権力手段を奪おうとする。祭司自身があからさまに政治的統治を行わない場合には、神託に尋ねること〔ユダ〔王国〕の場合〕、確認、塗油、戴冠によって、国王は祭司からレジティメーション〔正当化〕される。

国王が「財宝」を集めたり、したがって個人として国王に忠誠を誓う従士団〔フォロワー〕を作ったり、自分の傭兵を保持したりすることは、状況によっては妨げられる〔ヨシヤの時代にユダ〔王国〕で祭司支配が確立されたときには、特徴的な仕方でそうであった〕。

教権制は、教権制的に運営される自律的な官職装置を作り、独自の貢租システム（十分の一税）を発展させ、また教会の土地所有を確保するために独自の法形式（寄進）を発展させる。(1)

魔術的な財をカリスマ的な仕方で付与することは、まずは知識の習得を必要とする自由な「仕事」〔ベルーフ〕になり、そして営利部門になる。こうした魔術的な財のカリスマ的付与から、君主や荘園領主が提供するプフリュンデ〔俸禄〕を受給する人たちによって牛耳られる家産制的な官職が発展する。こうなると、状況しだいではあるが、神殿に官職プフリュンデが発展する。神聖ではない諸勢力からの干渉に抗して、神殿はある程度まで寄進〔財団〕として安全を確保される。食卓ゲマインシャフトと、そこから発展したエジプト、オリエント、東アジアの神殿祭司の実物プレベンデ〔俸禄〕は、こうしたものである。

教権制が「教会」へと発展するのは、次の場合である。**1** 給料、昇進、職業的義務、特定の（職業外の）品行によって規制され、「現世」から切り離された特別な専門職の祭司身分が成立している場合。**2** 教権制が「普遍主義的」支配の要求を掲げる場合、つまり少なくとも家、氏族、部族のしがらみを克服している場合。完全な意味では民族的・国民的な障壁すらも崩壊した場合、したがって宗教的に完全に平準化された場合。

3ドグマ〔教義〕や礼拝が合理化され、聖典に書き記され、注釈が付けられ、〔たんに技術的熟練という仕方ではなく〕体系的に授業の対象になっている場合。**4**これらすべてがアンシュタルト〔公的営造物〕[2]的なゲマインシャフトで行われている場合。このような場合に、教権制は「教会」に発展する。

というのも、すべてを規定している決定的な点は、カリスマを人(Person)から切り離し、カリスマを制度、とくに官職(Amt)と結びつけることだからである。これが決定的であり、その結果として出てきたのが、純度のレベルは実にさまざまであるが、ここで展開された原理である。

というのも、「教会」が、この言葉の社会学的な意味での「ゼクテ」[3]〔教派〕から区別されるのは、教会が自らを、永遠の救済財を扱う一種の信託財産の管理者とみなすことによってだからである。この救済財は全員に提供される。普通は人は生まれながらにして教会に入る。結社〔アソシエーション〕のように、自発的に教会に入るわけではない。宗教的に不適格な人や神に敵対する者ですら、教会の躾の秩序に入れられる。一言でいえば、教会は自らを、「ゼクテ」のように純粋に個人としてカリスマ的な資格を持つ者のゲマインシャフトとしてではなく、官職カリスマの担い手、管理者であると理解する。

この意味での「教会」を完全な形で生み出したのは、キリスト教以外では、イスラーム、そしてラマ教の形での仏教だけであった。限定的な意味での「教会」を生み出したのは、マフディー〔イスラームの救世主〕信仰、ユダヤ教、そしてそれ以前にもおそらく後期エジプトの教権制である。ここで限定的な意味というのは、教会がともかくも事実として国民〔という普遍主義的でないユニット〕に結びついていたからである。

(1) 十分の一税(Zehnt)は、中世ヨーロッパで教会が教区の農民から徴収した生産物貢租。収穫物の十分の一を徴収したことから、この名称で呼ばれる。

(2) 【用語】「アンシュタルト」を参照。

(3) **教[48]** および【用語】「ゼクテ」を参照。

[10] 教会による教育、臣民の提供

官職カリスマ的な要求権から、「教会」は政治権力に対して要求を出す。教権制的な官職に特有のカリスマは、その担い手の尊厳を高めるために利用される。したがって教会は、国家の司法、租税、その他すべての国家的義務の免除と、官職保持者を尊重しない場合の厳しい罰則を求める。これとともに教会は、とりわけ教会官僚のために、独自の生き方の形式と、それに対応した特殊な模範となるルールを作り出し、この目的のために教権制的な教育が行われる。教育を手に入れることによって、教会は

平信徒の教育も掌握する。そして教育の力で、教会は政治権力に教会官僚の子孫を供給し、同様に教権制的精神によって教育され、刻印を受けた「臣民」を供給する。

〔11〕弱者保護

さらに、教権制的な秩序にあって教会は、権力ポジションを基礎にして、倫理的・宗教的な生活を規制する包括的なシステムを発展させる。こうした生活の規制の内容の範囲については、原理的な制約はほとんど存在しえなかった。今日、カトリックの教育の権威が道徳的規律(1)(disciplina morum)を要求している。今日のカトリックの要求に対する制約が少ないのと同程度に、以前から制約は少なかった。

教権制がその要求を貫徹するために用いる権力手段は、教権制が要求し、また手に入れている政治権力の支援を度外視しても、きわめて重要である。破門、礼拝行為からの排除は最も厳しい社会的ボイコットと同じように作用する。経済的ボイコット、排除された者と交際しないように、との命令という形で行われる。このような経済的ボイコットは、なんらかの形式で、あらゆる教権制に固有のものである。

この生活規制の様式は、教権制的な権力利害によって規定されている(そして、これはとにかくかなりの程度において事実である)。そのかぎりで、生活規制の様式は競合する諸勢力の出現とぶつかる。

ここから「弱者の保護」が出てくる。「弱者の保護」というのは、教権制ではない暴力に服している人、つまり奴隷、隷従者、女性、子どもを、権力者の無制限の恣意から保護すること、小市民や農民を暴利から保護することである。さらに教権制によって制御できない経済権力の出現の抑制、とりわけ勃興しつつある資本のように、伝統とは縁のない新しい勢力の抑制も行われる。また、一般に、教権制的な権力の内的な基礎である伝統、および伝統の神聖さへの信頼が揺るがないようにすること、したがって、慣習的・伝統的な権威を支持する態度が出てくる。

（1）道徳的規律とは、近代社会の原理に否定的であったローマ教皇ピウス九世（Pius IX, 1792-1878）が一八六四年に発表した「誤謬表」（シラブス）の五八条を指す。ピウス九世は、ビスマルクがカトリック教徒に対して、「文化闘争」をしかけたときのローマ教皇であった。

［12］官職と人の対立、修道院の誕生

これらの結果として教権制は、その対立物とまったく同様に、型に嵌められて固定化される。しかもまさに自らの固有の領域でそうなる。神の救済財の管理が「アンシュタルト」（公的営造物）として合理的に組織された祭司の「経営」になること、そしてカリス

マの神聖さをこうした制度それ自体に移すこと。これらのことは、あらゆる「教会」形成に特徴的なことで、教会の最も本来的な本質である。官職カリスマはここで最高度の一貫性をもって発展を遂げる。官職カリスマは、不可避的に次のような意味でのカリスマの、無条件に最大の敵となる。そのカリスマというのは、本当の意味で個人的で、その人それ自身に結びついており、自分自身で神への道を探究し、そして教えを説く、預言者的、神秘的、エクスタシー〔忘我〕的なカリスマのことである。こうした意味でのカリスマは「経営」の威厳を粉砕しかねない。

官職に就いておらず、個人の身分でカリスマ的な奇蹟を起こす者は、「異端者」あるいは「魔術師」であると疑われる。すでにグデア[1]の時代の碑文に、このような例がある。それと同じように、スーパーナチュラルな能力を個人のものとして自分に帰属させることは、仏教の僧侶の戒律における四つの絶対的な大罪[2]の一つである。

奇蹟は通常の〔教権制の〕経営に挿入された制度になる（例えば、ミサ〔礼拝集会〕の奇蹟である）。そして、カリスマ的資格は物象化される。カリスマ的資格は聖職そのものに付着する。そして（これがドナトゥス派の論争[3]の主題であるが）カリスマ的資格は官職に就任することが認められた者が個人として有する「威厳」とは原理的に切り離される（消えない霊印）。この一般的な図式によって、人と官職は分離される。そうでなければ、人の威厳のなさが官職そのもののカリスマを損なってしまうからである。

カリスマの日常化という一般的な図式に対応して、司教や長老が握る行政の官僚制化が進むにつれて、古代の教会に存在したカリスマ的な「預言者」や「師」の地位は消滅する。

経営のエコノミーは、組織の点でも、ニーズ充足の仕方の点でも、すべての日常的な構成体の条件にすり合わされる。階層構造的に組織された官職の権限、指揮命令系統、規定、役得、プフリュンデ〔俸禄〕、懲戒規定、教義の合理化、「ベルーフ」〔専門職〕としての官職活動の合理化が現れる。もちろん以上に列挙した点は、古代の、多くの点でおそらく、とくにエジプトの伝統の遺産であり、少なくとも西洋では真っ先に教会によって発展させられた。そしてここに列挙した点は、まったく理に適っていた。なぜなら、この分野では、ひとたび官職カリスマに向けた発展が進むやいなや、神聖ではない私人と、こうした神聖ではない私人が管理する神聖な官職とを分離するという、官僚制に特有の傾向が、不可避的に仮借なく一貫して貫徹されなければならなかったからである。

このとき、教権制的な組織の大問題の一つは、カリスマ的な仕方で神に従う者たち〔フォロワー〕の動向に対して、〔教会の〕公式の「経営」がとる態度である。ここでフォロワーの動向というのは、「世界」との妥協を拒否して、カリスマ的な創始者の本物の要請を堅持しようとする修道生活のことである。

（1）グデア(Gudea)は古代シュメールの都市ラガシュの支配者。

（2）仏教の戒律でもっとも重い罪である波羅夷《はらい》を指す。波羅夷はサンスクリット語パーラージカ pārājika の音訳である。四つの罪とは淫、盗、殺、妄であり、ウェーバーが本文で述べているのは最後の妄ないし大妄語（悟りを得ていないのに悟りを得たと嘘をつくこと）のことである。

（3）ドナトゥス派は、四世紀に北アフリカで誕生したキリスト教の分離派。彼らは、一度でも背信・棄教した者によるサクラメント（秘跡）は無効であると主張した。

[13] 修道院に特有の生き方としての禁欲

「禁欲」は、さしあたりは、修道院に特有の生き方のことである。こうした意味での「禁欲」は、二つのまったく異なる意味を持つ可能性がある。一つには(1)、神へと至る、個人による、直接的な道を切り開くことによって、自分自身の霊魂を救済する、という意味である。「救済宗教」であればどこでも、この意味での禁欲が一番重要である。キリスト教の禁欲者の場合と同様に、ヒンズー教、仏教、イスラームの禁欲者の場合でもそうである。

カリスマは現世のあらゆる秩序を覆し、ほとんどつねに終末論的な志向を持つ。秩序は、経済的な利害やその他の神聖ならざる権力利害との妥協を不可避的に要求する。カリスマの急進的な要求は、このような秩序の内部では絶対に実現できない。結婚、職業、官職、財産からの、そして政治的ゲマインシャフトおよび、その他あらゆるゲマインシャフトからの「現世逃避」は、このような客観的な事態の帰結にすぎない。

個人としてカリスマである人は神を強制し、奇蹟を起こす。どの宗教でも、このようなパーソナルなカリスマを獲得するのは、もともと非日常的なことをなす完成された禁欲者である。

（1）ウェーバーは禁欲には二つの意味があると述べたうえで、ここで一方(einerseits)の説明をしている。しかし、このすぐあとに、他方(andererseits)ないしこれに類する表現は出てこない。ただ、内容から考えると、いくぶんページは離れるが、二つ目の意味は**教［17］**に出てくる禁欲の「解釈替え」を指すと思われる。

［14］経済に敵対的な修道院による卓越した経済的な成果

発展のカリスマ的な段階にある修道生活は、経済に敵対的な現象である。「禁欲者」はブルジョア的な営利人間の対極にあるだけでなく、見せびらかして自分の所有物を享受する封建領主の対極でもある。

禁欲者は孤独に、あるいは自由に群れをなして暮らし、結婚もせず、したがって責任も負わず、政治権力やその他の権力には関心を持たず、集めた果物や物乞いで暮らし、「現世」にまったく居場所を持たない。仏教の修道士〔出家僧〕の元来のルールは、雨期を除いて、彼らに不安定な放浪を義務づけ、いかなる滞在であっても、時間的に同じ場所に滞在することを制限している。もっぱら存在するのは、その目的と手段について、さしあたりは完全に非合理的な志向を持った禁欲、つまり現世の生活の経済的および肉体的な条件への束縛を取り除くこと、そして神的なものとの合一を達成することに向けられた禁欲(1)だけである。

このような形式の修道生活は、実際に経済に無頓着なものが持つあの特殊な力の一部である。本物のカリスマはどこでも、このような力である。

修道生活は、真にカリスマ的な古来の弟子とフォロワーの集まりである。ただし、いまや目にみえない導く人であるのは、目にみえる英雄ではもはやなく、彼岸へと消えた預言者である。

しかし修道生活はこの段階にとどまることはない。外的な事実がそれを証明している。

一方における合理的な経済観念も、他方における洗練された享楽の欲求も、その実効的な力の点で、宗教的カリスマのパフォーマンスには及ばない。このパフォーマンスは、カリスマそのものと同様に、「非日常的」な性格を持つ。

このことはもちろん、教権制的な権力のパフォーマンス一般にも当てはまる。ピラミッドを建築する完全なまでの無意味さは、神の化身としての国王の資質と、支配される側の人たちがそれを無条件に信じていたことによってのみ説明できる。ユタ州の塩の砂漠〔ソルト・レイク〕におけるモルモン教徒②のパフォーマンスは、合理的な入植経済の法則をすべて無視した。

ましてや修道生活のパフォーマンスでは、このことは典型的であった。彼らのパフォーマンスは、ほとんどいつも経済的にはありそうもないことを成し遂げた。チベットの雪と砂の砂漠の真ん中で、ラマ教という形式の仏教の僧侶は、経済的なパフォーマンス、とくにポタラ宮〔ダライ・ラマの宮殿〕という形での建築的なパフォーマンスを成し遂げた。このパフォーマンスは、スケールの巨大さという点でも、またおそらくは質の点でも、地球上において最も包括的で有名な創造物の一つである。

経済的な観点からすると、西洋の修道士のゲマインシャフトは、合理的に管理された最初の荘園制であり、その後、農業や産業の分野での労働ゲマインシャフトとなる。

仏教の僧院の芸術的パフォーマンスが極東で有している意義は尋常ではない。これと同等に尋常でないのは、次のような今日ではほとんど信じがたい事実である。その事実というのは、アイルランドのような、永遠の日陰の存在(Schattendasein)として運命づけられているかにみえる辺境の島が、数世紀にわたり修道院で、古代の文化伝統を伝えたという事実[3]、そしてこの地の宣教師が西洋の教会の発展という歴史的にかぎりなく重大な固有の性格に対して、決定的な影響を与えたという事実である。

さらに、例えば西洋は唯一、和声音楽[4]への発展の道を歩んだ。ここでは証明できないが、和声音楽への発展は、科学的思考の発展の固有の性質と同じく、ベネディクト会、さらにはフランシスコ会、ドミニコ会の修道院の固有の性質にそれにしても相当に多くを負っている。

ここで私たちの視線は、とりわけ修道生活の合理的なパフォーマンスに釘付けになる。このパフォーマンスは、合理性に反する、とりわけ経済に敵対的なカリスマの基礎とは絶対に相容れないように思われる。

しかし、ここでも事態は一般的なカリスマの「日常化」と似ている。神との忘我〔エクスタシー〕的合一や瞑想的合一は、カリスマ的な才能と恩恵によって到達できる個人の状態から、多くの人の努力の対象、とりわけ、告知可能な禁欲的な手段〔方法論〕によって到達される、したがって〔その方法論に準拠すれば、だれにでも〕入手可能な恩恵の状態になる。このような発展が起こるやいなや、禁欲は方法的な「経営」の対象になる。[5] 魔術的な祭司ツンフトのカリスマ的教育の場合と、まったく同じである。

方法自体は、いくつかの個別性はあるものの、原理的には世界中どこでもさしあたりは同じであり、最古であるインドの僧院〔修道院〕で、最も高い一貫性と多様性をもって展開された。インドの修道士〔僧侶〕の方法論は、その規定の本質的な基礎の点で、キリスト教の修道院のそれと非常によく似ている。ただ、全体としてみると、そこ〔インド〕ではおそらく生理学的な洗練（ヨガやその他の達人の呼吸のコントロールとその他の類似の方法）が、ここ〔西洋のキリスト教〕では心理学的な洗練（告解の実践、服従の証し、イエズス会の霊操[6]）がより進んでいる。禁欲の手段として労働を扱うことは、重大な結果をもたらした。このような労働の扱いは、西洋だけではないが、それでもとくに西洋において、歴史的な理由からはるかに一貫して、そして普遍的に発展し、実践に移された。ところで、どこにでも中心にあるのは、修道士〔僧侶〕が自分自身に対して無条件の支配を獲得することであり、自分自身の被造物的な衝動に対して、したがって神との合一を邪魔する衝動に対して無条件の支配（Herrschaft）を獲得することである。

すでにこの内容的な目標が、生き方の合理化がますます進んでいることを示している。

合理化は、修道士が強力な組織に結集したところでは、やはりどこでも生じた。出現したのは、カリスマ的でツンフト的な修練期間を設定するという通常の形式、叙階やその他の地位の階層構造、修道院長、場合によっては修道士を統合して会衆(Congregation)や「教団」(Orden)にすることであり、そしてなによりも修道院とそこでの生活全体を細部に至るまで規制する修道会則である。

しかし、これによって修道生活は経済生活のなかに位置づけられる。純粋に経済に敵対的な手段、とくに物乞い〔托鉢〕によって生計を立てることは、たとえ形式的にこの原理がフィクションとして維持されることがあるとしても、もはや長期的には論外であった。

それどころか反対に、これから議論されるべきことではあるが、生き方についての、特殊な仕方での合理的な方法論は、経済運営の方法にも強く影響せざるをえない。まさに禁欲者のゲマインシャフトとして修道院は、普通の経済が通常であれば達成する程度をはるかに超える、驚くべきパフォーマンスを達成することができた。

修道院はいまや、信者のゲマインシャフト内の宗教的な達人たちから構成されるエリート部隊である。

したがって、最も英雄的な時代と最も一貫した組織を、修道院はいたるところで体験する。封建制と同じように、敵地でも、つまり内地の布教であれ、そしてとくに外地の布教であれ、宣教地でも、修道院はそれを体験する。

ラマ教的な階層的組織は、儀式の細部に至るまで、西洋のローマ教皇庁に照応している。仏教がラマ教的な階層的組織を生み出したのは、インドではなく、チベットやモンゴルの地であった。地球上で最も野蛮な民族からの脅威に不断にさらされている所である。これは偶然ではない。野蛮な国々での西洋の宣教が、ラテンの修道院に特有の性質と地位をもたらしたのとまったく同じである。

（1）禁欲と神秘論の類型についてはMWG I/19, S. 482-483.『宗教社会学論選』一〇三〜一〇五頁を参照。

（2）モルモン教については**カ［1］**も参照。

（3）アイルランドでは、五世紀のはじめに聖パトリック(Patrick, c. 387-461)の布教活動によってキリスト教が広められ、独自の修道院文化が栄えた。中世初期になると、今度はアイルランドの修道院のほうが大陸に影響を及ぼすことになる。**教［17］**も参照。

（4）「西洋」の特殊性と普遍性についてのウェーバーの問題設定の出発点は音楽の比較研究であった。Cf. MWG I/14, S. 231-232.『音楽社会学』安藤英治・池宮英才・角倉一朗訳、創文社、一九六七年、一七二頁：MWG I/18, S. 103.『宗教社会学論選』七頁。

（5）今日、いろいろな学問領域で「方法論」が精緻化されている。どんなに「面白い」書き物でもこの規準に即していなければ、論文としてはリジェクトされる。反対に、この規準に即していれば、いくら凡庸であっても「業績」になる。学問分野における方法論の発展は「カリスマの日常化」の一つの例である。

（6）**維［2］**を参照。

［15］ 修道院と政治権力

この点については、ここではこれ以上追求せず、修道院が政治権力や教権制的権力とどのような関係にあるのかを確認するだけにしたい。

皇帝教皇主義的な政治権力は、修道院を優遇する、さまざまな動機を持つのが自然である。

さしあたり自分自身をレジティメーション〔正当化〕し、臣民を馴致化するというニーズが、皇帝教皇主義的な政治権力にはある（政治権力と教権制的権力の関係についての一般的なことは後述する）(1)。権力が絶頂にあった時期のチンギス・ハンがすでに、仏教僧との関係を築いていた。チベットや中国の支配者も同じであった。このような関係の動機づけは、ゲルマン人、ロシア人、その他すべての支配者における同種の関係と明らかに同じであった。またイエズス会に対するフリードリヒ大王の友好的な関係も同じである。教皇によって〔イエズス会の解散を命じる〕勅書[2]が出されたにもかかわらず、イエズス会の存続が可能になったのは、この関係のおかげであった。

とくに修道士は、禁欲者として、最も方法的で、純粋に政治的な観点からして最も危険が少なく、最も信頼でき、そして少なくともさしあたりは最も安価な、それどころか純粋な農耕国家の条件下で可能性のある唯一の学校の教師である。政治権力の保有者は、官僚装置を作り、支配構造の合理化に対する自然な敵、つまり貴族に対抗する力を得ようとする。このとき支配構造は家産制的に合理化されることもあれば、官僚制的に合理化されることもある。貴族に対抗する力を得ようとするとき、政治権力の保有者は、支配される側の人たちである大衆に与える修道士の影響力よりも確かな支えを望むことはできない。

これが正しければ、またそのかぎりで、教権制的な生活規制は、本来の教権制的支配、つまり官職カリスマ的な支配の場合と、少なくとも同じくらい強くなることが多い。

しかし、修道士による支えは、政治権力によって高い値段で買い取られなければならない。たしかに修道院は、皇帝ハインリヒ三世[3]であれアショーカ王[4]であれ、支配者の合理的な教会改革への熱意には喜んで奉仕する。しかし、修道生活のカリスマ的宗教意識は、本来的に宗教的な領域への皇帝教皇主義的な干渉を、いかなる世俗の祭司層がするよりも、はるかに厳格に拒否する。そしてカリスマ的宗教意識は、確固たる禁欲的な規律によって、尋常でなく強い独立した力を発展させることができる。したがって、修道院の強化にともなって、修道院と皇帝教皇主義の要求が敵対的にぶつかり合う瞬間がやってくる。

この場合には衝突の経過によって、例えばチベットでそうなったように、世俗の権力が事実上、収奪されるか、あるいは逆に、中国でくり返されてきた迫害の経過でそうであったように、修道院が完全に根絶されるか。このいずれかである。

（1）**教［23］**を参照。

（2）教皇の勅書（Dominus ac redemptor noster）とは、教皇クレメンス一四世（Clemens XIV, 1705–1774）が一七七三年に七月二一日に出した勅書のこと。これによってイエズス会は解散を命じられた。これに対してフリードリヒ大王は自らの支配領域で教皇の勅書の配布を禁じた。

（3）ハインリヒ三世（Heinrich III, 1017–1056）はザーリアー朝の神聖ローマ帝国皇帝。クリュニー修道院による改革運動を支援した。**教［17］**も参照。

（4）**家［55］**を参照。

［16］修道院と教権制的官職カリスマ

さらに深刻で、かつ内的な問題になるのが、修道院と教権制的官職カリスマとの関係である。

次の二つの場合がある。〔一つは〕真正の仏教のように、本来の家父長が存在しない場合である。古代インド仏教で家父長と称されている、最高位の保有者の地位は非常に弱かったようである。しかも、これは君主が皇帝教皇主義的な地位を有していた結果であった。君主は長期にわたり、ビザンツ皇帝と似た役割を簒奪した。あるいは〔もう一つは〕ラマ教のように、家父長が本質的に修道院によって任命を受けて統制され、ほとんど修道院の官僚によって統治されている場合である。この二つの場合には〔修道院と教権制的官職カリスマとの〕この関係は少なくとも外見上はかなりスムーズに規制される。

しかし、これらの場合でも、修道院の本物の性格が真剣に維持されていればいるほど、また修道院の本物の性格が改革によって再燃されればされるほど、内的な緊張関係が現れてくる。暴力と所有に縛られているために不可避的に罪深い存在である現世の秩序との妥協を、修道院は避け、自らのカリスマによって神への道を求め、神の信奉者たることをラディカルに実現するがゆえに、修道院はすべてのアンシュタルト〔教会〕の恩恵から独立している。

〔17〕修道院と妥協する教会

このような個人に宿るカリスマは、「救済アンシュタルト」〔教会〕の教権制的要求と究極的には相容れずに対立する。これは明白である。「救済アンシュタルト」は、神へと至る道を自分たちで独占することを要求する（「教会の外に救いなし」(extra ecclesiam nulla salus)が、どの「教会」でも中心命題である）。このような特別な資格を持つ聖者の排他的なゲマインシャフト〔修道院〕が形成されるならば、ますます〔教会との〕相容れない対立が起こる。

当然のことながらこのような聖者の排他的なゲマインシャフトは、教会の普遍主義的な支配権の要求、したがってすべての官僚制と同様に平準化するような支配権の要求を否定し、ひいては教会の官職カリスマの排他的意義を否定する。

しかしながら、大教会はいずれも修道院と協定を結ぶ〔妥協する〕ことを余儀なくされた。

マフディー〔イスラームの救世主〕信仰とユダヤ教はいずれも、救済の道としては律法に対する忠誠を持っているだけで、原理的にはそれ以外は持っていない。そしてどちらも本来的な意味での禁欲を拒否する。このためマフディー信仰とユダヤ教にとって、修道院は異質な存在であり続けた。

後期エジプトの教会には、修道院の端緒があったかもしれない。
だれにでも知られており、また聖書学的にも正しく、教会自身にとっても真正な原則を〔修道院が〕首尾一貫して実行することを、とくにキリストの教会は拒むわけにはいかなかった。①

〔教会が修道院を承認する〕口実となる根拠を提供したのが、教会内の特別な「仕事」〔ベルーフ〕の遂行として、禁欲を二次的に解釈替えすることであった。さしあたりは、次のようにである。「福音的勧告」②は最高の理想ではあるが、万人に〔それを要求することは〕期待できないとみなされている。このため「福音的勧告」を完全に遵守することは、余剰のパフォーマンスの源泉として扱われた。そして教会は、カリスマという点で不十分な資格しか持たない者のために、この余剰のパフォーマンスの成果を宝庫として管理する。以上のような具合である。

このとき、教会への禁欲〔修道院〕の組み込みはとくに禁欲の解釈替えによって行われる。禁欲は、第一義的に自分自身の道で自分自身の救済を達成するための手段ではなく、修道士を教権制的権威のための労働として利用する手段へと完全に解釈替えされる。教権制的権威とは、対内的・対外的な使命および競合する権威に対する闘争を指す。

自分自身の特別なカリスマ〔だけ〕に基づく、このような世俗内の労働は、すべてを官職カリスマから導き出す教会的な権威にとって、いかがわしくないわけにはいかなかったし、つねにそうした存在であり続けた。

しかし、メリットがデメリットを上回った。禁欲はこれによって修道院の小部屋から外に出て、現世を支配しようとし、競争を通じて（程度の差こそあれ）その生活形式を官職祭司層に強要し、支配される者（平信徒）に対する官職カリスマの行政に加わった。

もちろん、つねに摩擦は残る。ダルヴィーシュ教団のようなエクスタシー的禁欲③をイスラーム教会に取り込むことを指して、「一貫性がある」と呼ぶことはほとんどできない（〔この取り込みは〕ガザーリー④が正統派のドグマを軟化させたことによって観念のレベルで可能になった）。

仏教は、最初から完全に僧侶〔修道士〕によって、僧侶のために創られ、僧侶によって伝播された宗教である。このためカリスマ的貴族としての僧侶による教会の絶対支配という最もスムーズな解決策が手に入り、またこの解決策はとくに教義の上でも受け入れられやすかった。

東方教会は、しだいにすべて修道士のために教権制の上位の官職ポストを確保し、これによって本質的に機械的な解決策を発見した。〔ただし〕この解決策には、内的な分裂があった。一方には非合理的で個人的な禁欲の聖化があり、他方には国家によって官僚制化されたアンシュタルト的な教会(ロシアには一元支配的な宗教的首長も存在しなかった)がある。この両者には内的な分裂があった。東方教会の教権制の発展は外国の支配と皇帝教皇主義によって壊されたが、以上の内的分裂はこうした教権制の発展に対応している。

イオーシフ派(5)(Ossifljanen)の改革運動は、最強であるがゆえに唯一の担い手と考えられる皇帝教皇主義に奉仕した。例えばすでにクリュニー会(6)の改革者たちが、ハインリヒ三世(7)に拠りどころをみつけたのと同じである。

西方教会の内的な歴史は、実に本質的なところで、まさに摩擦とバランスで満たされている。西方教会における摩擦とバランスは、最も純粋には、修道院を官僚制的組織に組み入れるという究極的に一貫した解決策とともに追跡することができる。ここで官僚制的組織というのは、「清貧」と「貞潔」によって日常生活の条件という束縛から切り離され、特別の「服従」によって規律された、一元支配的な教皇の部隊のことである。

後者の発展は、次々に新しい教団が設立されることによって実現された。

古代の文化的伝統の重要な部分の保存は、一時的にアイルランドの修道院の保護に委ねられた(8)。アイルランドの修道院がローマ教皇庁との密接な関係を築くことがなければ、西洋の布教地域に特別な修道教会を創設することが十分に可能であったであろう。

他方でベネディクト会[9]は、カリスマ的な時代が過ぎ去ってから、結果として封建的な修道院荘園制を生み出した。

クリュニー会の類型は、依然として荘園領主的な名望家教団の類型であった(プレモントレ[10]の類型ではなおさらそうであった)。そのきわめて控えめな「禁欲」は、この社会階層に対応する限界内にとどまった(許されると考えられていた衣装〔白い制服〕を考えてみるだけでよい)。ここでも地域間の組織は、系列のシステムという形でのみ存在した。

地域間組織の意義は、本質的には修道院が教権制的な生活支配に奉仕する一つの力として再登場したことにある。

シトー会[11]は、確固とした地域間の組織をはじめて作り出し、農業労働の禁欲的な組織と結合した。シトー会による有名な植民地化のパフォーマンス[12]を可能にしたのは、この組織であった。

(1) 修道院の発祥の地はエジプトで、すでに四世紀から活動が始まっていた。エジプト東部、シナイ山の山麓にある聖カタリーナ修道院は、六世紀中頃に東ローマ皇帝ユスティニアヌス一世(Justinianus I, 482-565)によって創設された。この修道院は、廃れることなく継続しているキリスト教の最も古い修道院の一つである。

（2）福音的勧告(consilia evangelica)は、修道士の三つの誓い(貞潔、清貧、服従)を指す。この勧告はいわば「絶対的自然法」であり、一般の平信徒にはそれが求める「完全」な生活を送ることはできない。

（3）エクスタシー(忘我・恍惚)と禁欲は正反対のように思われるし、文脈によってはもちろん対立する。しかし、エクスタシーはたんなる非合理ではなく、この状態に至るには一定の方法や手続きが不可欠である。この意味でエクスタシーは合理性を持ち、そして禁欲的でもある。

（4）ガザーリー(Abū Hāmid al Ghazālī, 1058–1111)はイスラームの神学者・哲学者。神秘主義を取り入れ、スンナ派の地位を確立した。

（5）ロシアの修道士イオーシフ・ヴォロツキー(Iosif Volotskii, 1439–1515)の運動を指す。彼は修道院の大土地所有を主張し、モスクワ大公の権力を擁護した。

（6）クリュニー会は、ブルゴーニュ地方のクリュニーにあるベネディクト修道会。九一〇年にアキテーヌ公ギヨーム一世(Guillaume Ier d'Aquitaine, 875–918)によって創建され、修道院改革運動の中心となった。

（7）**教**［**15**］を参照。

（8）**教**［**14**］を参照。

（9）ベネディクト会は、五二九年にヌルシアのベネディクトゥス(Benedictus de Nursia, c.

480–547）によって、ローマとナポリの間にあるモンテ・カッシーノで創建された西欧最古の共住制修道院。祈禱と労働をモットーとする戒律が定められた。ベネディクト会はその後の修道院の発展の基礎となった。

（10）プレモントレ会は、一一二〇年に、クサンテンのノルベルト（Norbert von Xanten, c. 1080–1134）によってフランスのプレモントレで創建された修道院。アウグスティヌス（Aurelius Augustinus, 354–430）の会則に従い、ドイツを中心に発展した。白い制服を身に纏ったことから「白い修道会」として知られている。

（11）シトー会はベネディクト修道会の一つ。ベネディクトゥス会則（**教[30]**を参照）を忠実に守る厳格な修道生活を目指して、一〇九八年にフランスのシトーに創設された。一二世紀に急激に拡大した。一七世紀にはさらに厳律シトー修道会（トラピスト）が分離独立した。

（12）一二〜一四世紀にかけて行われたエルベ川以東へのドイツ人の植民運動（東方植民）において、シトー会は大きな役割を果たした。

[18] 修道院の発展

助修士(1)の制度は、祭司修道士を〔宗教外の雑用から〕解放し、宗教に固有の義務に専心させるというニーズから生まれた。この制度は、修道院に貴族的な構造を導入したが、その代わりに修道院の基礎である封建的な性格をさらに後退させた。

中央集権的な托鉢修道会〔ドミニコ会、フランシスコ会〕は、生活手段を調達するための、真にカリスマ的なもともとの形式〔托鉢〕からして都市住居に縛られていた。托鉢修道会は、この点で農耕型のシトー会とは反対であった。また、その仕事の仕方も、説教、司牧〔魂への配慮〕、愛の奉仕作業など、主として市民層のニーズに向けられていた。

これらの教団の設立によって、禁欲ははじめて、体系的な「内なる布教」のために、修道院から街頭へと踏み出した。

少なくとも形式的には、所有の禁止が厳格に実施された。そして「定住」(stabilitas loci)の排除、つまり巡回による隣人愛の実践が行われた。これらのことは、幅広い市民層を直接的に支配するという目的のために、無条件に意のままになる修道士の利用価値を高めた。市民層は「第三会員」[2]ゲマインシャフトの形式で組織的に〔修道院に〕編入された。この編入は、教団の信条を修道生活それ自身の範囲を超えて外に持ち出した。カプチン会[3]やその後に設立された関連の教団も同様に、大衆への働きかけをいっそう強めようとする志向を持った団体である。禁欲の本来の理念は非社会的であり、それは個人の救済である。この理念に立ち戻ろうとする最後の偉大な試みがカルトゥジオ会[4]とトラピスト会[5]であった。しかしこの試みも、修道院の全体的な発展をもはや変えることはなかった。この発展はますます強く〔本来の非社会性から離れて〕社会的な方向に、つまり教会そのものに奉仕する方向に進んだ。

（1）助修士(Laienbrüder)とは、中世の修道院で、聖職者としてではなく、労働や雑用に従事することで修道院に貢献する修道士のこと。

（2）第三会(Ordo tertius)は托鉢修道会に属する在俗の修道会のこと。在俗のままで、フランシスコ会の精神に従って生きることを願う人のために戒律が作られたのがその始まりである。正規修道士の第一会、修道女の第二会とは区別されて第三会と呼ばれる。

（3）カプチン会はフランシスコ会の独立分派の一つ。独特な頭布(cappuccio)をかぶっていたことから、この名で呼ばれる。なおコーヒーのカプチーノ(cappuccino)は、彼らのフード付きの修道服の色と似ていることに由来するといわれている。

（4）カルトゥジオ会は、一〇八四年に聖ブルーノ(Bruno von Köln, c. 1030–1101)によってフランスのシャルトルーズ(グルノーブルの近く)で設立された修道会。孤立した隠遁生活と共同生活を結合した観想教会として知られる。

（5）トラピスト会は、厳律シトー修道会の別称。シトー会の修道規則がゆるんでいく傾向に抗して原点回帰を目指した。この名称は一七世紀にフランスのノルマンディーのラ・トラップで創立されたことに由来する。

［19］イエズス会と禁欲の合理化

禁欲の合理化は段階を追って高まり、ますます規律化に奉仕するためだけに設定された方法論になる。この合理化はイエズス会(1)でその頂点に達した。

個人のカリスマ的な救済の告知と救済の労働の一切の残滓が、イエズス会では姿を消した。教会の権威はそこに官職カリスマの地位に対する脅威を認めないではいられなかった。このため教会の権威はこのような個人のカリスマ的な救済の告知と救済の労働を、古くからの教団、とくに聖フランチェスコの教団から除去するのに、非常に多くの努力を必要とした。同様に、個人が独自に救済へと向かう道としての禁欲が持つ、非合理的な意味もことごとく消えた。これも官職カリスマとしては憂慮すべき点であった。そしてまたすべての非合理的な手段、つまり結果を計算できない手段も、イエズス会では消滅した。合理的な「目的」が支配的となる（そしてこの「目的」が手段を「神聖化」する。これは決してイエズス会だけでなく、あらゆる相対主義的あるいは目的論的な倫理学の命題である。この命題はいまや合理的な生活規制の要点として、特徴的な色合いを帯びる）。

親衛隊〔イエズス会〕は特別の宣誓を行うことによって、ローマ教皇庁への無条件の服従を義務づけられた。このような親衛隊の助けを借りることで、教会の支配構造の官僚制的な合理化が貫徹された。

独身制の導入はすでに、修道院的な生活形式が〔教会によって〕受容されたものであり、クリュニー会の修道士の強力な主張によって実現された。とりわけ叙任権争いで論争になった教会の封建化を防ぎ、教会の地位の「官職的性格」を確保するという目的もあった。

そして、さらに重要なことは、修道生活の一般的な「精神」が生き方の諸原理に影響を及ぼしたことであった。

修道士は、模範的に宗教的な人間であった。少なくとも禁欲の合理化が行われた教団ではそうであり、イエズス会が一番であった。同時に修道士は、特別に「方法的」に生活する、最初の「仕事人間」(2)(Berufsmensch)であった。修道士は「時間を区切り」、いつも自制し、無邪気な「楽しみ」をすべて拒否し、自分の仕事〔ベルーフ〕という目的にそぐわない「人間的」な義務による雑務をすべて拒否して生きた。このようにして修道士は、教会の支配構造を官僚制的に集中化、合理化するための道具として奉仕し、また同時に司牧者や教師としての影響力によって、相応しい信条を宗教心のある平信徒に広める運命にあった。

（1）イエズス会についてはカ[2]も参照。

（2）Cf. MWG I/18, S. 486.『プロテスタンティズムの倫理と資本主義の精神』三六四頁。訳者の大塚久雄はここでBerufsmenschを「天職人」と訳している。

［20］修道士とローカルな教会勢力の競争

修道士という競争相手に対して、ローカルな教会権力〔司教、教区聖職者〕は何世紀にもわたって抵抗してきた。それでも、つねに修道士が圧倒した。彼らは旅回りをする、それゆえに人気のある聴罪司祭であった。司牧〔魂の配慮〕では、修道士が、地元に定住している聖職者の倫理的要求〔の水準〕に対して、理念的な意味で非常に容易に優位に立った。ちょうど学校の授業の分野で、自由競争が行われる場合に、このような独身の禁欲者の層が、財産で家族を養わなければならない世俗の教師に対して、物質的な意味で優位に立つことができたのと同じである。なお、ローカルな教会権力の抵抗は同時に、まさにこの教会における官僚制的中央集権に対する抵抗でもあった。

修道院がこのような重要な役割を果たしたのは、他の教会では仏教だけであった。ただ、仏教の場合はラマ教を除いては、階層構造の頂点が欠けていた。

東方教会では、公式には、教会を支配しているのは修道院である。高位の官職はみな、修道院から補充されるからである。しかし、教会は皇帝教皇主義に服従しており、この服従が修道院の力を挫いている。

イスラームの場合に終末論的〔マフディー〔救世主〕信仰〕運動でのみ、教団が主導的な役割を果たした。

ユダヤ教には修道院が完全に欠如している。

〔西洋以外の〕どの教会でも、西洋が、最も完全にはイエズス会の修道会で、経験したような仕方で、とりわけ禁欲が合理化され、教権制的な権力の目的のために利用されることはなかった。(1)

(1) オリジナル原稿の切れ目を示すために、学習版ではこの次の一行が空白になっている。

〔21〕政治的カリスマと魔術的カリスマ

政治的カリスマと魔術的カリスマの対立は太古から存在する。「皇帝教皇主義」の支配者や「教権制」の支配者は、黒人の村落にも大きな国家組織にもみられる。

さらに、神々〔あるいは「聖人」〕は、最もプリミティブな状況でも、あるいはむしろそうしたプリミティブな状況でこそ存在する。神々は地域を超えることもあれば、ローカルなこともある。

ローカルな神性が力強く出現し、それとともに、宗教〔あるいはむしろ、より正確に表現すれば、祭祀の対象）と政治的領土の範囲が広範囲にわたって一致することがある。当然ながらこうした現象は、定住のまさに[1]最終的な段階、つまり都市の段階でみられる。

それ以来、都市の神あるいは都市の聖人は保護パトロンであり、あらゆる政治的創設の不可欠の付属品である。都市の権力は個々の政治的・経済的存在の担い手であり、そのかぎりで、偉大な一神教であればいずれも、不可避的に多神教に譲歩する。

この段階では、あらゆる偉大な国家の創設には、新首都に併合された、あるいは征服された都市や政府所在地の神々や聖人のシュノイキスモス[2]が必然的に随伴した。

例えば、他の有名な例と並んで、やはり単一国家としてのモスクワ帝国の創設がある。他の都市のすべての聖堂の聖遺物がモスクワに運ばれた。

古代ローマ国家の「寛容」[3]も同様の性格を持っていた。古代ローマ国家は、併合された国家のあらゆる神々の祭祀を受容した。ただし、このような受容がなされたのは、神々の祭祀がなんらかの形で質的に受容するに相応しいと思われる場合であり、そして帝政時代には、こうした神々の祭祀が政治的に動機づけられた国家祭祀（皇帝崇拝）に、自ら順応してくる場合にかぎられていた。

ローマ国家が抵抗に遭遇したのは、ユダヤ教徒とキリスト教だけであった。ただし、ユダヤ教は経済的な理由で許容された。

政治的な境界と宗教の普及地域が一致する傾向は、この段階に達するとすぐに自然なものとなった。

これは政治権力の側に発することもあれば、教権制的な権力の側に発することもある。自分たちの神の勝利は、支配者の勝利の最終的な証明である。それと同時に、自分たちの神の勝利は、政治的に服従すること、そして他の主人への忠誠義務から転向することの強力な担保でもある。

そして、独自に発展を遂げた祭司層の宗教は、国家の臣民に最も自然な布教の領域を見いだす。とくにその宗教が「救済宗教[4]」であれば、喜んで「強いて入らしめよ[5]」(coge intrare)〔という信仰の強制〕へと進んでいく。

（1）ここでは par excellence を意味するギリシア語の *κατ' ἐξοχήν* が使われている。

（2）シュノイキスモスは「集住」を意味するギリシア語。複数の村落がポリス(都市国家)を形成すること。

（3）寛容とその限界については**教【51】**を参照。

（4）**【用語】**「救済宗教」を参照。

（5）新約聖書『ルカによる福音書』一四・二三。

[22] 宗教と妥協

イスラームはここで水平的な境界線を、つまり宗教が身分階層の標識であることを認めていた。イスラームがこれを認めたのは、信徒たちの経済的特権と関係していた。西洋のキリスト教は、少なくとも観念のレベルでは、政治的ユニットであった。このことはある種の現実的な帰結をともなった。政治権力の要求と教権制的権力の要求という古い二項対立が純粋な解決策をみつけるのは例外的なことである。純粋な解決策というのは、どちらかが完勝するという意味である。

教権制はそれがどんなに強力であっても、経済的・政治的現実と絶えず妥協することを強いられる。教会の全歴史には、そのような妥協が満ち溢れている。そして他方で皇帝教皇主義的な支配者は、ドグマの形成に干渉するなどということはまずできなかった。神聖な儀式の領域に干渉することは、なおさら少なかった。というのも、儀礼的な行為の形式を変更することは、それがどんなものでも、こうした行為の魔術的な力を危険にさらし、これによって支配される側の人たちのあらゆる利害関心を呼び起こして、支配者に立ち向かわせることになるからである。

このような観点からすれば、十字を切るのは二本指か三本指か、およびそれに似たようなことをめぐるロシア教会の分裂は、まったく当然の現象である。

　このときとくに政治権力と教権制的権力の間の妥協が、より皇帝教皇主義なものになるか、より教権制的なものになるかは、個々の事例ごとに、当然のことながら身分相互間の力のコンステレーション〔布置連関〕によって決まり、このかぎりで間接的にではあるが、経済的なものによっても規定される。しかし、それについて意味のある内容を持つ一般的な命題が立てられるというわけではない。

　そしてさらに妥協がいかなるものになるかは、該当する宗教意識の固有法則性に帰因する程度が非常に大きい。とりわけ問題になるのは、この宗教意識が、世俗権力から切り離された、神によって定められた形式の教会制度を持っているかどうか、である。このような教会制度は、ラマ教以外の仏教では（唯一救済に至る生き方の規制によって）間接的にのみ存在し、イスラームと東方教会では限定的に存在し、ルター派にはまったく存在していなかった。これに対してカトリック教会とカルヴィニズムでは、こうした教会制度が積極的な形で存在していた。

　イスラームは当初からアラブ人の拡張主義的利害と結びついており、協力的でない世界を暴力的に征服することは、その積極的戒律に含まれていた。以上のことが、カリフを教権制に服従させる真剣な試みがなされない程度にまで、最初からカリフの威信を高めた。

シーア派は、まさにカリフのこのような地位を拒否し、ペルシアの預言者の、レジティメイトな後継者の再臨を終末論的に期待する。しかしシーア派でさえ、祭司の任命についてては地元の人びとの声が考慮されることが多く、しかもその考慮が大きかったとしても、シャー〔王を意味するペルシア語〕の地位はやはり群を抜いていた。

カトリック教会は、ローマの伝統を基礎にした自分自身の官職装置を持っている。カトリックの信徒にとっては、この官職装置は神法に由来する。カトリック教会は、皇帝教皇主義的な傾向に対して、最も頑強な抵抗を行った。苦難の時期には譲歩を強要されたが、その後この抵抗は最終的に成功を収めた。

ルター派は、〔聖書の〕言葉の純粋な告知さえ確保されれば、教会秩序のあり方には完全に無関心であった。ルター派の無関心は、個人的な信仰の終末論的特徴によって、それ以外ではもっぱら、敬虔の個人的な性質によってのみ規定されていた。教会秩序のあり方に対する無関心は、どこでもルター派教会を難なく世俗権力の皇帝教皇主義に引き渡した。このほかにも世俗権力への引き渡しは、ルター派が最初に成立した地域における政治・経済的な生存条件からも間違いなく規定を受けていた。

カルヴィニズムにとって、長老制という形式での聖書的神政政治は神法を基礎にしていた。

しかし、カルヴィニズムが神政政治を実現したのは一時的で、また局所的にすぎなかった。ジュネーブやニューイングランドでのことである。ユグノーの場合には、オランダで神政政治が実現したが、それは不完全であった。

〔23〕政治権力と教権制的権力の同盟

神学的・科学的思弁が展開するには、教権制が強力に発達していること、とりわけまた、独立した官職の階層構造と自らの教権制的な教育の存在が、絶対不可欠とまではいわないまでも、少なくとも普通の前提条件である。逆に、神学と神学的祭司教育の発展が、教権制的権力ポジションのための、不壊とはいわないまでも、最強の防波堤の一つである。この防波堤はまた、皇帝教皇主義国家が成立している場合には、皇帝教皇主義を強いて、教権制が支配される人たちに影響力を行使する余地を確保する。

ましてや、しっかりとしたドグマの体系を持ち、なによりも教育制度が充実している、完全に発展した教会の階層構造であれば、これを根こそぎにするのは不可能である。

教権制の権力が基礎にしているのは、此岸の幸福のためにも彼岸の幸福のためにも

「人よりも神に従わなければならない」[1]という命題である。この命題は、あらゆる政治権力の障壁になった。この障壁は最も古く、ピューリタンの大革命と「人権」の時代まで圧倒的なまでに最も強固であった。

通例となっているのは、此岸の権力と彼岸の権力の妥協である。

この妥協は実際に、ほぼ双方の利益になった。

明白なことであるが、異端者の撲滅や租税の徴収のために、最も評価に値する方法で、教権制に「世俗の腕」(brachium saeculare)を自由に使わせることができるのは、政治権力である。

教権制的な権力が備えている二つの特質が、教権制的権力と同盟することを政治権力に促す。さしあたりなんといっても、教権制的権力は、レジティメーション〔正当化〕する権力である。皇帝教皇主義的な支配者も(まさにこうした支配者こそ)、また個人としてカリスマ的である支配者(例えば人民投票〔プレビシット〕的支配者)も、そして自分の特権的な境遇が支配の「レジティマシー」のおかげであるようないかなる層も、レジティメーションする教権制の権力なしで済ますことは困難である。

そして〔第二に〕教権制は支配される側の人たちを馴致化するための比類なき手段である。大きな規模でも、小さな規模でもそうである。

イタリアの最も反教会的で、急進的な議員も馴致化の手段として女性の修道院教育を手放したがらない。同様に、ヘレニズムの僭主はディオニュソス崇拝(2)を推奨した。征服した民族を支配するのに大規模に利用されたのが教権制であった。ラマ教はモンゴル人を穏やかにし、これによって平和な文化地域に草原から侵入してくる蛮族の、それまでくり返し噴出していた水源を永遠に封じ込めた。ペルシア帝国は、ユダヤ人を無害にするために、ユダヤ人に「律法」と教権制的な支配を押し付けることを許した(3)。エジプトにおける教会的なものの発展も、同様に彼らによって、好意的に受け入れられたようである。

そして、ヘラス〔古代ギリシア〕では、オルフェウス教(4)の預言者やその他の預言者たちが告げたいずれの神託も、同じ目的のために自らを利用させるために、予想され期待されていたペルシア人の勝利をただただ待望した。マラトンとプラタイアの戦い(5)が決したのは、世俗的なヘレニズム文化を支持し、聖職者的な性格を否定することであった。

異民族に当てはまることは、自国の臣民との関係ではなおさら当てはまる。名望家層は、軍人であれ商人であれ、宗教によって提供される支援を厳格に伝統主義的に利用することが多い。なぜなら宗教は、自分たちにとって危険で、大衆の感情的欲求に基づく対抗勢力を生み出すからである。いずれにしても名望家層は、宗教のカリスマ的・情緒的な性格を剝奪する傾向にある。

こうして、少なくとも初期のヘレニズムの貴族国家はディオニュソス崇拝を拒絶し、数百年にわたるローマの元老院支配は、いかなる形式のエクスタシー〔忘我〕をも体系的に殲滅した。エクスタシーは「迷信」(ἔκστασις〔エクスタシー〕という語の直訳)に格下げされた。その手段はとりわけダンスであったが、これも祭祀においてさえも抑制された(サリー[6]のダンスは行列〔形式〕であった。しかし、特徴的なことに、アルウァレス[7]は彼らの古来のダンスを閉ざされた扉の後ろで実施した)。以上のことは、ローマ人の文化的発展(例えば音楽)とヘレニズムのそれとの極めて特徴的な対立的性格に、実にさまざまな分野で最も広範囲にわたって影響を及ぼした。

これに対して、パーソナルな支配者〔とくに後ろ盾がなく個人として支配者である人〕はどこでも、自分の地位のために宗教的な支えに頼る。

二つの権力〔政治権力と教権制的権力〕の妥協は、個別の場合ごとに大きく異なり、妥協はその内容が正式に変更されなくても、実際の権力状況を実に多様に形成する可能性がある。

ここでは、歴史的な運命が圧倒的な役割を果たす。強力な世襲君主制が存在したとすれば、おそらく西方教会も東方教会と似たような発展に押しやられたかもしれない。そして、大分裂がなければ、教権制的権力の衰退は、おそらく実際に起こったようには起こらなかったであろう。

(1) 新約聖書『使徒言行録』五・二九。
(2) ディオニュソスは、ギリシア神話の酒の神。バッコスとも呼ばれる。もともと北方のトラキア地方から入ってきた。祭儀での激しい陶酔状態を特徴とした。「ディオニュソス的なもの」は「アポロン的なもの」と対比される。ニーチェ『悲劇の誕生』を参照。
(3) 紀元前五世紀、ペルシア王アルタクセルクセス一世(Artaxerxes I, 存位 465 BC-424 BC)の時代に、律法学者エズラはエルサレムに帰還し、律法的ユダヤ教の基礎を確立した。
(4) オルフェウスは、ギリシア神話の詩人・音楽家で竪琴の名手。オルフェウス教はこのオルフェウスを伝説上の創始者とする古代ギリシアの密儀宗教。プラトン哲学やグノーシス主義に影響を与えた。
(5) マラトンの戦いは、紀元前四九〇年に、ギリシアのアッティカの東海岸北部マラトンで、アテネ軍がペルシアの大軍を撃破した戦い。プラタイアの戦いは、紀元前四七九年に、アッティカとボイオティアの境にあるプラタイアで、ギリシア連合軍がペルシア軍に勝利した戦い。ペルシア戦争の総決算となった。

（6）サリーは古代ローマの踊る祭司。ダンサーを意味するラテン語の salii に由来する。
（7）アルウァレスは、古代ローマで農耕と大地の女神デア・ディーアに仕える一二人の神官団。

［24］偶然、自然災害(地震)、教権制と市民層、教権制と封建的勢力

こうした権力闘争は、歴史的な運命(「偶然」)に大きく左右されるので、その決定要因についてなにか一般的なことを述べるのは簡単ではない。

とくにある民族で宗教的な感情が果たす役割が、この点で決定的というわけでもない。ローマ、ましてやヘレニズムの生活は宗教的感情でまさに満ち溢れているが、それでも教権制は国家を意のままにすることはなく、むしろその逆であった。

ローマやヘレニズムに欠けていた宗教の二元論的な彼岸化〔現世を超越した次元の設定〕に力点を置きたいと思う人がいるかもしれない。しかしそのような彼岸化(1)は、教権制の成立期のユダヤ教にも完全に欠けていた。むしろ逆に、彼岸的思弁の高まりは、エジプトやインドで確実にそうであったように、少なくとも一部は教権制的なシステムが合理的に発展した結果としてはじめて可能になった、と主張することができる。

しかし、当然のこととして思いつくような、その他の一般的な理由も決定的ではない。

例えば、一方では自然の猛威に左右される度合い、他方では自分の労働力によって左右される度合いも決定的ではない。

もちろんナイル川の氾濫の重大さは、教権制の形成に一役買っている。しかし、氾濫が教権制の形成に影響したのは、パラレルに進む国家および祭司の合理的な発展と、天体観測や彼岸的思弁との特徴的な結びつきを生み出す手助けをする、そのかぎりである。

その他でも、ここにおける牧畜民族である外国人による支配が、結合を支える唯一の後ろ盾として祭司の地位を存続させた、ということは明らかである。西洋の民族移動する種族が司教を存続させたのと同じである。

〔これに対して〕例えば、日本では地震の危険が恒常的にある。しかし、そうした危険があっても、封建的門閥は日本国家にいかなる教権制をも継続的には成立させなかった、という事態を変えることはなかった。また、「自然」あるいは経済的な理由は、ユダヤ教の祭司層の発展にとって決定的ではない。ササン朝帝国における封建制とゾロアスター教(2)の教権制の関係にしても、偉大な預言者を持つという運命がアラブ人の拡張願望に転がり込んできたことにしても、同じように「自然」あるいは経済的な理由が決定的だったというわけではない。

もちろんこれに対して、教権制の形成の具体的な運命と、それらが置かれている具体的な経済・社会条件との関係は、大衆現象的ではあるが、いつも異なる形で構成される。

これについて条件付きで立てることができる数少ない一般的な命題は、一方は教権制と「市民層」との関係、他方は教権制と封建的勢力との関係に関するものである。

中世のイタリアでは、皇帝主義や封建的勢力に対抗して、教権制的権力の防護部隊を設けたのはゲルフ〔教皇派〕の市民層であった。これはもちろん純粋に具体的に条件づけられた、一つの闘争のコンステレーション〔布置連関〕としてありうるものであろう。

しかしそれだけではない。メソポタミアの最古の碑文には、すでに類似の状況が書かれている。ヘラス〔古代ギリシア〕では市民層がディオニュソス宗教の担い手であり、古代キリスト教会は都市に特有の制度である(paganus〔異端〕は、社会的に蔑まれるすべての者の総称で、これはpaysan〔フランス語の農民〕に由来する私たちの〔低ザクセン語の〕pisang〔田舎者〕に相当する。この語はローマ帝国時代には〔軍人ではない〕「文民」であるとともに「異教徒」を意味した)。同様のことは、農民を下にみていたトマス・アクィナス[3]にも現れており、ピューリタンの教権制も、すでに中世と古代のほとんどすべてのゼクテ〔教派〕運動(とりわけドナトゥス派という重大な例外を除いて)も、都市に由来する。当時の教皇権力の最も熱心な支持者〔ゲルフ〕と、まったく同じであった。

これに対立するのが、古代の貴族、とりわけ初期ヘレニズムの市民貴族・ポリス貴族である。ホメロスの叙事詩で彼らは、まったくリスペクトなしに神々を扱っている。この扱いはヘレニズム宗教の発展全体にとって非常に運命的であった。またピューリタン時代の騎兵や初期中世の封建貴族も同様であった。そしてもちろんレーエン〔封土〕制国家の発展は〔フランク王国の宮宰〕カール・マルテルの略奪的世俗化〔教会領の大規模な収奪〕を基礎にしている。

十字軍は本質的にフランス騎士団の事業であり、レーエンによって子孫を扶養するという観点から非常に重要であった。教皇ウルバヌス〔二世〕がその有名な演説[4]で明示的に訴えたのも、この観点であった。〔ただし〕以上のことは教権制に特有の共感(Sympathien)を証明しない。

というのも、ここで問題になっているのは、「敬虔」と「敬虔でない」の対立ではなく、むしろ宗教意識のあり方と、これと密接に関連する、言葉の技術的な意味での「教会」形成の関係だからである。

(1) 彼岸化(Verjenseitigung)は現世を超越した次元を設定することを指す。【用語】「救済宗教」も参照。

(2) ゾロアスター教は古代イランのゾロアスターを開祖とする宗教であり、ササン朝ペルシアの国教であった。ゾロアスター教の世界観によると、宇宙の歴史は善神アフラ＝マズダーと暗黒の神アングラ＝マイニュ（アフリマン）との闘争の歴史である。

（3）トマス・アクィナス（Thomas Aquinas, 1225–1274）は中世イタリアの神学者・哲学者。『神学大全』で知られる。スコラ哲学の完成者。

（4）ウルバヌス二世（Urbanus II, 1042–1099）は一〇九五年にクレルモン会議を開き、第一回十字軍遠征を呼びかけた。

［25］都市市民層と宗教の内面化・合理化

市民層という経済的存在は（農業労働の季節的性格とは対照的に）継続的で、そして（農業労働がいつも同じわけではない、未知の自然の力に身を任せるのとは対照的に）合理的な（少なくとも経験的に合理化された）労働を基礎にしている。こうした労働は、目的と手段、成功か失敗かの連関を本質において可視化させ、「理解可能」であると思わせる。陶工、織物職人、旋盤工、大工の仕事の結果には、計り知れない自然現象の影響は、農業労働の場合よりもはるかに少ない。とりわけ空想によってしか解釈できない、不可解な自然の力が新しいものを生み出すという印象を与える、有機的な生殖プロセスの影響を受けることははるかに少ない。

これによって、一定レベルの相対的な合理化と知性主義化が進む。この合理化と知性主義化とセットになって出てくるのが、自然の力が有している、柔軟で感じやすい、生命力に満ちた現実との直接的な関係の喪失である。以上のことは、労働過程の大部分が比較的強く家〔屋内〕に結びついていること、有機的に与えられた食物を探す〔狩猟・採取〕過程への組み込みから労働過程が疎外されること、またおそらく身体と労働の大部分の筋肉装置のスイッチを切ること、こうしたことの結果として生じる。

自然の力は自明性から引き離されて、いまや問題(Problem)になる。自分自身を超えたところにある人間の実存の「意味」への問いが浮上する。この問いは、合理主義的なものであり、つねに宗教的な思弁に至る。

個人的な宗教体験は、エクスタシーによる陶酔や夢という形式を失い、観想的な神秘主義や平俗な日常的な内面性という、よりトーンを抑えた宗教的形式をとる傾向が生まれる。同時に、職人の顧客労働が恒常的で仕事としての様態を持つ場合には、生き方の軸として「義務」と「報い」という概念が発展しやすく、職人が合理的秩序をより必要とする社会的な関係性に組み込まれる場合には、道徳的評価を宗教意識そのものに持ち込むことが多い。

本来的な意味での「罪」の感情は、儀礼的な「穢れのなさ」〔純粋さ〕という比較的古い思想から発展した。こうした「罪」の感情は、封建的な主人層の品位感情とはまったく相容れない。ましてや生粋の農民にとって「罪」は今日でも理解しがたい概念である。農民層は「救済」を欲しておらず、またなにから「救済」されることを願うべきなのかもよくわかっていなかった。

彼らの神々は、人間と同じような情念を持った強い存在であり、場合によっては勇敢であったり陰険であったり、神々同士で、あるいは人間に対して友好的であったり敵対的であったりする。いずれにしても農民の神々は人間と同様に完全に不道徳であり、犠牲による買収や魔術的な手段による強制を受ける。しかも魔術的な手段は、魔術的な手段を知る人間を神々よりも強くしてしまう。ここには、「神義論」[1]の動機や、そもそも宇宙〔コスモス〕の秩序に関する倫理的な思弁を行う動機はまだまったく存在しない。祭司の身分と儀礼の規定の遂行は、率直に功利主義的な仕方で、自然の諸力を魔術的に支配する手段、とりわけデーモンを追い払う手段になった。ここでのデーモンは、その不興を買うことで悪天候、猛獣・昆虫の被害、病気、家畜の疫病をもたらすものである。

宗教が「内面化」し合理化するというのは、とりわけ倫理的基準と戒律が導入されることであり、神々を倫理的諸力へと聖化することであり（この倫理的諸力は「善」を望みこれに報い、「悪」を罰し、それゆえに自らも道徳的要求を満たさなければならない）、

「罪」の感情と「救済」への渇望が完全に発展することである。これらの傾向は、したがって、産業労働のある種の発展があってはじめて、それと並行して、たいがいは都市の産業労働の発展とまさに並行して、進むことがほとんどであった。

以上のことはなんらかの形で一義的に依存していたという意味ではない。宗教的なものの合理化は、あくまで固有法則性を有しており、それに対して経済的条件は「発展の経路」としてしか影響を与えない。宗教的なものの合理化はなによりも特別に祭司的な教養の発展と結びついている。

マフディー〔イスラームの救世主〕信仰には、このような経済的基礎がすべて欠けていたようである。その他の点でマフディー信仰がいかなるものであったのかについては、歴史的に解明されていない。

辺境や国境の向こうに追いやられたあるゼクテ〔教派〕の創始者が形成することに成功した古いインドの宗教が教権制的に発展したものが、マフディー信仰であるとの説もある。しかしやはりそれも不確かである。

おそらくより確実なのは、ヤーウェ宗教が合理的・道徳主義的に進化する過程で、偉大な文化の中心地から影響を受けたということである。(2)

しかし、預言の発展とそのすべての結果だけでなく、すでにヤーウェ宗教における道徳主義によってそれ以前に展開されていたすべてが、次のような事情のもとで成立した。たしかに都市は存在していたが、しかしいずれにしても同時期のメソポタミアやエジプトと比較して、都市の発展は乏しく、そしてそもそも産業は僅かしか発展していなかった、というのがその事情である。

もっとも、教権制の発展は、平地〔農村〕との闘いで、エルサレムのポリス祭司層が成し遂げた仕事(Werk)であり、また「律法」の形成とその押し付けは、バビロンに住んでいた流民の仕事であった。

他方で、古代地中海のポリスは宗教の合理化をもたらさなかった。受容されていた文学的な教養・教育手段であったホメロスの影響もあるが、なによりも教権制的に組織され、特有の教養・教育を培う祭司層が存在しなかったためである。

しかし、一般的にいって、祭司層と都市の小市民層との間の選択的親和性は、こうしたあらゆる違いにもかかわらず、非常に明確である。というのも、古代でも中世でも、とりわけ対抗勢力は類型として同じであり、それは封建的門閥であった。古代ではこうした封建門閥の手中に、政治権力と高利貸しが同時に握られていた。

このため自律性と教権制的権力の合理化へのきっかけがあれば、それがどんなものであっても、このきっかけは非常に容易に市民層の支持を得た。

同様に祭司の主張の背後には、シュメール、バビロニア、フェニキア、エルサレムの都市市民がおり、パリサイ人(=ピューリタン)はサドカイ派③の貴族に対立し、また地中海古代のあらゆる感情的なカルトに対立して、ここ〔市民層〕に支持者を持った。

初期のキリスト教会は小市民のゲマインデ〔共同体〕で構成されていた。ピューリタンのゼクテと同様に中世でも、教皇の自律性の要求が最も強い場所は、都市であった。異端運動も宗教運動も、ともに相互に関係し合いながら、一定の産業から直接的に成長してきた(したがってフミリアティ④〔謙遜者団〕もそうである)。言葉の最も広い意味での禁欲的なプロテスタンティズム(カルヴィニズムおよびバプティスト⑤のピューリタン、メノナイト⑥、メソジスト⑦、敬虔派⑧)は、長期的にみると、中・小市民層に信者の中核を確保している。同様に、ユダヤ教の揺るぎない宗教的合法性(Legalität)〔律法主義〕は、都市への定住とともにようやく始まり、これに依存している。

宗教運動がいつも「階級運動」というわけではない。

やむを得ない政治的・文化的理由で、キリスト教は古代の支配層にはそもそも受容不可能であった。すでにそうしたキリスト教の場合ですら、それが「プロレタリア」運動であるとする考え方ほど、根本的に間違っているものはない。

仏教は王子〔であるブッダ〕が創設したものであり、例えば日本では、貴族が非常に強く関与することによって仏教が輸入された。

ルターは「キリスト教の貴族」(=上級貴族、諸侯階級)に向けて演説をし、フランスのユグノーもスコットランドのカルヴィニズムも、大闘争の時代には貴族から支持された。しかし、イギリスのピューリタン革命が勝利に導かれたのは、農村のジェントリーの騎兵によってであった。つまり、信仰の分裂は、少なくとも本質的には、身分を垂直的に貫いた。

彼岸的関心へのコミットメントが、熱狂的な、ほとんどつねになんらかの終末論的な志向を持って支配している時代には、事態はこのようなものであり続けた。

しかしもちろん長期的には、終末論的期待が消えていくにつれて、そしていまや新しい宗教的内容が日常化し始める結果として、身分や階級が持つ、宗教的に要求される生活スタイルと社会的に条件づけられた生活スタイルの間の選択的親和性がつねにくり返し認識されるようになる。垂直的な階層化の代わりに、水平的な階層化が登場し始める。ユグノーやスコットランドの貴族は、その後になるとカルヴィニズムを放棄した。禁欲的なプロテスタンティズムのさらなる発展は、どこでも禁欲的なプロテスタンティズムを市民的中間層の関心事にした。

ここではこれらのことについて詳しく述べることはできない。それでもとにかく確実なのは、教権制が合理的な支配装置に発展し、それと結びついた宗教的な思想界そのものが合理的・倫理的に発展すると、まさに市民的・都市的な階級、なかでも小市民層に、とくに強い拠り所を確保することが多い、ということである。もちろん〔宗教の発展は〕小市民との間にも対立を生み出すが、これは別のところで論じられるべきである。(9)

(1) 神義論ないし弁神論(Theodizee)は、世界に悪や苦難が存在するという事実が神の全能や善と矛盾しないことを論証しようとする、ライプニッツ以来の議論を指す。神の啓示を人間の理性によって説明しようと試みる点で、神義論は宗教の合理化の一つの現れである。**支**【**13**】も参照。

(2) ヤーウェは、古代ユダヤ教の神の名。偉大な文化の中心地に住んでいない者だからこそ持つ「驚嘆する能力」については、MWG I/22-1, S. 529.『古代ユダヤ教』中、五〇八～五〇九頁を参照。なお、ウェーバーは一九一七年から一九一九年にかけて、『社会科学および社会政策学雑誌』に「古代ユダヤ教」を分載して発表した。これは第一次世界大戦以後の仕事に属する。ただし、支配をめぐるテクストも含めて、『経済と社会』旧稿にはすでにユダヤ教に関する記述が多く含まれている。

(3) サドカイは古代ユダヤ教内の一教派。起源は前二世紀。担い手の中心はエルサレムの貴族祭司層とユダヤの地方貴族・地主であった。パリサイ派は口頭伝承の権威を承認したが、サドカイ派はこれを批判し、旧約聖書の最初の五つの文書(モーセ五書)だけを正典とした。

(4) フミリアティは一二世紀に北イタリアで生まれた宗教団体。その構成員は主として都市の職人であった。「謙遜者団」と訳されることもある。

(5) バプティスト(浸礼派)はプロテスタント最大の教派の一つ。全身を水にひたす浸礼による洗礼(baptism)を主張することからこの名称で呼ばれる。内面的な信仰を強調し、政教分離を強く主張する。

(6) メノナイトはオランダ、スペインの再洗礼派の一派。平和主義と無抵抗を特徴とする。アーミッシュはメノナイトの分派。

(7) メソジストは、イギリスの神学者・伝道者ウェスリー(John Wesley, 1703-1791)を創始者とするプロテスタントの一派。名称は規則正しい生活方法(method)に由来する。

(8) 敬虔主義(Pietismus)は一七世紀末から一八世紀前半にドイツのプロテスタント教会の正統主義信仰に対する反発から生まれた。敬虔派は教義よりも内面的な敬虔を重視した。創始者はルター派の神学者フィリップ・シュペーナー(Philipp Jakob Spener, 1635-1705)である。

(9) **教[30][41]**を参照。

[26] 荘園領主的・封建的権力と経済

これに対して、荘園領主的・封建的権力による支配の時代にはつねに、まさにこの合理的〔官僚制的〕装置の存立がおびやかされる。

教会の重要な役職者〔司教〕は、政治権力によって土地と政治的権利を与えられることで、大レーエン〔封土〕保有者に組み込まれる。普通の司祭は、荘園領主によってプフリュンデ〔俸禄〕を支給され、これによって荘園領主の家産官僚に組み込まれる。司教によって管理され、信者の寄付で賄われる教会財産からの〔プフリュンデの〕支給は、都市と貨幣経済を地盤としてのみ可能であり、〔この時代には〕存在しなかったからである。

荘園領主の自然〔現物〕経済を地盤にしながら、教会的な支配装置の自律性を求める主張は、修道院の共同生活を基礎としてのみ可能である。つまりその基礎は、荘園制を土台にして、教権制の防衛部隊として、完全にあるいはほとんどコミュニズム的な生活を送る修道生活の組織化である。

アイルランドやベネディクト会の修道士、また修道院的な聖職者組織〔クローデガングの規則〕(1)が、西洋教会、その他の一般文化の発展に果たした卓越した重要性は、ここに理由がある。チベットのラマ教修道院教会の組織や封建時代の日本における仏教修道士〔僧侶〕の役割も同様である。

(1) クローデガング(Chrodegang, 715-766)はフランク時代の司教。ベネディクトゥス会則〔**教[30]**を参照〕をモデルとして、聖職者の共住制会則を作成した。

［27］経済発展に対する教権制的支配の意義

もちろん教権制に対しては、つねになんらかの仕方で経済的な条件づけが共に作用している。しかしこのような数少ない確認を別にすれば、教権制に対する経済的な条件づけに関する一般的命題を確立しようとする試みは困難にぶつかる。ところが逆に、教権制的支配の側が経済発展に対して持つ意義は、はるかに容易に定式化できる。

［28］教権制と経済的な利害対立

さしあたり教権制自身の経済的な存立条件が、特定の階級の経済的利害との典型的な衝突を引き起こす。

教会は、とりわけ広範な寄付、しかもできることなら土地財産の寄付を促すことによって経済的な自律性を確保しようとする。

教会が重視するのは、収益のための手っ取り早い活用ではなく、継続的で安定した収入であり、隷従民との摩擦をできるだけ少なくすることである。このため農民に対して教会はしばしば、私的な荘園領主に比べて、君主に似た保守的で寛大な政策をとる。

大規模な教会領は、近代においては、農民の収奪にほとんど関与していない。同様に古代の永代借地権などの、世襲借地権のような聖職者の所有権も、最初に成立したのはおそらく神殿領においてであった。

中世の修道院領、とくにシトー会の修道院領は、独自の経済を営んでいた点で、禁欲の合理的な性格に対応して、当然ながら最初の合理的な経営であった。

しかし、「死手」[1]による土地所有の普及は、土地の供給をますます制限することになり、土地購入に関心を持つ人びと、さしあたりは世俗の貴族の抵抗に遭遇する。子孫のために土地を購入する可能性がおびやかされていると、彼らは理解した。

カール・マルテルの大規模な世俗化〔教会領の還俗〕は、貴族に都合がよい、教会からの略奪であった。中世の発展がもたらしたのは、貴族が封臣ないし教会財産の管理者として、その処分権を自分たちのために確保しようとする絶えざる試みであった。近代国家による「教会土地取得制限法」[2]は、教会による土地所有の増加を制限したが、これはさしあたり貴族のイニシアティブから生まれた。

よく知られているように、さらに土地投機に対する市民の利害関心が入り込んできた。そして革命期の教会財産の大規模な没収は、主として彼らの利害関心を満たすものであった。

中世初期には、教会高官は世襲ではなかったので、実質的に最も安全な国王のレーエン〔封土〕保有者であった。そうであるうちは、政治権力は、教会領の拡大を政治的な権力手段を維持するものとして扱っていた。ところが、こうした貴族的な利害関心が政治権力にとって決定的でなければ、そのかぎりで、政治権力は一部は競争関係にあるという視点から教権制的権力に対立し、一部は重商主義的な理由から教会領や修道院領の拡大に反対した。

最も強力で最も成功したのは中国であった。中国では全僧侶が根絶され、彼らの広大な土地は没収された。それを動機づけたのは、僧侶が人民を労働から遠ざけ、怠惰で経済的に不毛な瞑想にふけるように教育している、という認識であった。

（1）「死手」(tote Hand)はラテン語の manus mortua に由来する。教会などが所有していて、永続的に譲渡や売買ができない土地を指す。

（2）原語は Amortisationsgesetze であり、Amortisation は、「やわらげる」「(減価)償却する」などを意味するフランス語の amortir に由来する。ここでは、教会および関連団体の土地取得を制限する法律のこと。「死手」譲渡を禁止することが目指されていたが、その内容は、地域によってかなり多様であった。

[29] ビザンツ様式の修道院の寄進

教権制の土地集積が自由に任されているところでは、土地が自由な流通から非常に広い範囲で排除される可能性がある。

この場合には、土地が流通しないことで、俗人の家族に有利なように土地とのつながりに聖なる不可侵性が与えられるようになることも稀ではない。とりわけビザンツ時代やイスラーム時代のオリエントに特徴的なのがこれであった。

例えば、一一世紀、一二世紀頃の典型的なビザンツ様式の修道院の寄進(Stiftung)をみれば、次のことがわかる。寄進者は大きな用地(とくに、例えばコンスタンティノープルの建築用地は価値が上がると予想される)を修道院のために寄進する。この修道院の(明確に数を限定された)修道士には、ある種のプレベンデ(俸禄)(状況によっては、修道院の外でも消費されうる!)が与えられ、(明確に限定された)数の貧しい人びとに所定の方法で食事を提供し、その他定められた宗教的義務を果たすことが義務づけられている。

寄進者の家族には修道院の管理者の地位が委ねられる。しかしそれだけでなく、さらに重要なことに、増加していく収入のなかで、固定費を上回る余剰分はすべて、しばらくの間は、寄進者の家族のものになる。こうして作られた家族世襲財産(なぜなら、実際はもちろん〔教会の財産というよりも寄進者の〕家族世襲財産だからである〕は、いまや教会の財産であり、教会の財産なので冒瀆と呼ばれることなしに、世俗の権力によって侵害を受けない。

イスラームの「ワクフ」⑴〔寄進〕地は、その規模の大きさからしてすでに、オリエントのあらゆる国家で、非常に大きな役割を果たしている。この「ワクフ」地は、そのかなりの部分が類似の意図に基づくものと思われる。なお、西洋の修道院と寄進者は、もちろんいつの時代にも、そしてつねにくり返し、貴族の子孫を扶養するという利害関心による侵害にさらされる。そして数々の「修道院改革」のほとんどすべてが、まさにこの「貴族化」の克服と教権制的目的からの離反の克服を目的としている。

（1）ワクフについては**封［19］**も参照。

［30］修道院と市民の競争

教権制が「市民」の利益と真正面から衝突するのは、修道院の商業・産業経営によってである。

神殿や修道院にはどこでも、なんといっても自然経済〔現物経済〕の時代にあっては、あらゆる種類の現物に加えて、貴金属の膨大なストックが蓄積されていた。

エジプトやメソポタミアの神殿の穀物のストックは、国家の倉庫と同じように、物価対策として使われたようである。

貴金属は、例えばロシアの修道院のように、厳密に自然経済的な条件下では、保管されたままであった。

しかし、神殿や修道院の神聖な平和は、神々の復讐への畏怖によって守られていた。このため昔から神聖な平和は、国際的・地域間的な交換取引のための近代的な土台であった。信者の贈り物と並んで、こうした交換取引からの貢租が宝庫を満たした。

よく論じられてきた神殿売春(1)の制度は、明らかに旅商人(今日でも当然ながら、売春宿の訪問者の主要な層である)の特殊なニーズと関係している。

神殿と修道院はどこでも、そしてオリエントでは最大規模で、貨幣取引に参加し、預金を受け入れ、あらゆる種類の現物や貨幣の形で利子をつけて貸付や前貸しを行い、さらに他の種類の取引仲介も行っていたと思われる。

ヘレニズムの神殿は、部分的には中央銀行として機能し、部分的には保管金庫や貯蓄銀行として機能した(中央銀行としてというのは)アテネの財宝庫のように機能したということである。それは民主主義の時代に国家の財宝に手を出そうとすることに対して抑制をかけるという利点を提供した。この抑制はある程度のものにすぎなかったが、少なくともまったく効果がないわけではなかった）。

例えば、奴隷の解放の典型的な形式は、デルフォイのアポロン〔神殿〕が奴隷を主人から「自由のために」買い取るというものであった。この場合には、アポロン〔神殿〕は当然ながら、自分の資金からではなく、神殿に預けられていた奴隷の預金からその額を支払った。神殿の金庫に預けられた奴隷の預金は、（奴隷は主人に対して民事上の権利を持っていなかったが）主人がこれに手を出すことから安全に守られていた。

神殿、およびそれと同じく中世の修道院は、まさに最も信用でき、最も安全な預け先であった。そしてその結果として債務者としての教会制度の特別な人気は、〔アロイス・〕シュルテ②が正しく強調しているように、中世には司教個人にまで及んでいた。例えば今日では、負債を抱えた少尉には罷免がちらついている。これと同じで、司教には破門という強制手段がちらついていたからである。

このように神殿や修道院が金銭ビジネスに関与することは、たしかに場合によっては俗人の商人から「競争」と受け取られた。しかし基本的には、そこまではなかったようである。

というのも、その反面で、教会、とくに教皇とその徴税人の巨大な財政力は、民間商業に、実にさまざまな形で、しばしばほとんどリスクのない、法外な利益を上げる機会を与えたからである。

この点で、とくに修道院の産業活動については事情が異なっていた。ここでは、肉体労働が禁欲の手段として一貫して行われていた(もっとも、ベネディクトゥス会則③の比較的古い実践では、肉体労働はむしろ衛生学的な意味での負荷の軽減のように理解されていた)。そして数多くの助修士や隷従民の労働力が意のままに利用できた。このため、修道院の産業労働と〔世俗の〕手工業の間で、しばしば広範囲に及ぶ競争が繰り広げられた。そしてこの競争では、前者〔修道院〕のほうが必然的に優位に立った。修道院は、独身で、禁欲的な生活を送り、このとき魂の救済のために「ベルーフに専心する」、はりつめて働く労働力に支えられ、また、合理的な分業、売り上げを確実にする良質の関係や後援に支えられていたからである。

したがって、修道院の産業は、宗教改革直前の小市民にとって、今日の刑務所での〔強制〕労働や消費組合がそうであるように、本質的なところで経済的な不満の一つであった。

宗教改革時代の世俗化〔教会領の還俗〕、さらには革命時代のそれは、教会の経営を大きく衰退させた。

（1）古代バビロニアなど。ヘロドトス(Hērodotos, c. 484 BC–c. 425 BC)の『歴史』巻一、一九九節などにもこれについての記述がある。

（2）アロイス・シュルテ(Aloys Schulte, 1857–1941)はドイツの歴史家。中世の社会・経済史、国制史を専門とした。ここでウェーバーが言及しているのは、次の研究である。Schulte, *Geschichte des mittelalterlichen Handels und Verkehrs zwischen Westdeutschland und Italien mit Ausschluß von Venedig*, Bd. 1, Leipzig: Duncker & Humblot 1900, S. 264.

（3）ベネディクトゥス会則(Regula Benedicti)は、ヌルシアのベネディクトゥスによって、五二九年にモンテ・カッシーノで創建された修道院のために書かれた。七三章から構成されている。該当箇所は手仕事(肉体労働)と読書の規則が書かれた四八章を指すと思われる。

[31] 後退する教会のビジネス、教皇庁の損失、ルルド

教会組織が自ら行う、あるいは仲介業者や事業参加を通じて行う独自事業が、今日持っている意味は、民間資本主義と比べるとかなり後景に退いている。教会装置の資金調達にとって、こうした独自事業がどれだけの意味を持っていたのかについては、現時点では確実に推し量ることはできない。このような事業参加はすべて慎重に覆い隠される傾向があるからである。

修道院は今日では、基本的に専門だけに従事している。主張されているところによれ

ば、教皇庁は〔ローマでの〕建築用地投機への事業参加で大量の損失を出し、そして間違いなくより多くを〔ボルドーでの〕見当違いの銀行設立で失った。(1)

今日でも〔今後、譲渡・売却されない〕「死手」となる譲渡や集積の場合に、教会や修道院が好んで真っ先に自分のものにしようとする傾向にある対象は土地である。

しかし産業ないし商業の事業に重心を置いて、資金が調達されているわけではない。近代国家の宗教予算、寄付、租税、手数料によって提供されないかぎりは、資金はルルド(2)〔カトリックの巡礼地〕のような事業、後援資金、寄進、大衆的な喜捨によって調達される。

(1) 一八九〇年代に、ヴァチカンは多額の損失を出している。Cf. Christoph Weber, *Quellen und Studien zur Kurie und zur Vatikanischen Politik unter Leo XIII*, Tübingen: Niemeyer, 1973, S. 261, Anm. 131.

(2) ルルド(Lourdes)はピレネー山脈のふもとにあるフランス南西部の村で、いわゆるルルドの泉で知られる。一八五八年に聖母マリアが出現し、目撃した娘が触れた岩から泉が湧いたといわれる。この水は不治の病を治す奇蹟を起こすと評判になり、多くの巡礼者がここを訪れた。エミール・ゾラ(Émile Zola, 1840–1902)の『ルルド』(一八九四年)はこの村を扱った作品である。ウェーバーも一八九七年夏にフランス、スペインを旅したときにルルドを訪問し、母ヘレーネに九月一日の日付で手紙を書いている(cf. MWG II/3-2, S. 393–404)。

［32］宗教の始まりと支配構造

しかし、教権制が経済的な領域に影響を及ぼすのは、やはり経済的なゲマインシャフトとしてよりも、支配構造として、またそれに特有の生活の倫理的規制を通じてである。そのほうが比べものにならないくらいに、影響は深くにまで及ぶことが多い。

支配構造についても、また生活の規制に現れてくる基本的な倫理的雰囲気についても、教会によって組織された偉大な宗教は、とくに始まりの時点では実にさまざまである。

例えば、イスラームは、好戦的な預言者とその後継者によって率いられた、カリスマ的な戦士ゲマインシャフトから発展した。この戦士ゲマインシャフトは、不信心者を暴力的に征服するように命じ、英雄的精神を賛美し、信仰の闘士には此岸〔現世〕と彼岸〔来世〕の両方での官能的享楽を約束した。

仏教はまさに正反対で、賢者と禁欲者のゲマインシャフトから発展した。彼らが求めているのは、現世の罪深い秩序や自分自身の罪からだけでなく、人生それ自体からの個人の救済である。

ユダヤ教は、次のようなゲマインシャフトから生まれた。彼岸を完全に度外視し、決疑論的な律法を遵守することによって、破壊された国民的な此岸の王国の樹立と、それ以外では此岸の市民的な幸福を目指し、預言者、祭司、そして最終的には神学的訓練を受けた知識人によって、教権制的・市民的に導かれるゲマインシャフトがそれである。

最後に、キリスト教は、晩餐におけるキリストの神秘的な礼拝に参加した者たちのゲマインシャフトから生まれた。このゲマインシャフトは、神の普遍的な王国を待望する終末論的な希望によって満たされ、あらゆる暴力を拒絶し、それ以外については現世の秩序に無関心であった。現世の終末はもちろん、どのみち目前に迫っていると思われていた。そしてこのゲマインシャフトは、預言者によってカリスマ的に、官僚によって教権制的に導かれる。

このように根本的に異なった始まりは、経済秩序に対する異なる態度を生み出さないではいなかった。これらの宗教の発展の運命も同様に異なっていた。しかしながら、このような異なった始まりと異なった発展の運命は、教権制が一定の方向性という点で社会・経済生活に対して類似の影響を与えることを妨げない。以上のことは、ひとたび宗教のカリスマ的な英雄時代が過ぎ、日常への適応が行われると、教権制の存立条件は重要な点ではどこでも類似しているという事実に対応している。もっとも後に述べるように(1)、一定の重要な例外もある。

（1）**教【43】【44】**を参照。

［33］資本主義への反感

教権制は、存在する権力のなかでは、型に嵌めて固定化する作用が最も強い権力である。神法（jus divinum）、イスラームのシャリーア、ユダヤ人のトーラーは、不可侵である。

他方で、神法が自由に任せている領域では、教権制は機能の仕方という点で合理的に計算可能である度合いが最も低い権力である。カリスマ的な裁判は、神託や神判、ムフティー〔イスラーム法の権威〕のファトワー〔意見書〕、イスラームの宗教的な法廷の裁判[1]といった形で、徹底的に非合理に、せいぜいのところ具体的な衡平〔公正〕に基づいて「ケース・バイ・ケース」で判決を下す。

このような法発見の形式的な要素については、すでに何度か言及している[2]。この点は度外視するとしても、教権制は、資本主義のような伝統とは異質な力に対しては、どこでも必然的に深い反感を抱いた。いくら教権制が、場合によっては資本主義などの、伝統とは異質な力のテーブルに自ら座ることがあったとしても〔妥協し、利益を受けることがあったとしても〕、そうであった。

教権制が自然な利益ゲマインシャフトを形成しているのは、伝統によって神聖化されたすべての権威である。こうした権威の独占は、資本の支配によっておびやかされようとしている。しかし教権制と権威の利益ゲマインシャフトとは別に、教権制の〔資本主義への〕反感には、後者〔資本の支配〕自体の本質に根ざす、もう一つの理由がある。最も官僚制的に合理化された教権制である西洋の教権制は、合理的な教会法に加えて、自らの利益のために合理的な訴訟手続きを発展させ、さらに、合理的なローマ法の受容に全力を投じてきた唯一の教権制である。

それにもかかわらず、教会裁判所の介入は、資本主義的関心を持つ市民層には受け入れ難く、回避されたり、公然と拒否されたりした。

（1）【用語】「カーディ裁判」を参照。

（2）**官**［**35**］、**力**［**4**］を参照。

［34］パーソナルなものを介在させない資本の支配、「主人なき奴隷制」

他のいかなる支配形式とも対照的なことに、経済的な資本の支配は「パーソナルなものを介在させない」(unpersönlich)という性格を持っているので、これに倫理的な規制をかけることは難しい。

資本の支配というのは、外見的にはたいていは、「間接的」な形式で現れる。このため人は実際の「支配者」をまったく把握できず、したがってその支配者に倫理的な要求を出すこともできない。

家長と奉公人、マイスターと徒弟、荘園領主と隷従民ないし官僚、主人と奴隷、家父長制の君主と臣民の関係はパーソナルな関係であり、提供されるサービスもパーソナルな関係の発露であり構成要素である。このため人はこの関係に対しては、倫理公準によってアプローチし、これらの関係を実質的な規範に準拠させようと試みることができる。というのも、広い余地がある限界の内部で、パーソナルで弾力的な利害関心がここには作用しており、純粋にパーソナルな意志と行為が、参加者の関係や状況に決定的な変化をもたらすことができるからである。

これに対して、実質的な「主人」である株主の利益を守る義務を負う株式会社の取締役と、その工場の労働者との関係は〔意志と行為によって倫理的に規制するのが〕非常に困難である。ましてや株式会社に融資する銀行の取締役と、融資を受ける株式会社の労働者の関係、あるいは例えば、抵当証券の保有者と、当該銀行から貸し付けられた不動産の所有者との関係は〔意志と行為によって変更できる関係とは〕まったく異なる。

「競争力」、市場（労働市場、貨幣市場、商品市場）、倫理的でも反倫理的でもなく、たんに非倫理的、いかなる倫理ともかけ離れた「事柄に即した」〔ザッハリヒな〕考察が、決定的に重要なところでの行動を決め、関係者間に個人としてはどうにもならない（unpersönlich）審級を押し付ける。資本主義は労働者や抵当証券の債務者を「主人なき奴隷制」(1)（herrenlose Sklaverei）に巻き込む。

この「主人なき奴隷制」は、制度としてのみ倫理的に議論する余地があるだけで、支配する側であれ、支配される側であれ、個人としての参加者の行動は、原理上は、倫理的に議論することができない。経済的没落はどの観点からしても無益である。こうした経済的な没落によって罰せられるという条件のもとで、参加者の行動はいかなる本質からしても客観的状況によって規定されている。そしてここが決定的なポイントであるが、参加者の行動は、パーソナルではない、事柄に即した〔ザッハリヒな〕目的に「奉仕」するという性格を持っている。

（1）「主人なき奴隷制」は、ウェーバーの資本主義理解を示す言葉として引用されることも少なくない。しかし、ウェーバー全集の編者註によると、新聞編集者・政治家のヘルマン・ワーゲナー（Hermann Wagener, 1815–1889）がすでにこのフレーズを用いている。

[35] 経済的なコスモスに対する宗教的な理念の無力、物象化とカリタス

こうした事情は、なんらかの仕方で倫理的に合理化された宗教のあらゆる教権制が掲

げる最も基本的な社会的要請と、永遠の対立関係にある。

倫理的志向の宗教意識であればどれでも、その始まりは、いつも終末論的な期待によってなんらかの影響を受けている。宗教意識の始まりには、カリスマ的な現世拒否の印がある。端的にいえば、それは経済に敵対的である。

これらの宗教意識の始まりには、労働の特別な「尊厳」という概念が欠如している。この意味でもそれは経済に敵対的である。

もっとも、後援者からの寄付や直接の物乞い〔托鉢〕で生活することができないかぎり、またイスラームのように戦闘宗教として戦士のコミュニズムから出発していないかぎり、メンバーは自らの労働によって模範的な生き方をして生活する。

〔使徒〕パウロだけでなく、聖アエギディウス[1]もそうであった。古代キリスト教会の指示も、聖フランチェスコのもともとの会則[2]〔原始会則〕も、これを推奨している。

しかし、労働そのものが評価されたからではない。

例えば新約聖書で、労働に対してなにか新しい価値が付け加えられたというのは、作り話にすぎない。

「汝の仕事にとどまれ[3]」(Bleib in Deinem Beruf)は、終末論的な動機による完全な無関心の表現である。これはちょうど「カエサルのものはカエサルに与えよ」[4]と同じである。「カエサルのものはカエサルに与えよ」は、今日好んでそのように解釈されるように、国家に対する義務を植え付けるものではなく、むしろ逆で、この領域で起こることに対して絶対的に無関心であることの表現である〔ユダヤ教諸派の立場との対立はまさにそこにある〕。

「労働」が尊ばれるようになったのは、ずっとあとのことで、最初は修道教団での禁欲の手段としてであった。

そして、土地所有についても同様で、カリスマ的な時代の宗教が持っていた観念は、完全な信奉者の場合は〔土地所有の〕拒否〔貧者への分配〕だけであり、あるいはすべての〔一般〕信者の場合には〔土地所有への〕無関心だけであった。

こうした無関心の表現は、カリスマ的な愛のコミュニズムの弱められた形式である。カリスマ的な愛のコミュニズムは、エルサレムの古代キリスト教のゲマインデ〔信徒団〕には明らかに存在していた。その形式は、ゲマインデのメンバーが、彼らの持ち物を「あたかも持っていないかのように」[5]持っているというものである。というのも、おそらくよく語られてきた伝承の意味は、このこと、つまりゲマインデの貧しい兄弟たちと無制限に、合理化することなく分かち合うことだからであり、これまで想定されてきたような、なんらかの「社会主義的」組織やコミュニズム的な「財のゲマインシャフト」[6]ではないからである（なお、このような分かち合いの結果として、伝道師たち、とくにパウロは、経済に敵対的な生活を送っている中心のゲマインデのために世界中で寄付を集めなければならなくなった）。

終末論的な期待が消滅していくと、あらゆる形式のカリスマ的コミュニズムは退潮する。カリスマ的コミュニズムは、模範的な生活を送りつつ神に従う者の特別な関心事として、修道士のサークルへと退いていく。そしてそこでも、例によって、カリスマ的コミュニズムはつねにプレベンデ〔俸禄〕化へと向かう滑りやすい坂を下っていく。

こうして、ベルーフ〔使命〕から離れることを思いとどまるように諫言し、伝道する寄食者にならないように警告することが必要になる（有名な「働かざる者食うべからず」[7]は、パウロの場合には、このような寄食者に、そしてもっぱらこのような寄食者にだけ向けられた）。

財産を持たず、労働もしない兄弟の扶養は、いまや正規の官職、つまり助祭[8]の業務になる。教会収入の一定部分（イスラームでもキリスト教でも）もそのために支出される。このほかにも、彼らを扶養することは修道士の仕事（Sache）でもあった。カリスマ的愛のコミュニズムの名残りとしては、なによりもまず、施し〔喜捨〕が神に喜ばれるという観念がある。起源は非常に異なるにもかかわらず、この観念はイスラーム、仏教、キリスト教で同じように強調された。

しかし〔愛のコミュニズムの〕残余の要素としてつねに残るのは、現世の経済秩序に対する、ある特有の信条である。この信条は比較的顕著なこともあれば、比較的色褪せていることもある。

教会はそれ自身が現世の経済秩序を利用し、これと妥協しなければならない。このため経済秩序に悪魔の創造物という烙印を押し続けることは、もはや不可能である。経済秩序は、国家と同じように、神の許しによって存在する、現世の罪に対する譲歩であり、人は避けられない運命としてこれに従わなければならない。あるいはそうでなければ、経済秩序は罪の抑制のためにまさに神によって定められた手段となる。後者の場合には、経済秩序の担い手が権力を使うのはこのような意味〔罪の抑制〕である、という信条を経済的秩序の担い手に持たせることが重要になる。

しかし、すでに述べた理由から、まさにこれ〔教会による経済秩序との妥協〕は困難に遭遇する。あらゆる資本主義的関係において、たとえ資本主義的な関係がより原始的な形式であったとしても、である。

というのも、カリスマ的な兄弟ゲマインシャフトのかつての愛の信条の残余として、仏教やキリスト教だけでなく、イスラームやユダヤ教にも、至る所で残っているものがあるからである。残っているものというのは、「カリタス」〔慈善〕、「兄弟愛」〔同胞愛〕、そしてその人に個人的に仕える奉仕者に対して主人が持っている個人的であり、家父長的である、倫理において聖化された関係である。これらは、ここで確認してきた意味での「教会」の全倫理のうちで最も初歩的な基礎である。

資本主義の成立が意味するのは、これらの理想が経済関係のコスモスに対して実際的に意味を持たなくなるということである。例えば、平和主義の理念と同じである。この理念は、初期キリスト教のあらゆる理念からの帰結であり、暴力そのものを拒否する。ところが、平和主義の理念は、究極的にはどこでも暴力に基づく、政治的な支配関係に直面して、以前から実際的には意味を持たなかった。

というのも、資本主義では、あらゆる真正な意味での家父長制的な関係はその本当の性格を剝ぎ取られて「物象化」され、これに対してカリタスや兄弟愛は、個人によって、原理的にそれらとはまったく異質の、その人の経済的「職業生活」(Berufsleben) 以外のところでのみ実践可能になるからである。

(1) 聖アエギディウス(Ägidius von St. Gilles, 640–720?) はギリシア出身の隠者。聖人として崇拝された。フランス語名は聖ジル。

(2) 聖フランチェスコが創設したフランシスコ会は当初、簡素で厳格な原始会則だけしか持っていなかったが、組織が大きくなるにつれて、第二の会則を必要とするようになった。野口雅弘『官僚制批判の論理と心理——デモクラシーの友と敵』中公新書、二〇一一年、第二章三「宗教社会学と支配の社会学——聖フランチェスコをめぐって」も参照。

(3) 新約聖書『コリントの信徒への手紙一』七・二〇。新共同訳では「おのおの召されたときの身分にとどまっていなさい」と訳されている。

(4) 新約聖書『マタイによる福音書』二三・二一、『ルカによる福音書』二〇・二五、『マルコによる福音書』一二・一七。

(5) 新約聖書『コリントの信徒への手紙一』七・二九〜三〇。

(6) 社会主義とキリスト教の関連を論じた研究としては、例えばカール・カウツキー『キリスト教の起源——歴史的研究』栗原佑訳、法政大学出版局、一九七五年(ドイツ語初版は一九〇八年)などがある。

(7) 新約聖書『テサロニケの信徒への手紙二』三・一〇。

(8) 助祭(Diakon)は、カトリック用語で、現在では、司祭に次ぐ教会の職を指す。食卓などの給仕を意味するギリシア語の *διάκονος* に由来する。

[36] 利子の禁止をめぐって、モンテス・ピエタティス

どの教会も、自分たちにとって最深のところで異質な、この非人格的(unpersönlich)権

力の台頭に対して、深い内的な不信感をもって向き合い、ほとんどの教会がなんらかの形でこれに反対してきた。

〔一方における〕利子の禁止と、〔他方における〕商品と労働に対する「公正価格」(justum pretium)を要求し、そして与えるべきであるという命令は、二つの特徴的な道徳的要求である。しかしここではこの道徳的要求の歴史を詳しく論じることはできない。

利子の禁止と「公正価格」は相互に関連しており、隣人団体の始原的な倫理に由来している。隣人団体の始原的な倫理において交換は、自己の労働によってたまたま生まれた余剰分や生産物に対する埋め合わせにすぎず、他者のための労働は、近隣の助け合いにすぎず、貸出しは、緊急援助にすぎない。

「兄弟〔同胞〕の間」では、人は価格の交渉をしない。そもそも交換するものに対して要求するのは原価(「生活に(最低限)必要な賃金」(living wage)は含む)だけである。相互の労働援助は無償か宴会でのお返しによって行われる。なくても済むものの貸出しには収益を求めず、期待するのは必要な場合の〔お互い様という〕相互性だけである。

利子を求めるのは権力保持者で、利益を求めるのは異なる部族のよそ者で、兄弟〔同胞〕はこれを要求しない。

債務者は(実際のまたは潜在的な)奴隷であるか、あるいは(アリオストにおける)「嘘つき」である。[1]

宗教的兄弟愛〔同胞愛〕は、この原始的な隣人の倫理を、宗教的な信仰仲間の間での経済関係の領域に移すことを要求する（というのも、この戒律は、もともとはあらゆるところで、信仰仲間だけに限定されていたからである。とくに申命記[2]では、そして古代キリスト教でもそうである）。

最古の貿易はもっぱら異なる部族間の商品の交換であり、商人は部族のよそ者であった。このため宗教倫理でも商人は、反倫理的ではないまでも、少なくとも非倫理的な仕事〔ベルーフ〕だという悪評を負わされていた。つまり、〔商人は〕神を喜ばすことはできない[3]（Deo placere non potest）というわけである。

こうした紛れもない関連があるにもかかわらず、利子の禁止を、消費のための貸借（Konsumtiv-Kredit）が支配しているという経済状況の「反映」として、あまりにも「唯物論的」に演繹しないように注意しなければならない。

無利子の「生産のための貸借」（Produktivkredit）は、オリエントの法では、現存する最古の契約にすでに存在していた（収量の分け前を担保にして、種まき用の穀物を貸すというものである）。

ヴルガタ版〔ヒエロニムスによるラテン語訳聖書〕での、キリスト教における利子の絶対的禁止[4](mutuum date nihil inde sperantes)〔なにも期待しないで貸せ〕は、おそらく誤った読みに基づく翻訳であろう(A・メルクス[5]によれば μηδὲν ἀπελπίζοντες (なにも疑うことなく)ではなく μηδένα ἀπελπίζοντες (だれからも希望を奪うことなく)である)。利子の禁止の実用的な適用の歴史は次のことを教えてくれる。利子の禁止はさしあたり聖職者にのみ、しかも敵に対してではなく兄弟〔同胞〕のためにのみ導入された。さらに、まさに自然経済〔現物経済〕が支配的で、事実として消費を目的とした貸借が優勢な時代に、つまり中世初期には、利子の禁止は聖職者自身によってさえくり返し無視された。これに対して、資本主義の「生産のための貸借」(より正確には営利のための貸借)が、さしあたり海外貿易で包括的な規模で機能し始めるのとほぼ同じ時期に、利子の禁止は実際に真面目に受け止められるようになった。以上が、歴史の教えるところである。

利子の禁止は、経済状況の産物ないし反映ではなく、むしろ教権制の内的強化と自律性の増大の産物ないし反映であった。教権制は、いまや教権制の倫理の基準をますます経済の制度に適用し始め、神学の発展とともに、経済の制度のための包括的な決疑論を生み出した。

利子の禁止が機能した仕方を、ここで簡単に説明することはできない。商取引が利子の禁止を甘受しえたのは、さしあたり次の理由からであった。営利貸借が要求された最も重要な場合では、リスクの大きさのために、貸借の要求は利益と損失への参加を条件としてのみ行われ、ようやくしだいにさしあたりは利益率に対して固定レートが、そしてときには公的に表の形で定められたレートが一般に流通するようになった(例えば、ピサの dare ad proficuum maris の場合などである)。[6] 生産資本の調達については、一般的にはゲゼルシャフト化の形式が、また不動産貸借の分野ではレンテ売買(土地を担保にした定期収入の売買)が、ともかくも所与の形式であった。商取引が利子の禁止を我慢できたのは、以上のような理由からであった。

とはいえ、利子の禁止は経済の法的形式のあり方に強い影響を与え、しばしば取引に大きな負担となった。商人たちは、ブラック・リストによって教会裁判所に訴えられることから自らを守った(今日では例えば取引所が差金決済取引の拒絶に対してブラック・リストを作成するように、である)。[7] また、避けられない「高利貸しの堕落」(usuraria pravitas)に対する一般的な免償は、ギルド(例えば、カリマーラ(Arte di Calimala)〔フィレンツェの毛織物商人ギルド〕)によって定期的に買い取られた。個人は人生の終盤に「良心のカネ」を支払うか、遺言でそれを約束した。公証人の工夫は、資本家のニーズに基づいて利子の禁止を回避する法的形式を発明することに注ぎ込まれた。

小市民の緊急時に必要とする融資のために、今度は教会が「モンテス・ピエタティス」(montes pietatis)〔公営の質屋〕を創設した。[8]

利子の禁止は、資本主義の発展を妨げるという意味では、どこにおいてもなんらかの最終的な成功を収めることはなかった。利子の禁止はますますたんなる取引の障害になっていった。カルヴィニズムの精神によって、利子の最初の原理的な「正当化」(サルマシウス)[9]がなされた。カルヴィニズムとの競争に直面して、イエズス会の倫理はすでに考えられるかぎりの譲歩をした。その後一八世紀に、そして最終的には一九世紀になると、教会も正式に降伏した。〔利子を禁止する〕ヴルガタ版の一節や教皇の聖座宣言があったにもかかわらずの降伏であった。

教会の降伏は、ヴェローナ市の利子付きの公債を引き受けることは許容されるかという問い合わせをきっかけとして、次のような形で行われた。聖務聖省(das Heilige Offizium)〔信仰問題を扱う教皇庁の機関〕は、今後、利子の禁止の違反については、もはや告解者にそもそも審問を行うことなく、赦免するようにと聴罪司祭に指示した。ただし、その告解者が将来、もしかしたら出されるかもしれない、聖座のいかなる反対(すなわち利子の禁止に復帰すること)の決定にも従うことが確実である、というのが条件であった。

(1) アリオスト(Ludovico Ariosto, 1474-1533)はイタリア・ルネサンス期の詩人。長編の騎士道叙事詩『狂乱のオルランド』が代表作。彼の作品には、策略や偽装によって主人にカネをもたらす奉仕者がしばしば登場する。Ariosto, *Kleinere Werke*, übersetzt und eingeleitet von Alfons Kissner, München: Georg Müller, 1909.

(2) 旧約聖書『申命記』二三・二〇～二一、『レビ記』二五・三六～三七。

(3) Cf. MWG I/18, S. 202, Anm. 52.『プロテスタンティズムの倫理と資本主義の精神』九〇頁註(2)。

(4) 新約聖書『ルカによる福音書』六・三四以下。

(5) アーダルベルト・メルクス(Adalbert Merx, 1838-1909)は、プロテスタントの神学者・東洋学者。ここでの議論は次の研究に依拠している。Merx, *Die vier kanonischen Evangelien nach ihrem ältesten bekannten Texte. Übersetzung und Erläuterung der syrischen im Sinaikloster gefundenen Palimpsesthandschrift*, II, 2, Berlin: Georg Reimer, 1905, S. 223-228. なお、メルクスによる当該部分(『ルカによる福音書』六・三五)のドイツ語訳は、Merx, *Die vier kanonischen Evangelien*, 1, Berlin: Georg Reimer, 1897, S. 120 にある。なお、新共同訳ではこの箇所は「何も当てにしないで貸しなさい」と訳されている。

(6) ウェーバーは一一六〇年の Constitutum Usus (ピサの慣習法)に注目している。彼は博士論文『中世商事会社』(MWG I/1)第Ⅳ章でこのテーマを扱っている。この博士論文には長らく日本語訳がなかったが、今日では丸山尚士によって翻訳され、「中世合名・合資会社成立史」のタイトルで「オープン翻訳」としてネット上で公開されている。

(7) ウェーバーは取引所についての論考でも、差金決済取引の拒絶(Differenzeinwand)とブラック・リスト化について書いている。Cf. MWG I/5-1, S. 507, Anm. 14.

(8) モンテス・ピエタティス(あるいはモンテ・ディ・ピエタ)は、一五世紀イタリアで、高金利でカネを貸すユダヤ人の金貸しに対して、貧民の救済を目的に設立された公益的な質屋のこと。Monte(ラテン語のmonsの複数形)は資本を意味する。当初は無利子であったが、後に低利ながら利子を取るようになった。

(9) サルマシウス(Claudius Salmasius, 1588-1653)はカルヴィニズムに改宗したフランスの古典学者であり、ハイデルベルクで法学を学んだ。クロムウェルに処刑されたチャールズ一世を擁護する「チャールズ一世のための王権の擁護」を書いたことで知られている。

[37] 西洋文化の特性は「統一文化」でないこと

「公正価格」(justum pretium)の理論の分野では、すでに後期中世の教説が最も包括的な譲歩をしており、教会独自の「経済綱領」を論じることはほとんど不可能である。教会は基本的な制度に対して真に決定的な影響を与えることはなかった。例えば、教会は、古代でも中世でも、奴隷制のような根本的に重要な制度の廃止に、教会自身からは特筆すべき重要な貢献をしていない。

教会は近代になると他の要素とともに影響を及ぼした。しかしその範囲でも、経済的な〔既成〕事実や、その後の啓蒙主義による〔奴隷制への〕抗議に遅れをとった。

宗教的な影響は他の要素と相互作用しながら決定的な役割を果たした。とはいえ、この点についても、〔教会ではなく〕ゼクテ〔教派〕、とくにクエーカー[1]の影響であった。しかし彼らもまた、自分たちの奴隷制反対〔の立場〕を、自らの実践で台無しにするようなことがかなりしばしばあった。

そしてそれ以外のいかなる点でも、教会は、そもそも教会が介入する場合ですら、都市や君主の伝統主義的な「食糧」政策の施策を基本的に支持した。

とはいえ、中世の教会の影響力は決して小さくなかった。むしろ絶大であった。

しかし、教会の影響力が及んだのは、「制度」を作ったり妨げたりする分野ではなく、信条に影響を与える分野であり、この分野でも影響は本質的にネガティブな仕方で作用した。

教会は、あらゆる教権制の図式に完全に従いつつ、〔一方の〕パーソナルで、家父長制的なすべての権威と〔他方の〕農民・小市民的な伝統主義のすべての営利という、資本主義の諸力に対立する、この両者の支柱であったし、現在でもそうである。

教会が推進する信条は、非資本主義的であり、一部は反資本主義的である。ところで「営利衝動」というのは、完全に不明瞭であり、まったく使わないほうがよい概念であるが、教会は例えばこの「営利衝動」を罪として非難するのではなく、〔修道士にのみ可能であるような〕福音的勧告に従って生きることができるようなカリスマを持たない人びとには、現世のものごと一般と同様に、それを容認する。

しかし、教会は次の二つの間に橋をかけることができない。〔一方にあるのは〕資本主義的な意味での「経営」に対する合理的で、方法的な態度である。つまり、「仕事」〔べルーフ〕の、事柄に即した〔ザッハリヒな〕最終的な目的として資本主義の利潤を扱い、ここがポイントになるが、自分自身の有用性をまさにこの意味での「仕事」によって測る態度である。そして〔他方にあるのは〕教会の倫理（Sittlichkeit）の最高の理想である。

教会は、修道士の倫理をより高次の倫理として、結婚、国家、仕事、営利における「現世内」の道徳の上に位置づけ、したがって日常の世界、とりわけ経済的な日常の世界で起こるすべてのことを、倫理的に下位の評価に貶める。

修道士に対してだけ、教会は合理的・禁欲的な生活の方法論、つまり生活全体を一つの統一された目標に向けて方向づける態度をなんとか生み出した。

このことは、西洋の教会に当てはまるだけではなく、完全に純粋な僧侶〔修道士〕の宗教として発展した仏教にも当てはまる。

俗人が教会の権威に服しているかぎりは〔仏教では、俗人が教会にお布施をするかぎりは)、教会は俗人の行いに柔軟に接する。

告解〔秘密告白〕の制度は聖職者の最も強力な権力手段であり、このような首尾一貫した形でこの制度が発展したのは、西洋のキリスト教会だけであった。教会は平信徒に対して、告解の制度を通じて、定期的に自分の罪を赦す可能性を与える。以上のことに加えて、救済アンシュタルト〔公的営造物〕のカリスマ的な性格を教会が有していることに対応して、教会は平信徒に対して、平信徒のために教会のパフォーマンスを頼りにするように指示する。これによって、平信徒がもっぱら自分自身の責任で、現世とベルーフ〔世俗の仕事〕の内部で、自分自身の人生を「方法的」に生きようとする衝動を、教会は必然的に弱める。このため平信徒は最高の宗教的理想を達成することができない。というのも、この理想は「現世」の外にあるからである。

〔それでも〕全体としては、一方では、カトリック的(中世的)キリスト教者の生き方は、例えば(さらに議論されるべき)ユダヤ人の生き方に比べて、世俗の仕事の内部では、伝統や律法に縛られることがはるかに少ない。かなりの面で、イスラーム教徒や仏教徒の生き方に比べてもそうである。

しかし、これによって資本主義にとって見かけ上の発展の自由は増すが、現世内で、とりわけ経済的な営利の世界で、方法的に「ベルーフ」〔使命〕を果たそうとする誘因を欠くので、増大した発展の自由はふたたび失われてしまう。〔世俗の〕仕事における労働（Berufsarbeit）に心理的なプレミアが付くことはない。〔商人は〕「神を喜ばすことはできない」（Deo placere non potest）〔という一節〕は、どれほど緩和されたとしても、信者にとっては依然として最後の言葉であり続けている。結果としての利潤の獲得に焦点を合わせた、パーソナルではない合理的経営に奉仕するように、信者の経済的な生き方を方向づけるという考え方に、「神を喜ばすことはできない」〔という一節〕は対立する。

依然として二元論が残っている。〔一方の〕現世を捨てることによってのみ達成できる、禁欲的な理想と〔他方の〕「現世」という二元論である。

もっとも、仏教は僧侶の宗教〔修道士宗教〕であり、また、その救済の思想の全体的な方向性からしても、「世俗の仕事の倫理」（Berufsethik）への関与は基本的にはるかに少ない。

イスラームでは地上の所有と享楽がとらわれることなく賛美される。この賛美は、戦士の宗教としての起源からイスラームに残り続けている。これもまたもちろん世俗内における合理的な、経済における仕事の倫理への誘因を生み出す方向には向かわず、そうした仕事の倫理へのいかなる萌芽も含んでいない。

皇帝教皇主義的な東方教会は、〔この点について〕そもそも明確な態度表明には至っていない。

しかし、これらオリエントの宗教と比べて、西洋のカトリックが提供した、資本主義の発展にとって比較的有利な背景となるコンステレーション〔布置連関〕は、なんといっても、古代ローマの伝統を引き継ぎつつ遂行された、教権制的支配の合理化の分野にあった。

とりわけ科学や法発見の発展の仕方に関して、その傾向が強かった。

上記のオリエントの宗教は、宗教意識の合理化されざるカリスマ的な性格を、西洋の教会よりも一貫して強く保持してきた。このことはもともと、少なくとも部分的には純粋に歴史的な運命の結果である。その歴史的運命というのは、〔一つには〕宗教ではなく、世俗権力(宗教はこの世俗権力の領域とぶつかる)が精神的・社会的「文化」の担い手であったということである。〔もう一つは〕宗教が、仏教を例外として、継続的に皇帝教皇主義の束縛を受けてきたということである。

オリエントの教会には、一元支配的なトップに行き着くような、固有にして自律的な階層構造を持つ官僚装置が欠けていた。

ロシア聖務院は、国家主導で教会高官によって純粋に官僚制的に構成されていた。ここでは総主教ニコン[2]の破局とピョートル大帝以来の総主教職の廃止以降、指揮をとる人は、国家の〔世俗の〕長官である。

ビザンツの総主教はかつて一度もこれを主張できなかった。シェイヒュル・イスラーム[3]は、たしかに理論的には、カリフが「俗人」であるために、カリフの上位に位置する。しかし、シェイヒュル・イスラームはカリフによって任命され、カリフはビザンツのバシレウス[4]と同様に(もちろん程度は変動するものの)一定の宗教的権威を享受している。仏教でそのような頂点を持っていたのはラマ教だけである。ラマ教のトップは中国のレーエン〔封土〕保有者であり、しかも先に述べた意味での化身として「カプセルに封じ込められて」いる[5]。

したがって、物事を把握しうる教義上の権威は存在しない。イスラームと同様に、オリエントの教会や仏教でも、教会のコンセンサス(consensus ecclesiae)が新しい認識の唯一の源泉である。これはたしかに、イスラームや仏教に広範囲にわたる弾力性と発展能力をもたらしたが、神学と関連した合理的・哲学的思考の形成を非常に困難にした。

最後に、〔オリエントの教会には〕西洋の教会の官職装置が訴訟の領域で作り出した合理的な司法が欠けている。合理的な司法が作り出されたのは、さしあたりは教会自身の目的のため、つまり教会にとって重要な出来事について合理的に証拠を調べるための「審問」(Inquisition) のためであった。この「審問」はさらに、世俗の司法の発展にも強い影響を及ぼした。同じように〔オリエントの教会には〕合理的な法学を土台とする法の継続的形成も欠如している。合理的な法学は、西洋の教会がローマ法に依拠しながら、一部は自らで発展させ、一部はローマ法という手本によって促進されたものである。

西洋の文化の特殊な発展の萌芽を宿していたのは、つまるところ、一方では官職カリスマと修道士の間の、他方では政治権力の封建制的・身分制的な契約国家の性格とそうした政治権力から独立し、それと交差する合理的・官僚制的に形成された教権制の間の、緊張と独自のバランスである。少なくとも社会学的な考察にとっては、西洋の中世は、他の文化がそうであったところのものが、程度においてははるかに少ない。教権制が勝利して以来のエジプト、チベット、ユダヤの文化、儒教が完全に勝利して以来の中国文化、封建制が勝利して以来の(仏教を度外視すれば、であるが)日本文化、皇帝教皇主義および国家官僚制が勝利して以来のロシア文化、カリフ制が完全に確立し、プレベンデ〔俸禄〕的・家産制的に支配が型に嵌められて固定化されたあとのイスラーム文化、そして最後に、もちろん多くの点で他とは異なった意味ではあるが、古代のヘレニズム・ローマ文化が、それぞれ程度は違うものの、それでも高度にそうであったのは、「統一文化」(Einheitskultur) であるということであった。西洋の中世は、この「統一文化」の程度がはるかに少なかった⑥。

政治権力と教権制的権力の同盟が絶頂に達したのは、西洋では二度ある。〔一度目は〕カロリング朝帝国と、ローマ・ドイツ帝国〔神聖ローマ帝国〕が最高の権力ポジションにあった一定の時期において、そしてまた〔二度目は〕一方では、カルヴィニズム的な神政政治の若干の例において、他方ではルター派とイギリス国教会の宗教改革の強力に皇帝教皇主義的な国家、そして反宗教改革の構成体の皇帝教皇主義的な国家、とりわけカトリックの大規模な統一国家のスペイン、そしてとくにボシュエ⑦のフランスにおいてである。どちらの場合も、強く皇帝教皇主義的な特徴を帯びていた。

これ以外の時代については至るところで、ちなみにその当時でさえもかなりの程度で、西洋の教権制は政治権力と緊張関係にあり、古代やオリエントの純粋に皇帝教皇主義的、あるいは純粋に神政政治的な構成体とは対照的に、当時の政治権力の力を阻む特殊な制約であった。

しかしもちろん、ここでは支配は支配に、レジティマシーはレジティマシーに、ある官職カリスマは別の官職カリスマに対立していた。そして支配者と支配される側の人たちの意識でつねに理想であったのは両者の統一であった。

氏族国家における独立した血統カリスマの形式か、あるいはレーエン〔封土〕保有者の契約によって確保されたレジティメイトな、ないしは〔それから〕派生した固有権力という形式を除けば、支配のレジティマシーの力に対抗するレジティメイトな個人の領域[8]は存在しない。

古代国家、あるいは教権制、あるいは家産制国家、あるいは皇帝教皇主義は、個人に対してどこまで権力を及ぼすか。一部はすでに言及し、一部はこれから議論すべきであるが[9]、これは純粋に事実の問題である。この問題は、主として自分たちの支配を維持しようとする支配グループの利害関心と支配の組織のあり方に依存する。

個人それ自体に有利になるような、支配権力に対するレジティメイトな限界は〔古代国家、教権制、家産制国家、皇帝教皇主義には〕存在しない。

（1）クエーカーは一七世紀中頃にイギリスで、ジョージ・フォックス（George Fox, 1624-1691）によって創始されたプロテスタントの一派。「内なる光」を重視する。正式にはフレンド派。クエーカーは礼拝中に身を震わせることに由来するあだ名であったが、のちに自称するようになった。アメリカのペンシルヴァニア州創立者のウィリアム・ペン（William Penn, 1644-1718）がクエーカーである。クエーカーは絶対平和主義で、第二次世界大戦では多数の良心的兵役拒否者を出した。また彼らは奴隷制廃止運動にも大きな貢献をした。ただし、彼らが奴隷を完全に持たなくなったのは、ようやく一八〇〇年頃のことであった。

（2）ニコン(Nikon, 1605–1681)はロシア正教会の総主教。ポーランドとの戦争で皇帝アレクセイ一世(Aleksei I Mikhailovich Romanov, 1629–1676)が不在の間、事実上モスクワの支配者となった。皇帝に対する総主教の優位を唱えたが失脚した。

（3）シェイヒュル・イスラームはオスマン帝国の宗教組織の最高位。イスラーム法の立場からスルタンを支え、掣肘した。

（4）バシレウス(basileus)は古典ギリシア語で王を意味する。ビザンツ帝国では、皇帝の意味でこの語が用いられた。

（5）「カプセルに封じ込める」(Einkapselung)ことについては、**維［12］**、**教［1］**を参照。

（6）「統一文化」は、同世代の神学者エルンスト・トレルチらによって、中世ヨーロッパのキリスト教的な文化を特徴づける言葉として用いられていた。ウェーバーはこうした一般的な理解をここでひっくり返している。ウェーバーの西洋理解については、野口雅弘『闘争と文化――マックス・ウェーバーの文化社会学と政治理論』みすず書房、二〇〇六年、第Ⅳ章「比較文化社会学における自然法」を参照。

（7）ボシュエ(Jacques-Bénigne Bossuet, 1627–1704)は、ルイ一四世の時代のフランスの神学者・聖職者。

（8）個人の領域については、ゼクテ(教派)との関連で、このあと論じられる。とくに**教［51］**を参照。

（9）**教［23］［51］**を参照。

〔38〕 教権制と市民的合理性の対立、教会傘下へと結集する伝統主義的な階層

近代の市民〔ブルジョア〕的民主主義と資本主義の発展は、教権制的な支配の条件を本質的に変化させた。

さしあたり外見上は、すべてが教権制的支配にとって不利な変化であった。

資本主義は、聖職者の抵抗を排して凱旋行進をした。聖職者の直接的な反対に逆らって凱旋行進が行われることも珍しくなかった。

資本主義の担い手である「市民層」(Bürgertum) は、そのなかでも「上層のブルジョア」層については、教権制的勢力との歴史的結合からしだいに離脱していった。教権制による生活の規制、資本主義の技術的基礎の担い手である近代自然科学に対して教権制が抱く危惧、そしてますます予測しやすくなり、支配可能になっていく生活そのものの合理主義の増大、これらはすべて、しだいに魔術的な賜物の担い手と敵対するようになり、とりわけ心の底から権威主義志向で、従来の権威を支える教権制の要求と敵対するようになった。

この場合に一緒に作用しているのは、台頭しつつある市民階層の反倫理的あるいは非倫理的で自由奔放な傾向だと考えがちである。しかし、決してそうではない。倫理的な

「だらしなさ」(Laxheit)は、封建的階層が彼らの支配に安心感を持つかぎりではあるが、つねに封建的階層に特有のものであった。教会は、告解の制度を通じて、倫理的「だらしなさ」と相当な妥協をしてきた。

むしろ最終的に教権制に敵対するのは、まさに市民的合理主義の厳格な倫理である。というのも、市民的合理主義の厳格な倫理は、教会の鍵の権力(1)、および恩恵と贖宥の施しの価値をおびやかすからである。したがってかねてから市民的合理主義の倫理は、教会によって管理された禁欲の形式に従わなければ、教権制によって異端への道として扱われた。

それどころか、資本主義と市民層の力によっておびやかされている、すべての伝統主義的な階層が、いまや教会の傘のもとに逃げ込む。伝統主義的な階層というのは、小市民層〔プチブル〕であり貴族であった。そして、自らの力に自信を持っていた君主権力が資本主義と同盟していた時代が過ぎ去り、市民層の支配欲が危険となり始めると、君主も伝統主義的な階層に加わった。

(1) 新約聖書『マタイによる福音書』一六・一九における「天の国の鍵」に由来する。

〔39〕 教権制と労働運動

市民層も、労働者階級の突き上げによって、自らの地位が下からおびやかされるようになった瞬間に、これと同じ道をたどる。

資本主義が資本主義そのものとして、ひとたび安泰になると、教会はこれと折り合いをつけた。この点については、ケテラー[1]から今日に至るまでの、ドイツ中央党[2]の発展を参照すれば十分である。教権制自体も資本主義に歩み寄った。

たしかに教権制は、「キリスト教的」な、つまり教権制によって導かれる「社会主義」に、経済における終末論的希望を託すこともあった。この場合に「社会主義」の名のもとで理解されていたのは、実にさまざまな形式のユートピアであったが、そのほとんどは小市民〔プチブル〕的な形式であった。こうして教権制は市民的経済システムに対する信頼を掘り崩すことに貢献した。

しかし、労働者運動に典型的で、ほとんど不可避的でもある権威への敵対心は、教権制の態度を変える。

近代のプロレタリアートは小市民ではない。

近代のプロレタリアートの存在をおびやかすのは、魔術的に支配されるべきデーモンや自然の暴力ではなく、合理的に見通すことが可能な社会的な条件である。

労働者階級のなかでも経済的に最も力のある層は、しばしば教権制の指導をバカにして拒否するか、あるいは教権制が無料の利害代表をしてくれるかぎりは、そのようなものとしてこれを甘受する。

資本主義秩序は壊れそうもないということが明らかになればなるほど、教権制の利害関心は、新興の権威を持つ勢力との妥協を求めるようになる。

教権制は、自然な倫理的関心に応じて、カリタス〔慈善〕に開かれた、パーソナルで権威的な隷従関係の方式で、企業家に対する労働者の資本主義的な従属関係を形成しようとする。このために用いられるのが、とりわけプロレタリアートによる権威に敵対的な運動の自由を阻むような「福祉施設」の推奨である。また、可能であれば、権威に敵対的な階級意識の出現に好都合な工場内での結集に対抗して、少なくとも見かけ上は「家族の絆」と労働関係の家父長制的性格に好都合な家内工業を促進することも行われる。

教権制は、ストライキという権威に敵対的な闘争手段や、それに奉仕するすべての社会的構成体に対して、深い内面的な疑念を抱く。この疑念が最大になるのは、ストライキやその社会的構成体から、自分たちの利害関心にとって有害な、信仰の相違を超えた連帯が生まれるおそれがある場合である。

（1）ヴィルヘルム・エマヌエル・フォン・ケテラー（Wilhelm Emmanuel Freiherr von Ketteler, 1811-1877)はマインツの司教・政治家。ビスマルクによる文化闘争におけるカトリック側の代表的な論者であるとともに、カトリック的な社会政策の理論家でもあった。

(2) 中央党は第二帝政期・ワイマール期のドイツのカトリック系保守政党。ビスマルクによる文化闘争に激しく抵抗したが、一八七九年以降は政府と協調関係をとり、しだいにブルジョア的な利益政党の傾向を強めていった。ワイマール時代にはいわゆるワイマール連合の中心的な存在になった。

[40] 近代民主主義と教権制

近代民主主義それ自体の内部で、教権制の存立条件は変化していく。政治権力や敵対する社会的勢力に対する教権制の権力ポジションは、民主主義では、教権制の意志に従う義務を負う議員の数によって決まる。教権制は、他のすべての政党と同じ手段で、一つの政党組織を作り、デマゴギー(大衆扇動)を行うしかない。

この必要が官僚制化の傾向を強化する。教権制的な装置が政党官僚制の機能に十分に対応するためである。

大衆の集団が闘争するときにはいつもそうであるように、一方では政治闘争とデマゴギーにとって決定的な意味を持つ要因である権力ポジションがあり、他方では中央権力という権力ポジションがある。この二つの権力ポジションが、古い〔司教・祭司の〕地方権力を犠牲にして増大する。

手段には、大衆扇動を狙った対抗宗教改革の創造者たちが当初から用いていたような、特別に感情的な信心の手段も含まれていた。しかしこれを除けば、手段は他の大衆政党が用いるものと似たようなものであった。教権制によって導かれる協同組合(Genossenschaft)の創設(例えば、〔金融〕ローンの供与が〔教会の〕告解証明書を条件にしてなされる、あるいは少なくとも信用度を宗教的な生き方と一体にするなど)、労働者組合、ユース〔若者〕組合の創設、そしてなによりも当然のことながら、学校を支配することが、その手段である。

国立学校の場合には、授業に対する教権制による統制を要求したり、あるいは修道士が運営する学校によって、国立学校よりも安値〔の学費〕を付ける競争が行われたりする。刑法や民法上の特権、〔建物や施設を持たない〕「移動」教会への経済的供与など、政治権力との伝統的な妥協は、可能なかぎり維持される。教会が規制する生活のあらゆる領域で国家権力が〔教会に〕従属することは、本来的に神がお望みのことだとみなされる。

選挙で選ばれた議員に権力を委ねる民主主義でのみ、教権制は「国家と教会の分離」

とも折り合いをつけることができる。

「国家と教会の分離」として理解できるものは、よく知られているように、実にさまざまである。状況によっては、教権制が獲得した移動の自由と支配からの解放が、教権制に〔それまでの〕形式的な特権の喪失を上回るほどの〔大きな〕権力ポジションを可能にすることもある。

すでに〔「国家と教会の分離」の〕外見上の最も重要な経済的帰結がそうである。その帰結というのは〔教会に対して特権的に与えられていた〕文化予算のカットである。〔憲法上は〕政治権力が特定の宗教と絶対的に断絶している国、つまりアメリカでは、カトリックが多数を占める地方議会が、教権制によって運営される学校にいくらかの補助金を与え、それによって潜在的な「文化予算」を、教権制にとってははるかに都合のよい形式で再導入している。[1] 文化予算のカットは、この試みを妨げることは決してない。

さらに、土地や財産の集積が自由に任される場合には、おそらくゆっくりではあるが、不断に、「死手」[2]〔永久的に譲渡・売買されない不動産〕の所有が拡大していく。これは過去と同様に現在でも確実である。

当然のことながら、教権制の支持者の結束の固さは、ドイツのように対抗勢力に囲まれて、宗派が混在する国で最も強くなる。これとともに、ベルギーのように、農業・小市民〔プチブル〕の住民が住む地域と産業に従事する住民が住む地域の地理的な分離が顕著なところでも、教権制の支持者の結束は固い。

このような国々では、教権制の影響は、市民層、そしてとりわけ労働者という、資本主義の地盤から生まれた階級の支配に一貫して対立する。

（1）一七九一年に採択されたアメリカ合衆国憲法修正第一条で、国教を樹立する法律の制定が禁止された。しかし、国教の禁止は、それぞれの地域で、市民社会からの要望やニーズに応えることを妨げるものではない。ニューヨーク市などでは、カトリック系の学校や福祉施設に対して多額の予算が支出されていると、ジェームズ・ブライスも『アメリカ共和国』で論じている。ウェーバー自身も一九〇四年にアメリカを旅行した際に、同種の話を聞いたのかもしれない。Cf. James Bryce, *The American Commonwealth*, Vol. II, 2, Aufl., London, New York: Macmillan, 1890, S. 573.

（2）**教[28]**を参照。

[41] 信仰の分裂、市民層の宗教意識

西洋における信仰の分裂は、教権制の位置づけに強い変化をもたらした。信仰の分裂を規定している事情の一つは、間違いなく経済的なものである。

しかし〔経済的事情の影響は〕全体としては間接的でしかない。

もっとも、農民たちが〔プロテスタントの〕新しい教説に関心を持ったのは、基本的には聖書に根拠を持たない貢租や義務から土地を解放するという観点からであった。今日のロシアの農民たちがしていることもこれと同じである。

これに対して、市民層の直接的な物質的利害関心は、最も本質的なところでは修道院の商売との対立に深く関わっており、それ以外のすべては二次的なものに留まっていた。利子の禁止はどこでも争点として話題にすらなっていない。

外面的には、ローマ教皇庁の権威が弱体化したせいである。この弱体化をもたらしたのは、分裂〔シスマ〕（それ自体は政治的に条件づけられたものである）、およびこれによって力を得た〔教皇よりも上位に公会議を位置づけようとする〕公会議運動であった。公会議運動は、遠隔の北欧諸国ではただでさえ弱まっていた教皇の権威をさらに弱めた。

さらに、地方のプフリュンデ〔俸禄〕の授与に対する教皇の干渉や教皇の税制・役得の制度に反対する、君主・諸身分の闘争が継続的に行われ、成功を収め、この闘争が教皇の権威を弱めた。君主権力は、行政の合理化の進展とともに著しく強大化し、皇帝教皇主義化・世俗化〔教会財産の還俗〕の傾向を示した。教会権力が「改革」の傾向に対して自らを閉ざして以降、教会の伝統は、知識人階層や身分・市民のサークルで信用を失った。これらのことも、教皇の権威を衰退させた。

しかし、こうした解放の傾向は、宗教的に規定されることから生活全般を解放したいという衝動によってもたらされたわけではまったくなかった。教権制的な生活の規制を弱めようとする欲求によってもたらされたのは、ほんのわずかの部分にすぎなかった。ましてや論外なのは、教会のなんらかの「現世への敵対性」が、人生の開放性、「人格」の自由、そして場合によっては美や人生の楽しみを渇望する社会によって、手足を縛る鎖だと感じられていたとする考え方である。この点では、教会の実践は他に望むべきものをなんら残していない。

まさにこの反対が正しい。それまでの教権制の影響による生活への宗教の浸透は、改革者たちにとってはまったく不十分であった。しかもこれが最も当てはまっていたのは、まさに市民のサークルであった。

教皇の制度に対する最も原理的な敵対者である再洗礼派[1]とその関連のゼクテ〔教派〕は、今日の私たちには想像もつかないような生活統制、禁欲、教会規律を自らに課していた。教会はこれほどまでの生活統制、禁欲、教会規律を信者に対してあえて要求するなどということはかつて一度もなかった。

教権制は不可避的に地上の諸々の権力と妥協し、そして罪と妥協した。まさにこの妥協こそが衝突の決定的な争点となった。

プロテスタントの禁欲的な傾向は、市民層が社会的力を持っていたところではどこでも支配権を獲得した。〔これに対して〕(当時)貴族や王侯の権力が優勢であったところでは、最も禁欲的でない改革教会、つまりイギリス国教会とルター派が支配権を獲得した。

市民層はそもそも強烈な宗教的な感受性を備えていた。そしてこのような市民層の敬虔は特殊な性質を有していた。彼らの労働の仕方に対応して、市民層は合理的な倫理をいっそう強く持ち合わせていた。また神の前での「正当化」(Rechtfertigung)の問題に、市民層はより熱心に取り組んだ。以上のことは、彼らの生き方に対応している。市民層の生き方は、農民に比べると、自然の有機的過程によって決定されることが少ない。伝統的な教会の装置に対抗して、市民層は改革派の説教師たちの味方になった。こうさせたのは、まさに市民層の敬虔さが有していたあの特殊な性質であった。市民層はかつて皇帝主義に対して教権制の味方になり、在俗聖職者に対して托鉢教団の味方になった。これとまったく同じであった。

市民層は、もし教会内の改革運動が自分たちの倫理的要求を満たすものであったとしたら、教会革命ではなく教会内の改革運動を好み、そして断固としてこれを受け入れたことであろう。

ただし、ここで教権制には一定の難点があった。この難点は、いまや歴史的となっていた教権制の組織の形態の様式と、教権制の具体的な権力利害とに関連していた。このような難点を適切なタイミングで取り除くことに、教権制は成功しなかった。

よく知られているように、信仰の分裂の過程では、経済的な、なによりもやはり政治的な個別のコンステレーション〔布置連関〕が強く影響する。しかし、究極的にはやはり宗教的な動機が重要な意味を持つ。このことは見落とされてはならない。

（1）再洗礼派は、ドイツのプロテスタントの急進派。幼児洗礼を否定し、自覚的な信仰告白ののちに行われる洗礼を主張した。ウェーバーはプロテスタンティズム研究で（再）洗礼派について次のように書いている。彼らは「救いの手段としての一切の聖礼典を根本から完全に無価値なものとし、こうして宗教による現世の「呪術からの解放」を徹底的に成しとげたのだった」(MWG I/18, S. 398.『プロテスタンティズムの倫理と資本主義の精神』二六七頁)。

［42］ルター派

宗教改革(Kirchenreformation)も宗教改革で、経済発展に非常に強い反作用を及ぼした。しかし、この作用は新しい宗派の性格によってさまざまであった。

資本主義の地盤で育った階級、つまり市民層とプロレタリアートに対するルター派改革教会の立場は、カトリック教会の立場とは程度が違うだけで、原理的な違いはない。

経済生活についてのルターの立場は、厳格に伝統に縛られており、「近代性」[1]（Modernität）の基準で測るならば、フィレンツェの理論家たち[2]の見解のはるか後方にいる。そしてルター派教会は、完全に明示的に〔聖書の〕言葉を告げるために召された牧師の官職カリスマを基礎にしており、神の定めた支配機関に対する反抗は、それがどんなものであってもすべて教会の敵であった。

影響という点で経済的にも最も重要な革新は、現世内的な道徳や世俗的な社会秩序より上位にある「福音的勧告」[3]を取り除いたこと、つまり〔自らの〕行い・業績を神聖化する[4]という無益で危険な現れとして修道院と修道士的禁欲を否定したことにある（ちなみに、これはルターにとって当初から確定していたわけではない）。

それ以来、キリスト教の徳は、結婚、国家、職業など、現世とその秩序の内部でしか、実践できなくなった。

教権制は機能せず、ゲマインデ形成の試みもうまくいかなかった（後者の試みの失敗は、もちろん政治・経済的なミリュー〔環境〕によっても規定されていた）。そして〔聖書の〕言葉を義務によって管理する救済アンシュタルトとしての教会の官職カリスマ的性格も、根本的に維持された。このためルターの場合には、純粋な教説（すべてがここにかかっている）を秩序正しく述べ伝えることに心を配るという任務は、政治権力の手に与えられた。このように構成された皇帝教皇主義は、宗教改革期の大規模な世俗化〔教会財産の還俗〕によって経済的に著しく強化された。

（1）ウェーバーはしばしば「モダニティー」の社会理論家として紹介されるが、彼自身がこの言葉を用いることはほとんどない。ここでも括弧を付けて用いている。

（2）ウェーバーがここで「フィレンツェの理論家」としているのは、主として、ドミニコ会士で、倫理神学・キリスト教社会倫理の創設者といわれるフィレンツェのアントニヌス（Antonin von Florenz, 1389–1459）を指す。なお、『プロテスタンティズムの倫理と資本主義の精神』では、同時代のフランシスコ会神学者シエナのベルナルディヌス（Bernhardin von Siena, 1380–1444）にも言及されている。Cf. MWG I/18, S. 197, Anm. 51.『プロテスタンティズムの倫理と資本主義の精神』八六頁。

（3）**教［17］**を参照。

（4）ウェーバーが用いているドイツ語の原語はWerk（英語のwork）とheilig（神聖な）が結合したWerkheiligkeitである。大塚久雄は「行為主義」、折原浩は「わざ誇り」と訳している。Cf. MWG I/18, S. 316.『プロテスタンティズムの倫理と資本主義の精神』一九一頁、折原浩『マックス・ヴェーバー研究総括』未来社、二〇二二年、二五七頁。

[43] カルヴィニズム

本来の意味での「救済」宗教であればどの宗教でも、結果において、なんらかの形式で共通して持っているのが、反資本主義的な信条と社会政策である。しかし他方で、お互いの違いはあるものの、この点〔反資本主義的な姿勢〕についてこれとはまったく異なる行動をとる二つの宗教ゲマインシャフトが孤立して例外として存在する。その宗教ゲマインシャフトというのは、ピューリタニズムとユダヤ教である。

本質的に禁欲的プロテスタントのゲマインシャフトをすべて含む、最も広い意味での「ピューリタン的」な宗教ゲマインシャフトでは、ただ一つだけが「ゼクテ」ではなく、本書で私たちが使ってきた社会学的意味での「教会」、すなわち教権制的な「アンシュタルト」〔公的営造物〕である。それはカルヴィニズムである。

この教会の内的な固有の性格は、カトリック教会はもちろん、ルター派教会やイスラーム教会など、その他のどの教会ともかなり異なっている。

紙幅の都合上、致し方なくあえて極端な定式化の仕方をすれば、カルヴィニズムの教会の理論は次のようにまとめることができるであろう。厳格なカルヴィニズムの基本的ドグマは予定説である。カルヴィニズムの教会が財の提供者であるということ、そして、その財を受け取ることが受け取り手の永遠の救済になんらかの意味を持つということを、予定説は原理的に排除する。

同様に、信者自身の行動のあり方が、その人の彼岸における運命となんらかの関係がある、という考えも予定説は排除する。というのも、彼岸における運命は、測りがたく変更不能な神の決定によって永遠の彼方から定まっているからである。

祝福を予定されたる者は、その人自身のためには、そもそも教会を必要としなかった。教会の存在や、また（本質的なすべての点で）教会の組織のあり方は、もっぱら神の積極的な命令に基づいている。神の命令に基づいているのは、その他のすべての政治的・社会的秩序、および信者のすべての社会的義務と同様であり、同じ意味である。神の積極的な命令は、その理由について私たちは知らないが、聖書において最終的に、そしてあらゆる本質的な点について網羅的に開示されており、個別の事柄についてはこの目的のために私たちに与えられた理性によって、補足され解釈されるべきものである。教会の存在と組織が奉仕するのは、魂の救済と罪人の愛のゲマインシャフトでは決してなく、究極的にはもっぱら神の栄光と名誉を高めるためである。つまり教会の存在と組織が奉仕するのは、ある種の冷たい神的な「国家理性」である。

教会は救いに定められた者のためだけでなく、永遠の断罪に定められた者のためにも存在している。両者にとって教会が存在するのは、もっぱら神の栄光を讃えて罪を抑制するためである。この罪は等しくすべての人間に共通しており、等しくすべての被造物を神から区別する。このとき神と被造物の分断は深く、そして架橋不可能である。要するに、教会は懲罰のための鞭であり、救済アンシュタルト〔公的営造物〕ではない。

魔術的な救済財を要求しようとする考えは、どんなものでも、神の定めた確固たる秩序に、愚かにも手を触れることである。教会はそのような救済財を意のままにできない。教会はそれ自体として、ここでは完全にカリスマ的な性格を剝ぎ取られ、一つの社会的なアンシュタルトになっていることがわかる。もっとも、教会を現実化することは、神法上の義務であり、また教会はその他のいかなるものに対しても最も高い尊厳を持ち、その組織形式の点で神によって定められた唯一のものでもある。

しかし、これを除けば、結局のところ、同じく神の意志に基づく国家を実現するという社会的義務や、信徒の世俗的な「ベルーフ」義務がそうであるものと、教会は原理的になんら異なるところはない。

これらの義務は、カルヴィニズムの場合には、他のいかなる「教会」とも異なって、現世の社会秩序の内部で可能な倫理を超えることによって、修道士のような仕方で、特有の恩恵の状態を自分たちのために作り出すことに本質がある、というのではない。というのも、このような試みは〔神の〕予定の前では無意味だからである。そうではなくて、信徒の義務は、一方では現世の社会秩序で、他方では「ベルーフ」で、神の栄光のために働くことに尽きる。「ベルーフ」の概念は、すべてのプロテスタント国において聖書の翻訳に由来し、カルヴィニズムでは、資本主義的な事業から得られる正当な利潤という意味をかなり明確に含んでいる。

こうした利潤とそれを達成する合理的な手段は、カルヴィニズムが一貫して発展していくにつれて、ますますよりポジティブな光が当たる場所へと移動していった（ただし、このようなカルヴィニズムとカルヴァン自身の立場は同じではない）[1]。祝福が予定されているのか、断罪が予定されているのか。この予定は究めがたく、不可知でもある。この状態は信徒にとって、当然のことながら堪えがたかった。信者は「救いが確実であること」（certitudo salutis）、つまり自分が〔救われることが〕予定されている者に属しているという徴候を求めた。ただし、世俗外の禁欲は拒否されていた。このため、信者が予定の徴候を見いだすことができたのは、一方では、被造物の衝動をすべて抑えて、厳密に正しく、理性に合致した仕方で行為しているという意識であり、他方では、神がその人の働きを目にみえる形で祝福しているという事実〔利潤を生み出しているという事実〕であった。

カトリック的な仕方での「善行」は、神の不変の決定に対しては、至福であることの「実在根拠」(Realgrund)としてまったく意味を持ちえなかった。これに対応して、個々人自身にとっても信徒のゲマインデにとっても、現世の秩序における個々人の道徳的行動と運命が、その個人が恩恵を受ける状態にあることの「認識根拠」(Erkenntnisgrund)として、いまや無限にまで重要になった。

恩恵が与えられるのか、それとも断罪されるのか。全人格の評価が問題であった。告解や赦免もその人を免罪し、神に対するその人の境遇を変えることはできない。カトリックのように、個々の「善き」行為が犯した罪を償うということもなかった。このため個人が自分の恩恵の状態に確信を抱くのは、その人が、自分の行動全体で、自分の生き方の「方法的」原理という点で、自分が唯一の正しい道を歩んでいる、つまり神の栄光のために働いていることを意識している場合のみであった。

こうして、「方法的」生活、つまり禁欲の合理的な形式が、修道院から現世に移される。

禁欲的な手段は〔修道院でも現世でも〕原理的には同じである。自己または他の被造物すべての虚しい自己神格化を拒否すること。封建的な傲慢さを拒否すること。芸術や生活の無邪気な享楽を拒否すること。「軽薄さ」および金銭と時間の怠惰な浪費をすべて拒否すること。官能的なことに耽ること、あるいは、神の意志と栄光への合理的な志向、言い換えれば、自分の仕事〔ベルーフ〕および神によって定められた社会的なゲマインシャフトでの合理的な労働への合理的な志向から意識を逸らすような、なんらかの事柄に従事することを拒否すること。以上が禁欲的な手段である。

すべての封建的な見せびらかしとすべての非合理的な消費一般を切り捨てることは、資本の蓄積と、財産をつねに新規に活用する方向に作用する。また「現世内的禁欲」は全体として、資本主義(と官僚制)が必要とするような「仕事人間」(Berufsmenschentum)の育成と賛美の方向に作用する。

生活の内容の全般が、人にではなく、「事柄に即した」〔ザッハリヒな〕合理的目的に向けられる。カリタス〔慈善〕すらも、神の栄光を増大させるための、ザッハリヒな貧民救済事業になる。

そして、労働の成功は、神の意にかなっていることの最も確かな徴候であるので、資本主義的な利潤は、神の祝福がその事業に宿っていることを知るための最も重要な認識根拠の一つである。

こうしたライフスタイルは、明らかに、「市民」の営利労働そのものにとって、可能であり、かつ一般的となっている自己正当化(Selbstrechtfertigung)の形式と最も密接に触れ合い、それどころかまさに一致している。自己正当化の形式というのは、金銭的な利潤と所有は自己目的ではなく、自分自身が優れていることの尺度であるという考え方である。宗教的な要請と、資本主義に好都合な市民的ライフスタイルとの統一が達成された。

以上のこと、とくに貨幣の獲得を奨励することがピューリタン的倫理の目的であり、意味であった、ということでは決してない。まさに逆である。ピューリタンの場合でも、どのキリスト教諸派でもそうであるように、富それ自体は危険で誘惑の多いものと考えられている。

しかし、修道院が、まさに修道院のゲマインシャフトの一般構成員(Gemeinschaftsgenossen)による禁欲的で合理的な労働と生き方によって、自分たち自身に対して富の誘惑をくり返し呼び起こしたように、今度は敬虔で禁欲的に生き、禁欲的に働く市民が、この誘惑を自分たちに呼び起こす。

(1)　レオ・シュトラウス『自然権と歴史』塚崎智・石崎嘉彦訳、ちくま学芸文庫、二〇一三年、九二〜九四頁を参照。

[44]　ユダヤ教

ユダヤ教は、純粋に形式的にみれば、「教会」として分類されなければならない。ユダヤ教は〔人が生まれながらにしてそれに仕える〕「アンシュタルト」〔公的造営物〕として組織されており、宗教的に特別な資格を持つ者の〔自発的〕結社〔アソシエーション〕として組織されてはいないからである。

しかし、多くの点でユダヤ教に固有の特徴は、カルヴィニズムの特徴以上に、他の教権制の特徴とは異なっている。

カルヴィニズムと同じくユダヤ教は、魔術的なカリスマを欠き、救済アンシュタルトのような恩寵財や修道院も欠いている。ユダヤ教では個人の神秘主義が、神に喜ばれ、神へと至る宗教的な達成として位置づけられている。ただし、こうした個人の神秘主義は、キリスト教のような官職カリスマに対する強い緊張には、かならずしもつながらない。

神殿が崩壊して以来、祭司も「礼拝」も存在しない。ここでの「礼拝」は、古代ユダヤ教が他の宗教と共有していた、信者のためのアンシュタルト的な聖なる儀式という本来の意味である。これに対して存在しているのは、説教、祈り、歌、聖書の朗読や解釈のための集まりだけである。ユダヤ教で官職カリスマに対する強い緊張が生じないのは、こうした事情からである。

したがって〔ユダヤ教において〕決定的な宗教的パフォーマンスを成し遂げなければならないのは、アンシュタルトそのものではなく、個人が神の律法を厳格に守ることによってである。こうした律法の遵守の背後にあって、その他すべての意味は後退する。そして律法の遵守は、ユダヤ教では、ピューリタンの場合のように神の祝福の獲得の認識根拠ではなく、実在根拠である。ここでの神の祝福は、現世での自分の人生、自分の子孫や自分の民族の人生に恩恵をもたらすであろうものである。

これに対して、ユダヤ教は個人の不死の信仰を遅くなってからようやく受け入れた。そして終末論的な希望は世俗的な性質であった。

経済的な信条の決定に宗教が作用しているかぎりで、さしあたり救済の期待を現世的なものに転換することが経済的な信条にとってきわめて大きな意味を持った。この点ではピューリタニズムと同じように、現世的なものへの転換は、個人の労働のきわめて特別な経済的成功によって神の祝福が証明されると考える。

次に、生き方の高度に合理的な性格〔が重要〕である。こうした生き方の合理的な性格は、その他の要因もあるが、少なくとも宗教的な教育の性格によって強く影響されている。

この点でも、ユダヤ教はプロテスタントと共通するところが大きい。カトリックでは、救済アンシュタルトがカトリック信徒を支えてくれるので、信徒にはドグマや聖典の詳しい知識は不要であり、救済アンシュタルトの権威を信じて、それが命ずることを全面的に信じる心の準備があれば、それで十分である（「黙従的信仰」（fides implicita）である）。ここで信仰とは教会への服従の一形式である。教会の権威は聖典に基づいてはいない。逆に教会の側が信者に対して聖典の神聖性を保証する。この神聖性を、信徒自身は吟味しえない。

　これに対して、ピューリタンと同様にユダヤ人にとっては、聖書は個人を拘束する律法である。個人はその律法を知り、正しく解釈しなければならない。

　ユダヤ人はトーラーの知識とその決疑論的な解釈を前代未聞の徹底さで教育する。この徹底さは以上のことの結果である。プロテスタント、とくに敬虔派が小学校設立に示した熱意もこれと同様である（プロテスタントの敬虔派の場合には、「自然科学的な知識」（Realien）への特徴的な偏愛がこれに加わる）[1]。この結果生じる思考の規律化は、疑いなく合理的な経済的信条を促進し、そしてユダヤ人の場合には、彼らに特徴的な弁証法的合理主義一般を促進する。

　これに対し、第二の戒律[2]〔偶像崇拝の禁止〕は、造形芸術の完全な萎縮という帰結をともないつつ、感性〔官能〕の芸術的昇華をはるかに後退させ、感性の自然主義的で合理的な取り扱いを促す。このような取り扱いは、禁欲的プロテスタンティズムにも特徴的である。ただし、禁欲的プロテスタンティズムの場合は、感性のリアリティに対する譲歩は〔ユダヤ教よりも〕少ない。

そして、いかなる形式であれ、「被造物神格化」を厳しく拒絶することは、ユダヤ教でも、そして禁欲的プロテスタンティズムでも、「市民的」生活スタイルの方向に向けて合理化する形で作用を及ぼし、結果として封建制に特有の「経済的な無頓着さ」に対するあらゆる譲歩に反対の作用を及ぼす。

すべての市民的な営利を肯定的に評価することは、すでにミシュナ(3)でも完全に確立されている。

ユダヤ教は特別に都会的で、その際に絶対的に同化不可能であり、そして国際的である。このようなユダヤ教の性格は、古代にもすでに存在し、後世でも同じであった。この性格は、一方では、儀礼的な動機に基づいている。割礼が知られていない世界でも割礼にこだわること、食事の戒律のために屠畜者が不可欠なことが、そうした動機である。これゆえに、今でも正統派のユダヤ人にとっては、個人で分散して生活することはありえない。また他方でユダヤ教の性格は、教権制的な公的団体のラディカルな否定とメシア的希望に基づいている。

（1）別のところでウェーバーは、敬虔主義のシュペーナーにとって、厳密科学は「神への道」でもあったと指摘している。Cf. MWG I/17, S. 91-91.「仕事としての学問」五二頁／『職業としての学問』四〇頁。

（2）旧約聖書『出エジプト記』二〇・四。

（3）ミシュナはタルムードの中心部分で、ユダヤ教のラビによる口伝を集成したもの。

［45］「人種的」要因

ユダヤ人の宗教意識の固有の性格が、ユダヤ人の経済的な信条に及ぼす影響は、おそらくこの程度であろう。

それ以上の影響があるかどうかについては、おそらく述べることは難しい。その運命の点で比類のない異民族の特別な意味は、それ以外の点では、主としてその歴史的運命と特殊な状況によって説明されるべきである。というのも、いくつかある要因の一つとして「人種的」要因が、なんらかの意味ではたしかに存在するとしても、理解可能な仕方では証明できないからである。

[46] メルクスとゾンバルトへの反駁、誓約連合

ここでも、注意が必要である。

メルクス[1]はイスラエル人の法をベドウィン[2]の法として説明し、ゾンバルト[3]は彼らの性格をこの条件への適応として説明した。しかしイスラエル人は、そのように説明できるような「砂漠の民」であったことはかつてなかった。

イスラエル人が「砂漠の民」であったかもしれない時代には、アラブの砂漠にはラクダも馬も存在しなかった。

彼らの最古の歴史文書(デボラの歌[4])は、それよりあとの時代の伝統と同様に、彼らが山岳部族からなる誓約連合[5]であったことを示している。この山岳部族は、スイス人やサムニウム人[6]のように、カナンやペリシテの都市に定住する(戦車で戦う)貴族の支配の試みに対して、歩兵として戦って何度も防衛に成功した。そしてついには、スイス人、一時的にはサムニウム人と同じように、近隣の都市の一部を征服し、スイス人がアルプス山脈を、サムニウム人がアペニン山脈の峠道を支配したように、エジプトからメソポタミアへと至る商業路を支配した。

ヤーウェのような山上で崇拝される神にとって、最も高い山であるシナイは、しかるべき場所である。

（私には可能だと思えるが）エジプトからの脱出〔出エジプト〕の現実性が否定されうるとするならば、「エジプトの下僕の家」からの救済は、おそらくはエジプトを模して作られたイスラエルの王国の賦役国家を払い除けることであろう。祭司層が非難していたのは、このイスラエルの王国であった。

さらなる発展は、教権制の発展、とくに外国の支配下での教権制の発展によって、とりわけすべての血のつながりがないものを絶対的に排除することによってもたらされた。〔ユダヤ人が〕貨幣取引、次いで商品取引へとしだいに専門特化するに至るのは、ディアスポラ〔離散〕の所産である。しかしそれはすでに昔からであった。異民族の環境世界にとって、ユダヤ人の存在が不可欠であるというのも、同様に昔からである。ローマ帝国でユダヤ人が置かれた状況は、すでに中世のそれと本質的に類似している（キリスト教徒は皇帝崇拝を強制されたが、ユダヤ人は免除されていた。この意義を考えてみて欲しい）。

ユダヤ人の手工業はアラブ〔支配下〕のスペインに存在していたし、今日、オリエントや（もちろん、やむをえずではあるが）ロシアにも存在している。十字軍の時代には一時期ではあるが、ユダヤ人の騎士団がシリアに存在した。このように、ユダヤ人の経済的な専門特化は、周囲の世界とのコントラストが強くなるにつれて高まるように思われるが、これらはいずれもやはり例外である。

ユダヤ人の法は有価証券の近代的形式の発展にとってとくに有利であった、とゾンバルトは推測している。しかしこれは証明できないように、私には思われる。むしろ逆に、ユダヤの商法はビザンツから強い影響を受けた(そしてもしかしたら、ビザンツを媒介としてオリエント全般から影響を受けた)可能性もある。

(1) Cf. Adalbert Merx, *Die Bücher Moses und Josua*, Tübingen: J. C. B. Mohr (Paul Siebeck), 1907, S. 35.

(2) ベドウィンは、アラビア半島や北アフリカなどの砂漠にテントを張り、ラクダを連れて遊牧するアラブ系住民を指す。

(3) Cf. Werner Sombart, Die Juden und das Wirtschaftsleben, Leipzig: Duncker & Humblot, 1911, S. 404-434.『ユダヤ人と経済生活』金森誠也訳、講談社学術文庫、二〇一五年(該当箇所を含む第三部は省略されている)。『ユダヤ人と経済生活』は一九一一年に刊行され、ゾンバルトはこれをウェーバーに献本している。献本されたこの本は、現在ではバイエルン科学アカデミーに所蔵されている。

(4) 旧約聖書『士師記』五。

(5) Eidgenossenschaft は「誓約連合」と訳しておくが、Genossenschaft は他の箇所では「仲間」と訳している言葉であり、対等な者同士の関係性を意味する。ウェーバーは『古代ユダヤ教』(MWG I/21)の第一章でこれについて論じている。訳者の内田芳明は「誓約同志共同態」と訳している。なお、スイス連邦のドイツ語の正式名称は Schweizerische Eidgenossenschaft である。

（6）古代イタリアのアペニン山脈南部の山岳民族。

［47］ユダヤ教、ピューリタニズム、近代資本主義

ユダヤ人が登場するところではどこでも、彼らは貨幣経済、とくに(中世盛期にはもっぱら)貸金業の担い手であり、商業一般のより広い領域の担い手である。

ドイツの司教たちが都市を建設するときにも、ポーランドの貴族たちがそうするときと同じように、ユダヤ人はなくてはならない存在であった。近代初頭の近代国家の供給業や貸金業で、植民地会社の創設で、植民地取引や奴隷取引で、家畜の取引や「生産物」の取引で、そしてなによりも近代証券取引所の証券取引や発行業で、ユダヤ人が非常に強く、しばしば支配的な仕方で関与してきたことは、完全に確定的である。

〔しかしながら〕近代資本主義の発展における決定的な役割をユダヤ人に付与することができるとしても、それはどのような意味においてかという問題は、まったく別の問題である。

この場合に考慮すべきなのは、高利貸し、あるいは国家、つまり国家の信用貸しと供給のニーズ、および植民地での略奪で〔寄生的に〕成り立っている資本主義は、近代に特有ではなく、むしろ逆に、西洋の近代資本主義が古代や中世、そしてまた近代のオリエントの資本主義とともに、まさに共通して持っているものだということである。

これに対して、古代（および極東と近東）とは違って近代資本主義に特徴的なのは、産業の資本主義的組織である。こうした組織の発展という点で、決定的な影響はユダヤ人の功績にはできない。ましてや無節操な富豪や投機家の信条は、古代や中世と同様に、すでに預言者の時代の特徴でもあった。

近代の商業の決定的な制度、法的および経済的な有価証券の形式、そして取引所も、ローマ・ゲルマン系の起源である。ただしこの際に、とくに取引所での取引をさらに発展させて完成し、今日のような重要性を持つものにしたのはユダヤ人の貢献であった。

そして最後に、ユダヤ人の商業的「精神」の典型的な性質は、そのような精神について明確に論じることができるかぎりではあるが、オリエントに共通の特色を持ち、部分的にはまさに小市民的特徴を持っている。こうした特徴は〔近代〕資本主義以前の時代に特有のものであった。

ユダヤ人にはピューリタンと共通する点がある。しかもこの点は、ピューリタンの側でも完全に意識されていた。両者に共通しているのは、神の祝福の徴候とみなされる形式的に正当な利潤のレジティメーション〔正当化〕であり、ある程度まではあるが、「ベルーフ」の思想である。ただし、ユダヤ教の「ベルーフ」の思想は、ピューリタンほどには深く宗教に根ざしてはいない。

近代に特有の「資本主義」倫理を発展させるのに、ユダヤ教の「律法」が果たした最も重要な役割はおそらく、ユダヤ教の合法性の倫理(Legalitätsethik)がピューリタンの倫理に受容され、ここで近代「市民的」経済道徳の文脈に位置づけられたことである。

[48] ゼクテ(教派)の政治社会学

社会学的な意味での「ゼクテ」〔教派〕とは、「小さな」宗教ゲマインシャフトでもなければ、なんらかの他のゲマインシャフトから分裂し、そのために〔分裂する前の〕ゲマインシャフトから「承認されていない」、あるいは迫害され異端視されたものでもない。社会学的な意味での「ゼクテ」の代表格であるバプティストは、地球上で最大のプロテスタント諸派の一つである。

そうではなくて、ゼクテは、その意味と性質からして必然的に普遍性(Universalität)を放棄し、必然的に構成員の絶対的に自由な合意を基礎にしていなければならない、宗教的ゲマインシャフトである。

ゼクテがそのようなものでなければならない理由は、ゼクテが一つの貴族制的な構成体であろうとするからである。貴族制的な構成体というのは、宗教的に十分な資格を持つ者から構成される、そしてそうした者たちだけの結社〔アソシエーション〕のことである。教会のような恩恵〔恩寵〕のアンシュタルト〔公的営造物〕は、正しい者にも正しくない者にも光を当て、まさに罪人をこそ神の命令の躾のもとに受け入れようとするが、ゼクテはこのようなアンシュタルトではない。

ゼクテが理想とするのは、「純粋なエクレシア〔信徒団〕」(ecclesia pura)（それゆえ「ピューリタン」と呼ばれる）、つまり聖者たちの目にみえるゲマインシャフトである。神の眺めを不快にしないように、汚れた羊はゲマインシャフトの身内から遠ざけられる。少なくともその最も純粋なタイプのゼクテは、アンシュタルト的な恩恵や官職カリスマを拒否する。

個人が救われるのは、永遠なる神の予定によって（クロムウェルの「独立派」の中心グループであるパティキュラー〔改革派〕バプティストの場合はそうであった）、あるいは〔クエーカーの場合であれば〕「内なる光」によって、またはエクスタシーへと至る霊的能力によって、あるいは(古敬虔派のように)「悔悛の戦い」と「ブレークスルー」(Durchbruch)によってである。要するにいずれにせよ、特殊な霊的な能力によってか(クエーカーのすべての先駆者やクエーカー自身、そして一般に霊的なゼクテの大部分の場合がこれである)、あるいはその人に与えられた、あるいはその人によって獲得された、別の特殊なカリスマによって、「ゼクテ」の成員の資格が与えられる(ゼクテの概念はもちろん、教会の悪口によってそれに付加されたすべての汚染から慎重に色抜きされなければならない)。

ゼクテのメンバーが結集してゲマインシャフトを形成する形而上学的な理由は、実にさまざまである。

社会学的に重要なのは、ゲマインシャフトが有資格者とそうでない者を分ける選別装置であるという点である。

というのも、選ばれた者、あるいは資格のある者は(少なくともゼクテの類型が純粋な形で発現した場合には)拒絶された者との交わりを避けなければならないからである。ルター派も、そしてもちろんユダヤ教も、どの教会も教会生活が盛んであった時代には、頑固な不服従者や不信心者に対して破門の権力を行使した。

いつもというわけではないが、もともと原則的に、破門には経済的ボイコットが結びついていた。

ゾロアスター教やシーア派のような一部の教会、それ以外では、ほとんどの場合で、バラモン教(1)のようなカースト宗教だけではあるが、部外者との物理的な交わりを、性的にも経済的にも完全に禁止するところまで行った。

ただし、さすがにすべてのゼクテがここまで進んだわけではない。

しかし、そのようなことが起こるというのは、ゼクテが最も一貫した発展の経路をたどっているからである。これは修道院の発展とまったく同じである。少なくとも、資格がない者や拒絶された者としてゲマインシャフトから追放された者は、最も厳しいボイコットの対象となる。

このような者が礼拝の行為、とくに主の晩餐に参加を許されると、神の怒りを呼び起こし、神を冒瀆することになる。

神によって明らかに拒絶された者を排除することは、ゲマインデの全成員の仕事である。すでにカルヴィニズムにはこのような観念があった。予定〔説〕という貴族制的なカリスマ的原理と官職カリスマの価値評価の引き下げによって、カルヴィニズムは内面的にゼクテに近いところにいる。近いというのは、官職よりも個々の晩餐ゲマインデを非常に重視するという意味である。〔オランダの神学者のアブラハム・〕カイパーによる、厳格なカルヴィニストの教会革命は、〔一八〕八〇年代のオランダで起きた。この教会革命は政治的に非常に重大な結果を及ぼした。この革命が起きた理由は、全体教会の上級審級が個々のゲマインデに対して、不当な要求をしたためであった。その要求というのは、不信心な説教師によって堅信礼を受けた者が晩餐に参加するのを認めることを強要する、というものであった。

ましてや一貫したゼクテの場合には、無条件のゲマインデ主権の原則が出てくる。日常的にお互いに交際し、個人的にお互いを知っている者だけが、他の人の宗教的資質を判断できるからである。

同じ「信仰」を共有する個々のゲマインデが集まって、より大きなゲマインシャフトが形成されるとき、このゲマインシャフトは「目的団体」である。この理由から、決定的な決定権はつねに個々のゲマインデのままでなければならない。個々のゲマインデが先にある(prius)。「主権」という概念を適用しようとするならば、「主権」は必然的に個々のゲマインデにある。

同じ理由で、これらの機能に適していると思われるのは、つねに「小さな」ゲマインデ(敬虔派の「エクレシア」)である。

以上が「ゲマインデ原理」のネガティブな側面である。本性上からして普遍主義・拡張主義的な性格を備えている官職カリスマを拒否するところで、このネガティブな側面は頂点に達する。

ところで、自由な選別(Ballotage)によって成立するこのようなゲマインデの基本的な地位が、個人にとって実際に意味を持つのは、ゲマインデの地位がその人個人の資格という点でその人をレジティメーション〔正当化〕することにある。〔ゲマインデに〕受け入れられると、人格が吟味されたうえで、ゲマインデの宗教的・道徳的要件を満たしていることが、すべての人に証明される。

この審査が厳密で信頼できるものとして認められており、かつ経済に関連する資質にまで及ぶものであれば、選抜は本人にとって経済的にもきわめて大きな意味を持つ。このことを説明するために、少なくともいくつかの個別の動向を紹介する。二〇〇年前のクエーカーやバプティストの著作にはすでに、次のことを喜ぶ記述がある。神を信じない者たち(Gottlose)は、彼らのカネを自分たちの同類にではなく、敬虔な兄弟たちに寄託し出資している。なぜなら、彼らにとっては敬虔な兄弟たちの定評ある正直さと信頼性が担保よりも価値があるとされているからである。また、兄弟たちの小売店の客が増えている。なぜなら、たとえ子どもや奉公人を店に送っても、断固として定められた、「実直」な金額〔定価〕だけが要求され、本物の商品が引き渡されることを、神を信じない者は知っているからである。クエーカーやバプティストの著作には、以上のようなことが書かれている。クエーカーとバプティストは、オリエントに典型的な値切り交渉に代わって、あらゆる分野の資本主義の計算にとって重要な要素である「定価」のシステムを、小売業で実施した名誉(がクエーカーであるかバプティストであるか)をめぐって論争を繰り広げた。

そして今日でも、とりわけゼクテの本場であるアメリカでは、なにも変わっていない。典型的なゼクテの信者は、フリーメイソンと同様に、同じゼクテ内部だけでなく、出張販売員としてあらゆる競争相手を打ち負かす。人びとがゼクテの信者の値段の設定が絶対的に実直であると信じているからである。また、銀行を開設しようとする者は、バプティストとして洗礼を受けるか、あるいはメソジストになる。というのも、洗礼ないし加入の前には、その人の過去の品行の汚点(酒場通い、性生活、カード遊び、借金、その他軽薄な生活、不誠実など)についての調査による厳格な審査が行われ、この審査結果が良好であれば、その人の信用が保証される、ということをだれもが知っているからである。例えば北米などの地域では、このような基礎を除いては、個人の信用はそもそもほとんど考えられない。

真のキリスト教徒に対する禁欲的な要求は、資本主義の側で新規参入者に課されるものとまったく同じである。少なくとも「正直は最善の策」(honesty is the best policy)という命題が有効な範囲内では、そうである。監督委員会で、取締役、「プロモーター」(Promoter)、現場監督として、また資本主義装置における信頼が求められる重要な地位で、この類型のゼクテの会員が優遇されている。

ゼクテのメンバーはどこに行っても、信者の小さなゲマインデをみつける。このゲマインデは、その人の出身ゲマインデの証明書(2)(アメリカでは今日でも普通に使われている)に基づいて、その人を兄弟として受け入れ、その人をレジティメーション〔正当化〕し、その人を推薦する(これはいかなる時代の「ディアスポラ」宗教にも、したがって例えばユダヤ教にも有利な状況である)。そしてこの信者はすぐに〔ゼクテの〕部外者にはまったく手が届かない経済的基盤を手に入れる。

そして、ゼクテのメンバーの本当の質も、かなりの程度までこの評判に対応している。というのも、官職教権制による権威主義的な教会の躾は、作用の強度という点で、ゼクテからの排除の範囲、そしてとりわけゼクテ教育の強度に対抗できないからである。

(1) バラモン教は古代インドの宗教で、ヒンドゥー教の前身。仏教興起以前に、司祭階級のバラモンを中心に発達した。

(2) いわゆる certificates ないし letters of recommendation のこと。一九〇四年にアメリカ

旅行をしたときに、ウェーバーが現地で見聞してきたものの一つである。

[49] アメリカのデモクラシーは個人の砂の山ではない

カトリックの秘密告解は、個別的で、統制されておらず、罪人を免責するのには役立っても、罪人の心を変えることはほとんどない。カトリックの秘密告解に相当するのが、この目的のために結成された小グループによる毎週の集会における古メソジストの告解、クラス制度、敬虔派とクエーカーの双方向的な統制と訓戒である。〔この場合には〕サークル内で、そのような者たちの絶えざる批判のもとで自己を「主張」しなければならず、また自己を主張してきたということが必要とされる。効果という点で、この必要は他のすべてのモメントに対して優越する。

生活の世俗化が進むにつれて、個人のこのような自己感情の基礎は、徹底して投票に基づく、あらゆる目的の数多くの結社〔アソシエーション〕やクラブ〔下は学校の少年クラブにまで至る〕を通じて広がり、ゼクテ〔教派〕からアメリカの生活すべてに浸透している。

中産階級にあって「ジェントルマン」が「ジェントルマン」としてレジティメーション〔正当化〕されるのは、今日でもなお、なんらかのこの種の団体の「バッジ」によってである。

たとえこのような現象が現在、どれほど崩壊しつつあるとしても、アメリカのデモクラシーは関連を欠いた個人の砂の山(Sandhaufen)ではなく、最高度に排他的ではあるが、絶対的に自由に生成したゼクテ、結社、クラブの混成物である。個人の実際の社会生活は、これらのゼクテ、結社、クラブにおいて、これらのゼクテ、結社、クラブをめぐって展開される。以上のことは、今日でも真実である。優れているとされるクラブに〔メンバーによる〕投票によって加入することが認められないと、アメリカの学生は自殺に追い込まれることすらある。

これと類似のことは、当然のことながら、数多くの自由な結社にみられる。というのも、そのような結社のメンバーとしてだれと一緒に所属したいかという問題は、結社の具体的な目的に対する有用性という純粋に機能的な観点だけから判断されるわけではないことが非常に多いからである。とりわけ経済的ではない結社の場合には圧倒的に、こうしたことが起こる。そして、なんらかの種類の「優れた」クラブのメンバーであるということは、どこでも全人格を「向上させる」レジティメーション行為とみなされるからである。

それにしても、このような現象がアメリカの古典時代ほど強力なところはない。「ゼクテ」とそれから派生したものは、不文律ではあるが、人格の形成に最も強い影響を与えているがゆえに最も重要な、アメリカの体制の構成要素の一つである。

(1) ウェーバーがどれほどトクヴィルの著作を読んでいたのかについての詳細は不明である。しかし、「個人の砂の山」というメタファーは、トクヴィルの『アメリカのデモクラシー』を連想させる。トクヴィルとウェーバーについては、Martin Hecht, *Modernität und Bürgerlichkeit: Max Webers Freiheitslehre im Vergleich mit den politischen Ideen von Alexis de Tocqueville und Jean-Jacques Rousseau*, Berlin: Duncker & Humblot, 1998; クラウス・オッフェ『アメリカの省察――トクヴィル・ウェーバー・アドルノ』野口雅弘訳、法政大学出版局、二〇〇九年を参照。

[50] 国家と教会の分離

「人よりも神に従わなければならない」という命題によって、自らの領域の政治権力に対して自らのカリスマと自らの正しさを主張し、服従を手に入れ、政治権力に対して確固たる限界を設ける、そのような権力に私たちが遭遇したのは、教権制それ自体においてであった。

教権制の権力は、それが支配権を要求する人びとを、自らの支配領域で他の権力の介入に抗して保護する。介入者が政治権力の保有者であろうと、夫や父親であろうと、それは関係ない。

ところで、この保護は〔教権制の〕権力自身が持っている官職カリスマの力によって行われた。

教権制権力と同じように政治権力も、ともに完全に発展した場合には、普遍主義的な支配権を要求する。換言すれば、個々人に対しても、権力の支配の境界線を引くことを要求する。このため相互に領域を区分しながら、共通支配のために妥協し同盟することが両者の適切な関係である。「国家と教会の分離」は、国家または教会のいずれかが、原理的にアクセスできる領域を完全に支配することを事実上、断念する場合にのみ可能となる定式である。

〔51〕ゼクテ〔教派〕と民主主義・人権、理性のカリスマ的聖化、資本の論理の解放

これに対して、ゼクテ〔教派〕は官職カリスマを拒否する。さしあたりそれが拒否するのは教権制的な官職カリスマである。ゲマインシャフトによって審査され確認された、特殊な資格によってのみ、個人はゲマインシャフトの一員となる。バプティストのいわゆる「再洗礼」〔実際は、有資格者の成人洗礼であるが〕は

この最もわかりやすいシンボルである。これと同じように、個人が教権制的権力を行使するのも、特定のカリスマによってのみである。

その日のゲマインデの一人に神の聖霊が到来するかどうかを静かに待つのが、クエーカーの典型的な礼拝である。それがだれであれ、この人だけが説教や祈りの言葉を発する。

継続的に神の言葉を告げるのに特別な資質を持つことが証明されてきた人たちは、特別席に座らされ、いまや必要な場合には、説教を準備することによって聖霊の到来を助ける責任を負う。このようなことは、ほとんどのクエーカーのゲマインデで行われている。これはすでにルールと秩序の必要性に対する譲歩である。

ゼクテも経済的・教育的利害関心に奉仕する正規の官職を発展させている。それでも、純粋で一貫したゼクテであればどこでも、以上のような厳密な意味での「平信徒の説教」、つまり「万人祭司主義」の原則を堅持している。あらゆる一貫した「教会」で固く禁じられているのが、この原則である。

ところが、「ゼクテ」の性格が純粋に保たれているところではいつでも、ゲマインデはゲマインシャフトによる「直接民主主義的な行政」(1)を重視するとともに、教会の官僚はゲマインデの「奉仕者」である、との性格を堅持する。

こうしたゼクテの独自の構造原理の点で、〔ゼクテが有する〕民主主義の構造との内的な選択的親和性はすでに明らかである。

政治権力に対する関係でもまったく同じである。

政治権力に対するゼクテの態度は、独特であるとともに、非常に重要である。ゼクテは特別に反政治的、あるいは少なくとも非政治的な構成体である。

ゼクテはそもそも普遍主義的な主張はできないし、することは許されない。このためゼクテはただ有資格者の自由な団体としてのみ存続しようとする。そしてゼクテは、政治権力との同盟関係に入ることは決してできない。あるいは、ニューイングランドの独立派のように、政治権力と同盟する場合には、教会の有資格者による貴族制的な政治的支配が生まれる。このような貴族制的な政治的支配は、すでにいわゆるハーフウェイ規約〔会員資格要件の引き下げ〕でもそうであるように、妥協に至り、ゼクテに特有の性格を喪失する。

クロムウェルによる聖者議会(2)の支配の失敗は、この種の最大の実験であった。

純粋なゼクテは、「国家と教会の分離」や「寛容」に賛成の立場をとらざるをえない。なぜなら〔第一に〕ゼクテは罪を抑制するための普遍的な救済アンシュタルト〔公的造営物〕ではなく、教権制的な統制や規制と同じく政治的な統制や規制も我慢できないからである。〔第二に〕いかなる種類の官職的権力も、その資格を持たない個人に対して救済財を与えることはできない。したがって、宗教的な事柄に政治権力を用いることは、無意味であるか、あるいはまさに悪魔的であると、見なさなければならないからである。〔第三に〕ゼクテの部外者はゼクテにまったく関係がないからである。〔第四に〕要するに、ゼクテがその存在とその活動の最も内側にある宗教的意味を放棄しないならば、ゼクテそれ自体は、宗教的に特別な資格を有する人たちによる、絶対的に自由に形成された結社以外のものではありえないからである。

したがって、首尾一貫したゼクテはつねにこの立場〔国家と教会の分離と寛容〕を主張してきた。ゼクテは「良心の自由」の要求の最も本来的な担い手である。

他のゲマインシャフトも、良心の自由という言葉を用いてきた。しかし別の意味である。

ローマ、中国、インド、日本の国家などの皇帝教皇主義国家は、征服された国家や併合された国家の、ありとあらゆる祭祀を許し、宗教的な強制をまったく行使していない。この理由で、これらの国における「良心の自由」や「寛容」を語ることができるかもしれない。しかし、政治権力による公式の国家祭祀が存在している点で、このような「良心の自由」や「寛容」には原理的な限界がある。(3) 公式の国家祭祀というのは、例えば、ローマにおける皇帝崇拝、日本における天皇に対する宗教的な敬意、おそらくまた中国における皇帝による天の崇拝である。また、このような「良心の自由」や「寛容」を規定しているのは、宗教的な理由ではなく、政治的な理由である。

沈黙公〔オラニエ公〕ウィレム[4]の寛容、あるいはすでに皇帝フリードリヒ二世[5]の寛容も、あるいはゼクテの信徒を熟練労働者として利用した、かなりの数の荘園領主の寛容、あるいはゼクテの信徒がビジネス生活の担い手であったアムステルダム市の寛容も、まったく同じである。ここでは、経済的な動機が決定的なまでに作用している。

これに対して本物のゼクテは、特別に宗教的な理由から政治権力の不介入と「良心の自由」を要求しなければならない(ありとあらゆる種類の過渡的な形態が存在するが、ここではあえてこれらは脇に置いておく)。

逆に、完全に発展した、つまり普遍主義的な要求を掲げるまでに発展した救済アンシュタルト(「教会」)は、その類型の程度が進むほど、「良心の自由」をよりわずかしか認めない可能性がある。

救済アンシュタルト(「教会」)がこうした「良心の自由」の要求を掲げる場合には、その教会は少数派の位置にいる。教会は自分たちのためだけにそれを要求する。他者に対して「良心の自由」を認めることは、原理的にありえない。

「カトリック教徒の良心の自由は、教皇への服従が許されること」であり、〔このことが〕すなわち自分に対して自分の良心に従って行為することである、とマリンクロット⑥は帝国議会で述べている。

しかし、カトリック教会も、(古)ルター派教会も、ましてやカルヴィニズムやバプティストの古教会も、自分たちが権力を持つところでは、他者の「良心の自由」を認めることはない。魂の救いを危険から護ること、あるいはカルヴィニストの場合には神の栄光を危険から護ることが官職義務である。この義務からして、他者の「良心の自由」は認められない。

〔これに対して〕一貫したクエーカーの良心の自由は、クエーカー自身の良心の自由だけではない。クエーカーでもバプティストでもない人が、あたかもクエーカーやバプティストであるかのように行為することを強制されないことに、一貫したクエーカーの良心の自由の本質がある。つまりクエーカー自身だけでなく、他者の良心の自由にも存在するのが、一貫したクエーカーの良心の自由である。

したがって、一貫したゼクテを基盤とすることで、政治的、教権制的、家父長制的、その他いかなる種類の権力にも抗して、支配される側の人たちの、詳しくいえば、支配される側の人たち一人ひとりの、永遠とみなされる一つの「権利」が成立する。

イェリネク(7)が説得力をもって論証しているように、これが最古の「人権」であるかどうかは、ここでは問わない。しかしいずれにしても、この意味での「良心の自由」こそ、原理的に第一の「人権」である。なぜなら、この「良心の自由」は最も広い範囲に及ぶ「人権」であり、倫理的に条件づけられた行為の全体を包摂し、権力、とりわけ国家権力からの自由を保障するからである。この意味での良心の自由は、このようなあり方では、古代や中世にも、そして同じく例えば、国家による宗教の強制をともなうルソーの国家論(8)にも、存在しない概念である。

その他の「人権」「市民権」「基本権」は、この良心の自由の権利に付随している。とりわけ、自らの経済的利益を自由に、自分の裁量で実現する権利がそうである。だれにでも平等に適用される、保障された法的ルールという抽象的なシステムの範囲内であれば、この〔経済的自由の〕権利は成り立つ。このとき最も重要な構成要素は、個人の財産の不可侵性、契約の自由、職業選択の自由である。

これらの〔良心の自由から派生する〕諸権利は、啓蒙主義時代の次のような信仰に、究極的な正当化(Rechtfertigung)〔の論拠〕を見いだす。個人の「理性」は、神の摂理によって、また、個人こそが自分の利害関心を最もよく知っているとみなされているので、その理性を自由にさせておけば、少なくとも相対的に最良の世界が生み出されるに違いない。

これが啓蒙主義時代の信仰である。「理性」のカリスマ的聖化は、カリスマがその波乱に富んだ道程でたどり着いた、カリスマの最後の形式である（「理性」のカリスマ的聖化の特徴的表現がロベスピエールによる理性の神格化[9]である）。

明らかなように形式的な法的平等と経済的な移動の自由を求めるこれらの要求は、一方では、抽象的な規範のコスモスを、したがって間接的には官僚制化を擁護しながら、家父長制的な法秩序や封建制的な法秩序の特殊的な基礎をすべて破壊する道を準備した。他方でこれらの要求は、非常に特殊な仕方ではあるが、資本主義の拡大に寄り添う。

ドグマの点ではまったく同じモチーフからではないが、それでもゼクテは「世俗内禁欲」を採用した。このような「世俗内禁欲」とゼクテの教会の躾のあり方が、資本主義の信条と、資本主義が必要とする合理的に行動する「仕事人間」を育成した。同様に、〔ゼクテが生み出した〕人権と基本権が提供したのが、物質や人間を含む資本（Kapital）を活用しようとする衝動が自由に振舞うための前提条件であった。

（1）**支［6］**を参照。

（2）聖者議会とは、いわゆる「ベアボーン議会」（一六五三年七月四日～一二月一二日）のこと。オリバー・クロムウェルら独立派によって招集されたが、短期間で内部崩壊した。Cf. Eduard Bernstein, *Sozialismus und Demokratie in der großen englischen Revolution*, 2.

Aufl, Stuttgart: J. H. W. Dietz Nachfolger, 1908, S. 107 f.

(3) 寛容を自任する政治体制における寛容の限界については、『儒教と道教』でも論じられている(cf. MWG I/19, S. 431-438. 『儒教と道教』三五〇～三五七頁)。丸山眞男も「雑居的寛容の「伝統」のゆえのはげしい不寛容」(『日本の思想』岩波新書、一九六一年、一五頁(改版後の現在では一六頁))などの表現で、日本における寛容と非寛容の共存を問題にしている。

(4) オラニエ公ウィレム一世はオランダ独立の父で、沈黙公と呼ばれた。北部七州で「ユトレヒト同盟」を結成し、一五八一年にスペインから独立を果たした。

(5) フリードリヒ二世(Freidrich II, 1194-1250)は神聖ローマ皇帝、シチリア王。彼はシチリアで、ギリシア人、キリスト教徒、ムスリムが平等に共存する国を創設した。Ludwig Köhler, Friedrich II, in: *Die Religion in Geschichte und Gegenwart*, Band 2, Tübingen: J. C. B. Mohr (Paul Siebeck), 1910, S. 1069では、これが「最初の寛容国家」であると書かれている。

(6) ヘルマン・フォン・マリンクロット(Hermann von Mallinckrodt, 1821-1874)は、カトリックの政治家。中央党の共同創設者の一人。

(7) Cf. Georg Jellinek, *Die Erklärung der Menschen- und Bürgerrechte. Ein Beitrag zur modernen Verfassungsgeschichte*, 2. Aufl., Leipzig: Duncker & Humblot, 1904. 『イェリネック対ブトミー 人権宣言論争』初宿正典編訳、みすず書房、一九九五年。

(8) ルソー(Jean-Jacques Rousseau, 1712-1778)は『人間不平等起源論』『エミール』などで知られるフランスの思想家。彼は『社会契約論』(一七六二年)で、「市民宗教」について論じている。

（9）ロベスピエール（Maximilien Marie Isidore de Robespierre, 1758-1794）は、カトリック教会を批判しつつも、一七九三年秋から翌年春に行われた「理性の祭典」（Culte de la Raison）が無神論的であることにも否定的な態度をとった。このため彼は一七九四年六月八日に「理性」を「崇拝」する「最高存在の崇拝」（Culte de l'Être suprême）を開催した。

【付録1】　レジティメイトな支配の三つの純粋類型(1)

（1）このテクストはウェーバーの死後、マリアンネによって、Die drei reinen Typen der legitimen Herrschaft. Eine soziologische Studie というタイトルで、『プロイセン年鑑』（*Preußische Jahrbücher*, Band 187, Heft 1, Januar 1922, S. 1-12）に発表された。しかし、なぜこのタイミングでこの媒体に発表されることになったのかはわかっていない。またこのテクストの正確な執筆時期も不明である。このテクストは『経済と社会』第四版（一九五六年）に収録されたが、第五版（一九七二年）では削除されている。『学問論』（Wissenschaftslehre）の第三版の改訂（一九六八年）の際に、編者のヴィンケルマンはこのテクストを新規に『学問論』に掲載した。「純粋類型」論文は「理解社会学のカテゴリー」（一九一三年）の「直接の続編」である、と彼は「序文」（Vorwort）で述べている。しかし、その根拠は明示されていない。「合法的支配」「伝統的支配」「カリスマ的支配」という三類型が整理された形で論じられており、また一九一八年以降に登場する「リーダー主導の民主主義」（**純【34】**）というキーワードが出てくることから、このテクストは一九一八年以降に執筆されたものと思われる。

［1］支配とレジティマシー

支配とは、ある一定の命令に対する服従を手に入れるチャンス(1)のことである。〔人が〕従順であるのには、さまざまな動機がある。支配は、こうしたさまざまな動機を基礎にして成り立つ可能性がある。純粋に利害状況によって、したがって服従する側がメリットとデメリットを目的合理的に考慮することによって、支配が生み出されることもある。あるいはその一方で、支配はたんなる「習俗」、つまり慣れ親しんだ行為に対する鈍感な慣れによるものでもありうるし、純粋に感情的に、つまり支配される側の人たちのたんなる個人的な好みに基礎づけられていることもある。

しかし、以上のような基礎だけに基づく支配は、相対的には不安定になるであろう。支配者と支配される側の人たちの場合には、支配は正しさ〔法〕の根拠(Rechtsgründe)、つまり支配の「レジティマシー」〔正当性／正統性〕の根拠によって内面的に支えられており、このレジティマシーの信念が揺らぐと、広範囲に影響が及ぶ傾向がある。

支配の「レジティマシーの根拠」(Legitimitätsgründe)は、完全に純粋な形式では、三つだけである。この三つのそれぞれが(純粋類型では)行政職員と行政手段によって構成される、まったく異なった社会学的構造と結びつく。

（1）**支[3]**を参照。

[2] 合法的支配

I 制定法の力によって成り立つのが合法的支配(Legale Herrschaft)である。最も純粋な類型は官僚制的支配である。形式的に正しく定められた制定法によって、任意の法が作られ、また変更できる、というのがその基本的な考え方である。支配団体(Herrschaftsverband)は選挙で選ばれるか任命される。支配団体それ自身とそのすべての部分が経営である。他律的で、他首的な(1)(部分の)経営を官庁と呼ぶことにする。行政のスタッフは主人から任命された官僚から構成され、服従する人たちは団体の構成員(「市民」、「仲間」)である。

（1）他首的な団体とは、その団体の内部構造とは異なる論理で「首」(トップ)が決められるような団体を指す。**支[2]**も参照。

[3] 制定されたルールによるレジティメーション

〔合法的支配では〕服従の対象は人ではない。〔人びとが〕服従するのは、その人の固有の権利によってではない。服従は制定されたルール(Regel)の力による。だれに、どの程度従うべきかの基準となるのは制定されたルールである。

命令を発することによって、命令する人自身もルールに従う。ここでのルールというのは、「法律」や「規定」、形式において抽象的な規範である。

命令を出す人の類型が「上司」である。上司の支配権は、事柄に即した〔ザッハリヒな〕「権限」の範囲内で、制定されたルールによってレジティメーション〔正当化〕される。こうした権限の区切りは専門的分業化を基礎にしている。そしてこの専門的分業化は、ザッハリヒな合目的性と官僚のパフォーマンスに対する専門的な要求に準拠する。

官僚の典型は、訓練された専門〔職の〕官僚である。勤務は契約に基づき、明確な昇級ルールによる一定の給料と年金が付く。給料と年金は仕事の量ではなく官職の位階〔職階〕によって等級づけされている。

このような官僚による行政は、ザッハリヒな官職義務によるベルーフ労働である。その理想は「憤りも偏りもなく[1]」、パーソナルな動機が影響したり感情的な影響を受けたりすることなしに、恣意や計算不可能なことから自由に、とくに「人を顧慮せずに[2]」、合理的なルールを厳格に遵守して形式主義的に、またそれができない場合には「ザッハリヒ」な合目的性の観点から事務処理することである。

服従の義務は、官職の階層構造で等級づけされている。この階層構造には、下位から上位への従属があり、ルール化された異議申立ての手続きがある。技術的な機能の基本は「経営規律」である。

（1）**官[34]**を参照。

（2）新約聖書『ローマの信徒への手紙』一二・一一。

[4] 民間企業

1 当然のことながら、「合法的」支配の類型に該当するのは、国家や自治体〔ゲマインデ〕の近代的構造だけではない。民間の資本主義的な企業の支配関係もこの類型に入る。また、階層構造の様態で組織編成された、多くの行政スタッフを意のままにできる、あらゆる種類の目的団体や結社における支配関係もこれに含まれる。

近代的政治団体は、「合法的」支配の類型の最も顕著な代表例にすぎない。

民間の資本主義的な企業における支配は、たしかに部分的には他律的である。その秩序は部分的には国家によって規定される。そして強制力を持つ団体のスタッフについては、これは完全に他首的である。

国家の司法と警察のスタッフが（普通は）これらの機能を提供する。〔ただし〕民間の資本主義企業はますます官僚制的な行政組織を持つようになっており、この点では民間企業も自首的(1)である。

支配団体への加入は、形式手続上（formell）は自由意志によって行われる。〔しかし〕加入が自由意志に基づくことによって、支配の性質が変わることはない。なぜなら、解雇も形式手続き上は「自由」であり、そして解雇が自由である〔いつでもクビにできる〕ということは、労働市場の条件ゆえに、普通は支配される側の人たち〔社員〕を経営の形式に従属させるからである。民間企業が有する支配の性格は、近代国家の支配と社会学的な親近性を持つ。支配の経済的な基礎を考察すれば、この親近性はさらに明らかになるであろう。

「契約」が基礎になっていることで、「合法的」支配関係の顕著な類型の特徴が資本主義企業に刻印される。

(1) 自首的（autokephal）は、団体の「首」（トップ）がその団体の内部から、その団体自身の論理によって決定される体制のこと。反対は他首的。**支［2］**を参照。

〔5〕合法的支配の最も純粋な類型としての官僚制

2 官僚制は、合法的支配の、技術的な観点からして最も純粋な類型である。しかしながら、支配は官僚制だけで、つまり契約によって雇用され、任命された官僚だけで運営されるわけではない。そのようなことはまったくありえない。政治団体の一番のトップは、「国王」(世襲カリスマ的支配者、後述①)か、国民によって選ばれた「大統領」(つまり、人民投票〔プレビシット〕によるカリスマ的形式、後述②)か、あるいは議会によって選ばれるか、そのいずれかである。〔最後の〕議会で選出される場合には、議会の構成員、あるいはむしろ場合によっては、よりカリスマ的、あるいはより名望家的な(後述③)、議会で優勢な政党〔与党〕のリーダーが事実上の主人となる。同様に、行政スタッフも、本当に純粋に官僚制的であることはほとんどない。ありとあらゆる形式で、一部は名望家が、一部は利権代表が、行政に関与することが多い(いわゆる自治(Selbstverwaltung)においては、このようなことが圧倒的に多い)。しかし、決定的なのは、継続的な労働が、主として官僚制的な人員に依存しており、そしてますます依存するようになっているということである。

とくに近代国家の発展の歴史全体は、近代的な官僚制度と官僚制的経営の歴史と同一であり(後述)[4]、同様に近代的な高度資本主義の発展の全体は、経済的な経営〔企業〕の官僚制化の進展と同一である。官僚制的な支配形式の割合はどこでも高まっている。

(1) **純[27][28]**を参照。
(2) **純[32][33]**を参照。
(3) **純[33]**を参照。
(4) 後述とあるが、参照先不明。

[6] 合議制

3 官僚制は合法的支配の唯一の類型ではない。輪番制、くじ引き制、選挙制による官僚制も、議会と委員会の行政も、あらゆる種類の合議制[1]の支配機関と行政機関も、合法的な支配である。権限が制定されたルールに準拠しており、支配権の行使が合法的行政の類型に対応している場合には、これは合法的支配になる。

近代国家の成立期には、合議制の機関が、合法的な支配形式の発展に非常に大きな貢献をした。とくに「官庁」の概念が成立したのは合議制のおかげである。

他方で、近代的な官僚行政の前史には、選挙で選出された役職者(Wahlbeamtentum)が大きな役割を果たした(民主主義国家では今日でもそうである)。

（1）合議制については【用語】「合議制」も参照。

[7] 伝統的支配

II 昔から存在する秩序や主人の権力の神聖さへの信仰によって成り立つのが伝統的支配である。

この最も純粋な類型は家父長制的な支配である。

支配団体はゲマインシャフト関係（Vergemeinschaftung）であり、命令する類型は「主人」、服従する者は「臣民」、行政スタッフは「奉仕者」である。

出自によって神聖化されたその人に固有の威厳の力によって、つまり恭順の念によって、人が服従の対象になる。

命令の内容は伝統に縛られている。主人の側がそうした伝統を無闇に破れば、もっぱら伝統の神聖さのみに依存する自分自身の支配そのもののレジティマシーが危うくなりかねない。

伝統的な規範に反して新しい法を作ることは、原理的に不可能と考えられている。〔それでも〕実際には、新しい法が生まれる。ある命題は「昔から妥当している」という「認識」によって、つまり「判告」[1]〔ヴァイストゥーム〕によってこれが可能になる。

これに対して伝統の規範の外部で主人の意志を縛るのは、個々のケースごとに公正の感情が生み出す制約だけである。(2) したがって非常にゆるやかにしか主人の意志は縛られない。このため主人の支配は、厳密に伝統によって拘束された領域と、自由な恩恵と恣意の領域に分裂する。主人は後者の領域では、好み、愛情、嫌悪、純粋にパーソナルな観点（とくに個人的な好意の影響を受けることがありうる観点）に準拠して振舞う。

行政と紛争解決が原理に基づくこともある。ただしこのような場合でも、原理というのは、実質的な(material)倫理的公正、正義、あるいは功利主義的合目的性の原理であり、合法的支配の場合のように形式的(formal)性質の原理ではない。

主人の行政スタッフもまったく同じ態度をとる。

行政スタッフを構成するのは、〔主人に〕パーソナルに依存している者（家族の成員や家官僚）、親族やパーソナルな友人（お気に入り）、パーソナルな忠誠の絆で結ばれた者（封臣や貢納諸侯）である。

〔ここには〕「権限」という官僚制的な概念は存在しない。権限というのは、事柄に即して〔ザッハリヒに〕画定された所轄領域のことである。

個々の奉仕者の「レジティメイト」な命令権力の範囲は、事例ごとに主人の意向によって決まる。より重要な、あるいはより上位の役割における命令権力の使用についても、奉仕者は判断を完全に主人の意向に委ねる。

ただ実際のところは、服従させられている人の従順さに向き合って（主人の行政スタッフである）奉仕者がなにであったらあえて行うことが許されるのかによって、命令権力は大きく左右される。

行政スタッフの関係を支配しているのは、ザッハリヒな官職義務や官職規律ではなく、パーソナルな奉仕者としての忠誠である。

（1）**支［8］**も参照。
（2）公正（Billigkeit）は英語の「エクイティ」（衡平法）に対応する。**力［4］**も参照。

［8］伝統的支配の行政スタッフの二つの形式

ところで、行政スタッフの地位の種類については、特徴的な二つの異なった形式が観察できる。[1]

（1）文末はコロン（：）で終わっている。

［9］家父長制的構造

1 純粋に家父長制的な行政の構造。奉仕者は、主人に完全に個人として依存した状態にある。奉仕者は奴隷、隷属民、宦官などから、純粋に家産制の論理によってリクルートされるか、あるいは家産制の論理によらず、まったくの無権利の階層、つまりお気に入り、平民(Plebejer)からリクルートされる。

彼らの行政は完全に他律的で、他首的①である。行政を行う者は自分の官職に対する固有権を持たず、専門〔能力・知識・キャリア〕による選抜もなく、官僚の身分的名誉もない。事柄に即した〔ザッハリヒな〕行政手段は、すべて主人のために、主人自身の指示のもとで管理される。

行政スタッフが完全に主人に従属しているため、主人の恣意〔に振り回されないこと〕に対するいかなる保証もなく、主人の恣意の可能性はここで最も大きくなる。

最も純粋な類型はスルタン制的な支配②である。

実在する「専制」はどれでも、このような性格を持っており、そこでの支配権は主人の通常の財産権のように扱われる。

（1）**家【24】**を参照。
（2）**【用語】**「スルタン制」を参照。

〔10〕身分制的構造

2 身分制的構造。奉仕者は、主人の個人的な奉仕者ではなく、〔主人から〕独立して、自分自身の地位によって社会的に有力者とみなされている人びとである。奉仕者は、主人の特権または譲歩によって（事実上またはレジティマシーの虚構〔フィクション〕によって）その官職を授与されるか、または法的取引（購入、質権、業務請負）によって、彼らが専有する官職に対する、自由に剝奪されることのない固有権を持っている。それゆえに彼らの行政は、限定されているとはいえ、自首的かつ自律的であり、事柄に即した〔ザッハリヒな〕行政手段は主人ではなく、奉仕者の管轄下にある。これが身分制的支配である。

官職保有者による、官職の権力領域（と官職からの収入）をめぐる競争が、やがて実質的な行政領域の相互画定をもたらし、「権限」の代わりとなる。

階層構造的な構成は、特権（不移管・不上訴）によって非常によく破られる。

「規律」のカテゴリーはない。伝統、特権、封建制的または家産制的な忠誠関係、身分的名誉、そして「善意」が全体の関係を支配している。

したがって主人の権力は、主人と〔官職を〕専有し特権を手にしている行政スタッフの間で分割される。そしてこの身分制的な権力分立が、行政のあり方を高度に型に嵌めて固定化する。

〔11〕家団体、恭順

家父長制的支配（家長、氏族長、「国父」）は、伝統的支配の最も純粋な類型にすぎない。「支配機関」は、染み付いた習慣の力だけで、レジティメイトな権威を要求し、それを実現する。それがどのような種類のものであっても、官憲は伝統的支配という同じカテゴリーに属す。ただ、それにはそれほど明確な特徴があるわけではない。

家長と子どもの関係のなかで、恭順は教育や習慣によって培われる。こうした恭順の、最も典型的な対立物は、一方では企業における契約によって雇用された労働者の地位であり、他方では預言者に対するゲマインデの構成員の情緒的な信仰の関係である。実際においても、家団体は伝統的支配関係の萌芽的な細胞である。

家産制国家や封建国家の典型的な「官僚」は、さしあたりは純粋に家計の任務を担う家官僚（司厨長、収入役、主馬頭、献酌侍従、執事長、宮宰）であった。

〔12〕伝統と恣意の並存、福祉国家

厳格に伝統に縛られた行為領域と自由な行為領域の〈無媒介の〉並存は、どの伝統的な

支配形式にも共通する。

自由な領域では、主人やその行政スタッフの行為はカネで買われるか、個人的なコネを通じて入手されなければならない。

(料金制度もここに一つの起源を持つ。)

決定的に重要なことは、形式的な法が欠如していることである。その代わりに、行政や紛争解決では、実質的な原理が支配する。形式的な法の欠如と実質的な原理の支配はどの伝統的な統治形態にも共通しており、とくに経済との関係でその帰結は広範囲に及ぶ。

家父長と家産制的支配者は「カーディ裁判」(1)の原理で統治し決定する。一方で彼らは伝統に厳格に拘束されている。しかしこの拘束が自由を許すかぎりでは、彼らは個々の事例ごとに、法的には非形式的・非合理的な、衡平〔公正〕と正義の観点に準拠して、しかも「人を顧慮して」統治し決定する。

家父長制的な支配者の法典や法律はすべて、いわゆる「福祉国家」の精神で満たされている。社会倫理的な原理と社会功利主義的な原理のコンビネーションが優位に立ち、このコンビネーションがいかなる法の形式的厳格さをも突破する。

(1)【用語】「カーディ裁判」を参照。

［13］官僚制以前の国家社会学、家父長制と身分制

伝統的支配のなかで、家父長制的構造と身分制的構造を区別することは、官僚制以前の時代のすべての国家社会学の基本である。

（もちろん、この対比は、後述する経済的側面①との関連でのみはじめて十分に理解される。この場合の経済的側面というのは、行政スタッフがザッハリヒ〔物的〕な行政手段から分離されているか、あるいはザッハリヒな行政手段が行政スタッフによって専有されているかである。）

精神的な文化財の担い手として「身分」が存在したかどうか、あるいはどのような「身分」が存在したか、という問題はすべて、歴史的には主としてこの点〔家父長制的構造と身分制的構造の区別〕によって決定されてきた。

近東のオリエントやマムルーク朝〔一二五〇〜一五一七年〕までのエジプトにみられるような、家産制的従属者（奴隷、隷属民）による行政は、身分のない、純粋に家父長制的な支配の最も極端で、外見的には（実際には、いつもではないが）最も首尾一貫した類型である。

自由な平民による行政は、合理的な官僚制に相対的に近い。

文人による行政は、文人の性格によって実にさまざまな性格を持ちうるが、いつも身分制的な類型に近づいていく（文人の性質の典型的な対立は、一方におけるバラモン〔インドのカーストの最上位、司祭階級〕と他方におけるマンダリン〔清朝の高級官僚〕の対立であり、さらにこの両者に対して仏教の聖職者とキリスト教の聖職者が存在する）。

身分制的な類型の最もわかりやすい代表は貴族の行政であり、最も純粋な形式という点では封建制である。封建制が事柄に即した〔ザッハリヒな〕合理的職務義務の代わりに据えるのは、官職を授与された騎士の完全にパーソナルな忠誠関係と身分的名誉への訴えかけである。

（1）参照先不明。

〔14〕身分制的支配と合法的支配

あらゆる種類の身分制的支配は、多かれ少なかれ行政権力の明確な専有を基礎にしている。特権者の管轄権を取り囲む諸々の保障によって、この支配は特有の「法・権利の根拠」(Rechtsgrund)という性格を持つ（これは身分制的な「権力分立」の結果である）。「法・権利の根拠」という性格は、完全に主人の恣意に委ねられた行政で成り立っている家父長制的構成体には欠如している。このかぎりで身分制的支配は、家父長制に比べて合法的支配により近い。

他方で家父長制には厳格な規律が存在し、行政スタッフの固有権は存在しない。専有によって分割され、それによって型に嵌めて固定化された身分制的構成体の行政よりも、このような家父長制の性格は、技術的には合法的支配の官職規律により近い。ヨーロッパでは、主人の業務に平民（法律家）が活用された。これはまさに近代国家の先駆けである。

［15］カリスマ的支配

III 主人の人（Person）とこの人に与えられた特別な賜物（カリスマ）への情緒的コミットメントによって成り立つのがカリスマ的支配である。特別な賜物というのは、とりわけ魔術的能力、啓示または英雄的性格、精神と喋り（Rede）の力である。

永遠に新しいもの、日常的でないもの、前例のないもの、そしてそれらによって情緒的に魅了されることが、ここで個人がコミットメントする源泉である。

最も純粋な類型は、預言者、戦争の英雄、偉大なデマゴーグの支配である。

支配団体は、ゲマインデやフォロワーにおけるゲマインシャフト関係である。

命令する人の類型はリーダー〔導く人〕（Führer）である。

服従する人の類型は「信奉者」(Jünger)である。

服従の対象は、完全に独占的にリーダーだけである。その人の個人としての、非日常的資質ゆえに、純粋にパーソナルに〔信奉者は〕服従する。服従は制定法上の地位や伝統的な威厳のゆえではない。

したがって、これらの資質がこの人に備わっていると思われているかぎりでのみ、つまりこの人のカリスマが証拠によって証明されているかぎりでのみ、人は服従する。その人がその人の神から「見捨てられ」たり、その人の英雄的な力、またはリーダーとしての資質に対する大衆の信仰が失われたりすれば、その支配は崩壊する。

行政スタッフの選抜は、カリスマ〔的資質〕および個人としての献身を基準にして行われる。専門的資格(官僚のように)によっても、身分(身分制の行政スタッフのように)によっても、家やその他の個人的従属関係(以上のものと対立する、家父長制的行政スタッフのように)によっても、行政スタッフは選抜されない。

「権限」という合理的な概念も、「特権」という身分制的な概念も存在しない。

仕事を与えられたフォロワーや信奉者をレジティメーション〔正当化〕する程度を決定するのは、主人の使命(Sendung)とその人が個人として有するカリスマ的能力だけである。

行政という名称が適切であるかぎりでの話ではあるが、〔カリスマ的支配の〕行政には、制定法的なルールであれ、伝統的なルールであれ、およそルールへの志向が欠如している。

この行政を特徴づけるのは、アクチュアルな啓示やアクチュアルな創造、行為と実例、ケース・バイ・ケースの判断である。いずれにしても、制定された規則（Ordnung）という基準からすれば、非合理的である。

この行政は伝統に縛られることもない。「そう書いてはある。しかし、私はあなたがたに告げる」[1]〔という価値の転倒〕が預言者には妥当する。戦争の英雄の視点では、剣の力による新創造を前にして〔それまでの〕レジティメイトな秩序は消失する。デマゴーグの視点では、デマゴーグが宣言し提案した革命的な「自然法」によって〔それまでの〕レジティメイトな秩序は消失する。

主人または「賢者」によって判決が宣告され、（軍事または信仰）ゲマインデ〔共同体・信徒団〕によってそれが承認されるというのが、カリスマ的な法指示と紛争解決の真正の形式である。これに対してカリスマ的な妥当を要求する別の人による競合する指示が対置されるということがなければ、ゲマインデの承認は義務を帯びる。

こうした〔競合する指示が対置される〕場合には、だれがゲマインデを導くのかをめぐる闘争が起こる。闘争に決着をつけることができるのは、最終的にはゲマインデの信頼(Vertrauen)だけである。この闘争では正義(Recht)は一方だけにしかありえず、他方には償われるべき不正(Unrecht)があるだけである。

(1) 新約聖書『マタイによる福音書』五・二一〜二二。官**[37]**を参照。

[16] 古代キリスト教のゲマインデ、デマゴーグ

a カリスマ的支配の類型は、ルドルフ・ゾーム[1]によって、彼の教会法〔という著作〕で、古代キリスト教のゲマインデを対象にしてはじめて見事に展開された。ただし、それが一つの類型であるということは、まだ認識されていなかった。それ以来、この表現は、その重要性が認識されないままに、何度も用いられてきた。

歴史の早い時期にも、「制定された」〔法による〕支配がまったく存在していなかったわけではない。しかしこうした支配のわずかな萌芽を除けば、伝統とカリスマのもとで、すべての支配関係の総体は分割されていた。

インディアンの「経済的首長」(サシェム)[2]は、基本的に伝統を担う人物である。この隣には、カリスマ的な武侯(ドイツ語では「将軍」(Herzog)に相当する)が従士〔フォロワー〕を従えている。

狩猟や出兵では、どちらにしても、日常的ではない資質を個人として備えているリーダー〔導く人〕が必要になる。このような狩猟や出兵はカリスマ的リーダーシップの世俗的な場であり、魔法はカリスマ的リーダーシップの「霊的」な場である。それ以来、カリスマによる人びとの支配は、すべての時代の預言者や武侯とともに、世紀を超えて継続している。

カリスマ的政治家、つまり「デマゴーグ」は、西洋の都市国家の産物である。都市国家エルサレムでカリスマ的政治家が登場したのは、宗教的な装いでのみ、預言者としてのみであった。これに対してアテネの国制は、ペリクレスとエフィアルテスの③改革以来、完全にカリスマ的政治家（デマゴーグ）の存在に合わせて組み立てられており、このような存在なしには、国家機構はひとたまりもなかったであろう。

（1）ルドルフ・ゾームとカリスマの概念については**カ［1］**を参照。

（2）イロコイ族のサシェムについては**家［5］**を参照。

（3）エフィアルテス（Ephialtēs, ?–462/461 BC）は、古代ギリシア・アテネの政治家。ペリクレスの支持を得て、貴族派のキモンに対抗し、アレオパゴス会議（アテネの貴族会議）の実権を奪った。しかしこの「エフィアルテスの改革」のために、彼は反対者によって暗殺された。

[17]　カリスマによって要求される「承認」

b カリスマ的権威は、預言者に対する「信仰」に、カリスマ的な戦争の英雄、街頭の英雄、あるいはデマゴーグが個人として獲得する「承認」に基づいており、これがなくなればそれとともにカリスマ的権威も崩壊する。

とはいえ、カリスマ的権威は、このような支配される側の人たちの承認からその権威を導き出しているわけではない。

むしろ逆である。信仰と承認は義務とみなされる。カリスマ的な仕方でレジティメーション〔正当化〕された者はそのような義務の遂行を自らのために要求し、義務違反を罰する。

カリスマ的権威は、たしかに歴史の偉大な革命的諸力の一つであるが、その完全に純粋な形式においては徹底して権威主義的で、主人的な性格を持つ。

[18]　カリスマの証明

c ここでの「カリスマ」という表現は、当然のことながら、まったく価値から自由な意味で使われている。

北欧の「ベルセルク」[1]の病的な怒りの発作も、なんらかのインチキな預言の奇蹟と啓示も、クレオンが持ち合わせていたデマゴーグとしての天賦の才も、社会学にとっては、ナポレオン、イエス、ペリクレスのような人の資質とまったく同様に「カリスマ」である。

というのも、私たちにとって重要なのは、そうした資質がカリスマとみなされ、実際にカリスマとして作用を及ぼしたかどうか、つまりカリスマとして承認されたかどうかだけだからである。

カリスマとして承認されるための大前提は「証明」である。奇蹟や成功、フォロワーや臣民の幸福を通じて、カリスマ的な主人は自らが「神の恩恵によるもの[2]」であることを証明しなければならない。

そうした証明ができるかぎりでのみ、その人はカリスマとみなされる。

成功しなければ、その人の支配は揺らぐ。この「神の恩恵」というカリスマ的な概念は、それが存在する場所では、決定的な帰結をもたらした。

中国の君主[3]は、日照りや洪水、戦場での失敗、あるいはその他の事故で、天の恩恵を受けていることが疑わしいと思われるようになると、すぐにその地位をおびやかされた。

公開の場での自責と懺悔、災いがなおも執拗に続く場合には、廃位、ときには生贄として供される恐れが、君主にはあった。奇蹟による証明は、どの預言者にも要求された

（ルターもツヴィッカウの預言者(4)にこれを要求している）。

（1）【用語】「ベルセルク」を参照。

（2）【用語】「神の恩恵」を参照。

（3）中国における君主のカリスマについては**力【3】**を参照。

（4）ツヴィッカウはドイツ・ザクセン州の工業都市で、宗教改革の初期にここで急進派が活躍した。ツヴィッカウの預言者とは、ドイツ農民戦争を導いたトマス・ミュンツァー（Thomas Müntzer, 1489–1525）のこと。ミュンツァーはルターの推薦でツヴィッカウの説教師になったが、後に農民戦争をめぐって両者は対立した。

【19】主人と行政スタッフ

さらに基本的な性格という点で合法的な、ほとんどすべての支配関係についても、支配関係の存続は、レジティマシーの信念が支配関係の安定性に関係するかぎり、〔合法性だけではなく〕ミックスされた基礎の上に成り立っている。

伝統的な慣れと「威信」（カリスマ）は、形式的合法性の重要性に対する信仰と接合する。そして形式的合法性の重要性に対する信仰も、結局は同じように慣れ親しまれる。伝統に照らしていつもとは異なる要求を支配される側の人たちに対して行うこと、威信を否定してしまう尋常でないほどの不幸、通常の形式的・合法的な正確さを損ねること、こうしたことによって、このなかの一つが動揺すると、レジティマシーに対する信仰も同程度まで動揺する。

しかし、すべての支配関係で、支配される側の人たちの実際の従順さが継続的に存続するために最高度に重要なのは、とりわけ行政スタッフが存在するという事実と、命令を貫徹し、(直接的または間接的に)支配への服従を強制することを目的とした、行政スタッフの継続的な行為が存在するという事実である。

支配を実現するこのような行為を確保することが、「組織」という表現で意味されているものである。

主人に対する行政スタッフ自身の忠誠がこれに次いで非常に重要である。この忠誠にとってもまた決定的なのは、行政スタッフと主人との、理念的であるとともに物質的な利害関心の連帯である。

主人と行政スタッフの関係については、一般に次のような命題が当てはまる。主人はスタッフのメンバーをバラバラにし、すべてのメンバーと連帯する。これによって、抵抗するどの個人に対しても、主人は通常は強者である。しかし過去と現在の多くのスタッフがときに行ってきたように、彼らが〔労働組合を結成するなどして〕ゲゼルシャフト化すれば、少なくとも全員に対して主人は弱者である。以上がその命題である。ただそれにしても、妨害や意識的な反対行動によって、主人が団体行為に及ぼす影響力を麻痺させ、したがって主人の支配を麻痺させるためには、行政スタッフの成員は計画的に協定を結ぶ必要がある。

また〔そのためには〕行政スタッフは〔主人のではなく〕自前の行政スタッフを作る必要もある。

〔20〕 カリスマの日常化

d カリスマ的支配は、特別に非日常的で、純粋にパーソナルな社会関係である。支配関係が継続的に存在する場合には、遅くとも個人としてカリスマを持っている人がいなくなるのにともなって、支配関係は日常化する傾向がある。このような場合には、支配関係が〔カリスマを持っていた人と〕同時に消滅するのではなく、なんらかの仕方で継続し、それによって主人の権威が後継者に移るときに、日常化が起こる。(1)

1 秩序の伝統主義化による〔日常化〕。

カリスマを持っている人やカリスマ的に資格を付与された行政スタッフによって、法や行政命令が継続的にカリスマ的な仕方で新規に創造されるのではなく、彼らが擁護した、あるいは彼らが責任を負う判例や先例の権威が登場する。

2 カリスマ的な行政スタッフ、つまり信奉者またはフォロワーから、合法的または身分制的なスタッフへの移行による〔日常化〕。この移行は、内部の支配権、あるいは特権によって専有された支配権（レーエン〔封土〕、プフリュンデ〔俸禄〕）が引き継がれることで行われる。

3 カリスマそのものの意味の組み替えによる〔日常化〕。

ここで決定的に重要なのは、後継者問題をどう解決するかということである。この問題は、観念的な理由と（非常にしばしば、とりわけ）物質的な理由で燃え上がる。

後継者問題の解決はさまざまな仕方で可能である。カリスマであることが証明されたか、あるいはカリスマの資格を与えられた新しい主人の出現をただ受動的に待つという態度は、新しい主人を獲得するための積極的な行為に置き換えられることが多い。とくに新しい主人がなかなか出現せず、またなんらかの強い利害が支配団体の継続と結びついている場合である。

（1）ここはコロンで終わっている。なお、以下の**1**〜**3**はそれぞれセミコロンで繋げられているが、ここではそれぞれ一文として扱い、段落を付ける。

[21]　一定の標識による後継者探し、ダライ・ラマ

〔後継者の決定の仕方〕**a** カリスマである資格の目印〔メルクマール〕を基準にして〔後継者を〕探し出すことによって。

新しいダライ・ラマ〔チベット仏教(ラマ教)の法王〕を探すというのは、このかなり純粋な類型である。

カリスマというのは、強力に個人的で、非日常的である。こうしたカリスマの性格が、以上のことによって、ルールに準拠して確定可能な資質に変わる。

[22]　神託、くじ

〔後継者の決定の仕方〕**b** 神託、くじ、その他の指名の技術によって。

カリスマの資格を備えている人(Person)に対する信仰は、これによって、当該の技術〔神託、くじ、その他〕に対する信仰に変わる。

[23]　指名

〔後継者の決定の仕方〕**c** カリスマの資格を備えた人の指名によって。

［24］カリスマ自身による後継者指名

〔指名の類型〕**1** カリスマの持ち主自身による〔指名〕。つまり後継者指名。預言者でも武侯でも非常によく用いられる形式である。

カリスマ自身のレジティマシーに対する信仰は、これによって、法的・神的な指名という支配権のレジティメイトな仕方での獲得に対する信仰へと変容する。

［25］ゲマインデによる指名と承認

〔指名の類型〕**2** 宗教ゲマインデや軍のゲマインデによる承認を受けることを条件とした、カリスマ的な資格のある信奉者やフォロワーによる〔指名〕。

この手続きを「選挙」権または「予備〔事前〕選挙」権(„Vorwahl"-Recht)と理解するのは二次的である〔肝心のポイントを見逃している〕。

このような近代的な概念は、完全に遠ざけられるべきである。

本来の理念によれば、ここで問題になっているのは自由に選ぶことができる選挙の候補者への「投票」ではない。「正しい」(richtig)主人、カリスマの資格を備えていて、後継者として召命された主人を確定し、承認することがポイントである。

それゆえ「間違った」選出(Wahl)は償われるべき一つの不正であった。

満場一致での合意は可能なはずであり、反対は誤りであり弱さである、というのがもともとの公準であった。

〔26〕 信仰対象の移行

いずれにせよこうなると、信仰の対象はもはや純粋に人〔Person〕そのものではなくなっている。「正しく」・「妥当性のある仕方で指名された」〔場合によっては即位した〕、あるいはその他、所有物を手に入れるような仕方で権力〔的な地位〕に就任した主人である人が信仰の対象になる。

〔27〕 世襲カリスマ

〔指名の類型〕**3** カリスマの資格は血にあるという観念に基づく、「世襲カリスマ」による〔指名〕。

〔28〕 長男子相続権

ごく自然に思い浮かぶ考えは、さしあたりは支配の「相続権」である。この考え方は、中世の西洋でのみ主流になった。

カリスマは氏族（Sippe）にしか結びつかないことが非常に多く、新しい現実のカリスマの担い手は〔右記の〕**1**から**3**のいずれかのルールと方法に従って、特別に確定されなければならない。

人に関する一定のルールがある場合でも、そのルールは統一的ではない。中世の西洋と日本でだけ、王位への「長男子相続権」が徹底して完全に一義的に貫徹された。その他の形式はどれも内紛を引き起こすため、「長男子相続権」はこれらの国々の支配の安定性を高めることに大いに貢献した。

〔29〕伝統主義化

こうなると信仰の対象は、もはや純粋に人そのものではなく、「レジティメイト」な王朝の相続人になる。カリスマが持つ純粋にアクチュアルで非日常的な性格は、非常に強力に伝統主義化の方向に転換し、「神の恩恵」の概念もその意味を完全に変えた（つまり、主人は完全に自分自身の〔長男子相続権という〕権利によって主人であり、支配される側の人たちに承認された個人としてのカリスマの力によって主人なのではない）。

このとき主人になることを要求する権利は、個人の資質とはまったく関係がない。

[30]　カリスマの儀式的物象化

〔指名の類型〕**4**　カリスマの儀式的な物象化による〔指名〕。カリスマはある一定の種類の聖なる儀式（塗油、按手、あるいはその他の秘跡的行為）を通じて移転されるか、あるいは作り出されるかした魔術的資質であるという信仰。

[31]　秘跡的行為

このとき信仰が向けられるのは、もはやカリスマの担い手である人ではない。そのような人の資質とは、支配権の要求はまったく関係がない（司祭の消えない霊印というカトリックの原理によって、とりわけ明確に貫徹されているように）。信仰が向けられるのは、秘跡的行為の有効性である。

[32]　カリスマの反権威主義的解釈替え、民主的レジティマシー、カリスマの官僚化

〔指名の類型〕**5**　カリスマ的なレジティマシーの原理は、一次的な意味では権威主義的な意味で解釈されるが、この原理は反権威主義的（antiautoritär）に解釈替えすることができる。

カリスマ的支配が事実として妥当するのは、具体的な人をカリスマの資格を備え、かつそれが証明された人として、支配される側の人たちが承認することにかかっている。カリスマについての正真正銘の理解によれば、〔カリスマの〕資格が備わっているがゆえにレジティメイトな〔支配者の地位を〕要求する者に、〔支配される側の人たちは〕このような承認を差し出す義務がある。

しかしながら、支配される側の人たちによる自由な承認こそが、レジティマシーの前提であり、その根拠である〔民主的レジティマシー〕[1]、というように、この関係は容易に解釈し直すことができる。

こうなると承認は「選挙」へと変わり、自らのカリスマの力でレジティメーション〔正当化〕されていた主人は、支配される側の人たちの恩恵と委任に基づく権力保有者になる。

フォロワーによる指名も、〔軍事的または宗教的〕ゲマインデによるアクラマツィオーン〔歓呼賛同〕も、人民投票〔プレビシット〕も、歴史的にはしばしば、投票によって行われる選挙の性格を帯びた。それによって、自らのカリスマを根拠にして自らが主人になることを要求することで選ばれていた主人は、純粋に支配される側の人たちの好みを基準として、支配される側の人たちによって選挙で選ばれた官僚[2]に変えられた。

（1）ウェーバーは命令する「主人」の視点から、支配される側の人たちの服従を手に入れるチャンスとして支配を理解している（純【1】）。しかしながら、カリスマの日常化の展開を追い、主人による支配も支配される側の人たちの「承認」がなければ成り立たないという論理をたどることで、「民主的」レジティマシーという論点が浮上してくる。民主的レジティマシーは、今日の政治学者にとってはよく知られた概念であるが、本書を通じてこの用語が出てくるのはこの一箇所だけである。第一次世界大戦勃発の前に、したがってドイツ革命を経験する以前に書かれた本書のメイン・テクスト（この付録以外）では、カリスマの日常化・物象化は論じられているが、カリスマの「反権威主義的」解釈替えや「民主的」レジティマシーは出てこない。なお、第一次世界大戦後に書かれた『支配の諸類型』ではカリスマの「支配とは異質な解釈替え」（herrschaftsfremde Umdeutung）が論じられている（cf. MWG I/23, S. 533-534.『支配の諸類型』一三八頁）。本書の【付録2】「国家社会学の諸問題」に出てくる「第四のレジティマシー」もこの論点に関係する。

（2）**純【34】**も参照。

【33】票によるレジティメーション

カリスマ的原則によれば、カリスマ的な法指示は、ゲマインデ（軍事的ゲマインデや宗教的ゲマインデ）に告示され、そのゲマインデによって承認されなければならない。また、さまざまな対立する〔法〕指示が競合する場合には、カリスマ的手段によって、つまり最終的にはゲマインデが正しい指示を信仰告白することによって決定が行われる、という手の届くところにある可能性がある。以上のようなカリスマ的な原則と手の届くところにある可能性は、すでに述べたことと同様に、容易に次のような(合法的)観念へと発展していく。妥当すべき法については、支配される側の人たちが意思表示を通じて自由に決定すること、そして票の集計(つまり多数決原理)がそのためのレジティメイトな手段であるということ、以上がその観念である。

[34] カリスマ的リーダーと官僚化した政治家

このとき選挙で選ばれたリーダーと選挙で選ばれた官僚〔役職者〕の違いは、ただ意味の違いにとどまる。ここでの意味というのは、選ばれた者自身が自分の行動に与える意味、そしてその個人としての資質によってスタッフと支配される側の人たちに与えることができる意味である。官僚は完全に自分の主人の委任を受けた人、ここでは有権者から委任を受けた人として行動し、リーダーはもっぱら自分の責任で行動する。したがってリーダーは有権者の信頼を要求し、それに成功しているかぎりは、完全に自分の判断で行為する。これがリーダー主導の民主主義である[1]。リーダーは、官僚のように、(「命令的委任[2]」の形で)表明された有権者の意志に従うことはなく、また予測される有権者の意志に従うこともない。

（1）Führer-Demokratie は日本語では「指導者民主制」、英語では leader democracy ないし leadership democracy などと訳されることが多い。ウェーバーが Führer-Demokratie として考えているのは、国民から直接的に選挙で選ばれるアメリカの大統領制のようなモデルであり、このモデルは決して議会制それ自体を否定するものではない。ヒトラーがフューラー(Führer)を独特の仕方で用いたこともあり、この言葉の取り扱いは難しい。現代のドイツの政治ジャーナリズムでは、Oppositionsführer（野党リーダー）などの複合語を除けば、Führer という語が使われることは少ない。イタリアで、「指導者」を意味するドゥーチェ(duce)が、ファシズム色が強いという理由で避けられているのと同じである。このような事情を考えると、ナチズムにおける「指導者原理」を連想させる「指導者」という表現を、ウェーバーのテクストの訳語として用いることに、私は訳者として躊躇を感じる。もっと率直にいうならば、「指導者」ないし「政治指導者」という用語を、日本語で行われる政治的な議論で積極的に使い、それを拡散することに手を貸したくない、という個人的な思いがとても強い。このため Führer-Demokratie はここでは「リーダー主導の民主主義」と訳した。もちろん「リーダー」という英語のカタカナ語や「導く人」などの表現を用いて、若干のぎこちなさを残したところで、たいした意味はないかもしれない。どのような表現を用いるかはそれぞれの読者が判断すべき問題である。なお、Führer-Demokratie という表現は一九一九年の講演「仕事としての政治」にも出てくる。脇訳では「指導者民主制」、野口訳では

「リーダーに導かれるデモクラシー」となっている(cf. MWG I/17, S. 224.「仕事としての政治」一七六頁／『職業としての政治』八五頁)。ウェーバーは少なくとも第一次世界大戦前に執筆された「支配」から「国家と教権制」までの本書の主要なテクストでは、この表現を一度も使っていない。この表現が使われていることから、論文「三つの純粋類型」は第一次世界大戦後、おそらくは一九一八年以降に書かれたと推測される。

(2)「命令的委任」(imperatives Mandat)は議会など、意思決定の場に代表として派遣される人が選出母体の指令に拘束される、あるいはその枠内でのみ代表権を持つことを指す。**組【17】**も参照。

【付録2】　国家社会学の諸問題(1)

（1）このテクストは、一九一七年一〇月二五日にウェーバーがウィーンで行った講演の記録である。執筆したのは『新自由新聞』の記者であり、ウェーバー自身ではない。ここでウェーバーは「第四のレジティマシーの思想」として支配される側の人びと、つまり人民の意志について論じている。なお、この講演についての研究としては、佐野誠「マックス・ヴェーバーの講演「国家社会学の諸問題」（一九一七年）をめぐって──国家社会学と正当的支配の四類型」『法制史研究』五七号、二〇〇七年、一～四〇頁がある。

［1］国法学的アプローチと社会学的アプローチ

純粋に国家の問題を扱う社会学的な方法を説明したい。このように述べることで、講演者〔マックス・ウェーバー〕は議論を始めた。

社会学は、歴史的現象としての国家を観察するのに、国法学が行ってきたのとは別の手段でアプローチする。

両者の概念が同じにみえることが非常に多いとしても、その概念の意味は異なる。一方では、法学的思考のルールに準拠してなにが妥当すべきかを確定することが問題であり、他方では、与えられた条件下でなにが起こりそうかを確定することが問題である①。

憲法〔国制〕(Staatsverfassung)という概念を、一方では国法学的な意味で、他方では社会学的な意味で思い浮かべてみれば、この違いはとりわけ明確になる。いかなる憲法にも隙間があり、それは偶然ではない。

例えば、予算について立法府内の構成要素間で合意が得られないとどうなるか。この点についての規定を明文化している憲法は非常に少ない。

そのため、この点について憲法はなにも語るべきことがない、との説まである。これに対して、社会学的な意味での憲法〔研究〕は、このような場合になにが起こりうるかという、まさにこちらの問題に立ち入らなければならない。というのも、政治的関心が向かうのはこの問題だからである。予算編成に関与するすべての構成要素はこの点を計算に入れる。そして当該の国家の政治的類型が準拠するのもこれである。ある特定の状況下でなにが起こるか。そしてある特定の状況下で、なぜあることが起こり、別のことが起こらなかったのか。このようなことを示す、事象についてのルールに到達しようとするのが、社会学的な国家の観察である。

国法学的な〔憲法の〕取り扱いが発展させようとするのは、法的にどうするべきかを示すルールである。

（1）法学と社会学の違いについてはMWG I/12, S. 404-406.『理解社会学のカテゴリー』三九～四〇頁も参照。

〔2〕合理的なルール、伝統的権威、カリスマ、支配される側の人たちの意志

現代の国家に関するあらゆるアクチュアルな〔時事的な〕問題を避け、いくつかの例によって、国家社会学がその課題に応えるための方法を示すにとどめたい、と講演者は述

べた。

社会学は支配（権威）概念（Herrschafts-（Autoritäts-）Begriffe）の構成要件（Tatbestand）をいくつかのカテゴリーに分けて整理する。人と人との支配関係の特定の形式の構築は、このようなカテゴリーに従う。

講演者の見解では、次のような問いと結びつけることによって、このような考察は最も目的に適う形で行われる。レジティマシー〔正当性／正統性〕の要求はいかなる性格を持つか。支配者と支配される側の人たちの平均的な意識にあって、ある特定の支配関係がその妥当の根拠とするのはなにか。これがその問いである。

このレジティマシーには三つの純粋類型があり、そのミックスによって権威主義的な支配と国家形成の多様性が組み立てられる。講演者はこのことを立ち入って説明した。①

1 合意された、あるいは押し付けられた合理的なルールによる支配。この支配は、最も純粋には、国家の支配団体の内部で、権限と管轄部局〔審級〕によって階層構造的に構成される官僚制的管轄権のシステムとして現れる。この官僚制的管轄権は、不変とみなされているルールに準拠して法を宣告し、服従を強制する。

経済的にみるならば、このシステムの不可避的な基礎は、国家の支配の内部で行政官を支配の行政・経営手段から分離することである。民間企業の領域でまったく同種の支配が、経済・経営手段からの労働者の分離を基礎にしているのとまったく同じである。

これとは対照的なのが、二つ目の形式である伝統的権威による支配である。つまり、永遠の昨日であるもの、慣習的に続いてきたもの、したがって神聖で変更不可能であるとみなされているものの支配である。

私的領域におけるこの支配の最も純粋な形式は、家父の家経済であり、政治的支配の領域では家父長制・家産制国家である。

この類型の行政や司法は、伝統的なルールに準拠して行われる。ルールは変更不可能で、昔から同じように妥当しているとみなされる。

家経済でも政治的支配でも、支配の器官は、今日の意味での上司や官僚ではなく、家長や君主の個人的な奉仕者や腹心である。

権限という概念は存在しない。権限に代わるのは、個々の腹心や奉仕者の純粋に私経済的な勢力圏(Machtsphäre)である。この勢力圏は、謝礼・手数料の利権という原動力を基礎にしており、最高度に多様で非合理的である。

伝統の神聖さが活動の余地を残している範囲では、主人には自由な恣意と恩恵の権利が与えられ、そこで主人は形式的なルールに縛られることなく、純粋に個人の視点に立って支配する。

このシステムが完全に純粋に、壊れないで存在する場合には、家長はもっぱらこのような器官を通じて支配する。ここにはいかなる権力の分立も存在しない。

権力の分立が生じるのは、主人がその権力を他者と共有せざるをえない場合である。経済的にみて、財政が主人の手中に独占されておらず、軍隊に〔兵士各人が〕自前で装備を整えるシステムが存在し、その他の支配領域に〔個々の官僚が〕自分の会計によって行政を行うシステムが存在する場合には、どこでも権力分立が生じる。

官職がプフリュンデ〔俸禄〕化されたり、賃借されたり、売却されたりする場合、あるいは官職が封建制的な忠誠の絆だけで結ばれた独立した諸権力(Gewalten)の手に握られるような場合も、権力分立が生じる。

こうした家産制的な権力分立のシステムは、伝統的な支配の構成体におけるすべての法的保障の最初の源泉であり、ヨーロッパでその最高の類型が現れるのは、身分制国家においてである。

すべての伝統主義的な国家、とりわけ厳格な家父長制国家に共通するのは、合理的な経済に対する内面的な違和感である。

たしかに、商業の資本主義と並んで、租税徴収人や国家御用達の資本主義もある。しかし、今日的な意味での商業経営の形式の出現は、法の束縛と主人や官僚が持つ恣意の非合理性のせいで不可能になっている。

というのも、資本主義が基礎とするのは計算であり、資本主義は裁判官や行政官僚に計算可能で予測可能な行動を要求するからである。こうした行動を提供するのは、合理的な国家だけである。

より高いレベルでこれが当てはまるのが、レジティメイトな第三の支配形式である。この支配形式は、折に触れてルドルフ・ゾームによってなされた論述に倣って、カリスマ的支配と呼ばれてきた。

ここで支配が基礎にしているのは、合目的的に設定されたルールでも、壊れることのない不動の伝統でもなく、魔法、啓示、英雄的精神といった、主人ないしその奉仕者の特別な資質である。

〔こうした支配における〕法と行政は、啓示ないし範例による創造と結びついているため、まったく非合理的である。伝統の支配に対抗して、預言者や戦争の英雄の支配が対置する原則は「そう書いてはある。しかし、私はあなたがたに告げる[2]」である。

伝統とカリスマという二つの形式のレジティマシーの対立は、既知の歴史の全体を貫いている。

預言者・救世主の自由なカリスマが日常化することによって、官職〔による〕レジティマシー、世襲〔による〕レジティマシー、その他の原理がいかなる仕方で発展したか。それに対して決定的であったのはいかなるモチーフか。以上のことを、講演者は詳細に説明した。

第四のレジティマシーの思想が徐々に出現してきた。西洋国家の近代的な発展はこの思想の出現によって特徴づけられてきたが、それはいかにしてか。最後に講演者はこの説明に話を移した。第四のレジティマシーの思想というのは、自分自身のレジティマシーを少なくとも公式には、支配される側の人たちの意志から導き出すような支配の思想のことである。

このような支配は、その初期の段階ではまだ、近代的な民主主義の思想とはかけ離れている。むしろその特有の担い手は西洋都市の社会学的構成体である。(3) この西洋都市は、古代でも中世でも、その出現や社会学的意味のあり方の点で、すでに他の時代や民族のあらゆる種類の都市的な構成体とは異なっている。

都市市民の軍事〔自衛〕団体が誓約同胞団(Schwurbrüderschaft)として団結し、官僚を使って自分たちで自治を行う。最高度に発達した事例で、西洋都市がもともと基礎にしていたのはこうしたものであった。

ここで講演者は、いかに西洋都市の独自の特性が一部には軍事技術的な要因、また一部には宗教的な要因に起因しているかということ、そして西洋以外の都市の形成が、氏族や職業団体の魔術的に条件づけられた独裁によって、いかに西洋都市とは異なるかということについて詳細に論じた。

西洋都市は資本主義の発祥の地である。その他の都市のどの構造的形式にも、これは欠如している。それだけでなく同じように、官職という社会学的概念、軍事規律、政党(このような形式では、西洋都市の外にはどこにもみられない)、そしてそのフォロワーが政党を形成するデマゴーグという特徴的人物の発祥の地も、西洋都市である。

〔第一の要素として〕君主制的軍事国家の合理的官僚制化があり、〔第二として〕合理的資本主義がある。近代における合理的資本主義との世界史的に重要な同盟を基礎にして、近代国家は出現した。これら〔二つの要素〕と結合しつつ、都市とそれによってはじめて発展した政治および経済政策の性質が、近代的な政治的支配形式の第三の、不可欠な歴史的構成要素である。

(1)この一文はコロン(:)で終わっている。

(2)新約聖書『マタイによる福音書』五・二一～二二。**官[37]**を参照。

(3)ウェーバー『都市の類型学』(MWG I/22-5)を参照。一九一四年に『社会経済学要綱』の第一巻で各章の予定目次(一九一四年構成表)が示されたとき、「非レジティメイトな支配

――都市の類型学」(Die nichtlegitime Herrschaft. Typologie der Städte)もそこに含まれていた。ウェーバー全集(MWG)では別巻となっているが、ウェーバーの「都市」研究は、もともとは彼の支配をめぐる考察の構成的な一部であった。それにしても、西洋都市における自治が「非レジティメイト」だというのはきわめてわかりにくい。今日の「民主的レジティマシー」の定義からすれば、むしろこうした都市市民の自治こそがレジティメイトに思える。しかし、ウェーバーは、西洋都市を支配とそのレジティマシーの外部に置く。命令とそれへの服従という関係ではなく、盟約(**家**【**25**】を参照)によって成立する「国家内の国家」には「非レジティメイト」な位置が割り当てられる(cf. MWG I/22-5, S. 200.『都市の類型学』二一三頁)。それでもやはりこの点をめぐっては、疑問や批判が数多く出されてきた。おそらくウェーバー自身も、この点をめぐって試行錯誤していた。この記事を執筆した記者が正しく理解しているとすれば、という条件付きではあるが、ウェーバーはこの講演で、こうした人民の意志をレジティマシー論に組み入れることを試み、四類型にしている。ところがその後、一九一九年一月二八日に行われた講演「仕事としての政治」では、「伝統」「カリスマ」「合法性」の三類型にもどっている(cf. MWG I/17, S. 160-161.「仕事としての政治」九六～九七頁／『職業としての政治』一一～一三頁)。

用語

＊本書では、ルビや〔　〕を使うことで、漢字による表記とカタカナによる表記をしばしば併記している。この【用語】では、基本的にカタカナのほうを項目にして説明を加える。

アクラマツィオーン(Akklamation)　歓呼賛同。一般会員が集まる集会で、だれが役職を担うのか、あるいはどのような政策を採用するのかについての提案がなされ、それに対して拍手や喝采によって賛同が表明されること、あるいはそうした手続きによる決定の仕方がアクラマツィオーンである。もちろん提案に不満があれば、集会に参加した一般会員は野次をとばすなど、反対の意思表明をすることができ、この結果、提案が否決されることもありうる。古ゲルマンの民会ではこの決定方法が用いられていた。ある意味においては、とても民主的であるともいえるが、人びとの政治参加が賛否をめぐる喝采に切り詰められているともいえる。民主主義を(再)定義するときに、この概念に注目したのがカール・シュミットだった。近年の「観客」民主主義やポピュリズムとの関連でも、アクラマツィオーンの概念はあらためて考察される必要がある。

アンシュタルト(Anstalt)　本人の意志や合意とは関係なく、ある一定の要件に準拠して強制的に加入させられる秩序を指す。「公的営造物」と訳されることもある。本書では主として「教会」(Kirche)を指して、このタームが用いられている。なお、アンシュタルトの反対概念は、結社ないしアソシエーション(Verein)である。この場合の入会・退会は、参加者の自発的な意志による。【用語】「ゼクテ」も参照。

生き方(Lebensführung)　生活・人生(Leben)を導く・操縦する・案内する(führen)というのが、この語の直訳的な意味である。führen は個人の生活・人生だけでなく、政治共同体にも使われる。führen する人である Führer は、リーダー(人びとを導く人)という意味になる。Lebensführung は、日本のウェーバー研究では「生活態度」と訳されることが多かった。そして基本的にこれは適切な訳語である。ただ、「勉強する生活態度が身についていない」など、一般に日本語で使われる「生活態度」は外面的な意味が強いという難点もある。修道院での Lebensführung は、規律化された(外面的な)生活態度でもあるが、それと同時に、あるいはそれ以上に内面的な生活・人生の導きである。Lebensführung が「精神」ないし「信条」(Gesinnung)と密接に関わる概念であることを考えて、本書では「生活態度」ではなく「生き方」と訳している。

一元支配的(monokratisch)　ウェーバーが官僚制(的な支配)の様態を記述するときに用いる表現である(**官**【**4**】)。権力の多元性が縮減され、一つの単一の頂点に収斂するプラミッド型の組織ができあがるとき、支配は一元支配的になる。monokratisch には「単一支配的」という訳語が使われることが多かったし、私もこれまでそのように訳してきたが、本書では「一元支配的」とした。ウェーバーは「西洋文化」を「統一文化」(Einheitskultur)ではないことによって特徴づけている(**教[37]**)。別の言い方をすれば、一元支配へと向かう官僚制化の進展は、彼が理解する「西洋」の否定を意味する。日本の官僚制論では、辻清明(一九一三〜一九九一年)以来、割拠性やセクショナリズム、あるいは「縦割り」が強調されることが多かった。このような「日本的」官僚制の言説は、ウェーバー的な意味での一元支配的な官僚制モデルとは大きく異なる。両者の関係については、今村都南雄『官庁セクショナリズム』東京大学出版会、二〇〇六年を参照。

ヴァイストゥーム(Weistum)　中世ドイツでは、妥当する法を確認するために、慣習に通じた人たちの判定を仰いだ。このような手続きによって確定された法をヴァイストゥーム(判告)と呼ぶ。

オリエント(Orient)　日本語で「西洋」の対となる概念はもちろん「東洋」である。しかし西洋/東洋という二元論で考えるとき、私たちは通常では日本や中国を「東洋」に含めて考える。しかし、ウェーバーが本書で Orient というとき、これに該当するのは主として中近東である。この点で、彼のオリエントは、エドワード・サイードが『オリエンタリズム』で扱っている対象とほぼ同じである。ウェーバーは「中国やオリエントでも」(**家[41]**)

という表現を用いている。このときの中国はオリエントと並立する、別のユニットであるという理解であろう。このような事情から、またあえてぎこちなさを残す意味でも、本書では西洋／オリエントと表記している。

カエサル主義(Cäsarismus)　この名称はもちろん、共和政末期のローマの将軍・政治家カエサル(Gaius Julius Caesar, 100 BC-44 BC)に由来している。しかし、この概念が使われるようになったのは一九世紀になってからであり、主としてナポレオン一世、ナポレオン三世の統治を記述するためであった。したがってカエサル主義は、ボナパルティズムと意味が重なる(**官[46]**、**組[15]**)。国民から直接的にレジティメーション(正当化)された、人民投票(プレビシット)的な政治リーダーを指して、ウェーバーはこの用語を用いている。強調点は、たんに選挙で当選したというだけではなく、政治リーダーがアクラマツィオーン(歓呼賛同)を受けて独裁的な権力を掌握するという点にある。カエサル主義は「国民の意志」に基づいているという意味では「民主的」であるが、議会や討論のプロセスを破壊するという意味では「非民主的」である。**官[15]**および**【用語】**「プレビシット」も参照。

家産制(Patrimonialismus)　家産制は、君主(主人)が国家の領土、財産、構成員を自分の私的な「家産」として所有するような支配体制である(**家[11]**)。この概念は、カール・ルートヴィヒ・フォン・ハラー(Karl Ludwig von Haller, 1768-1854)に由来する。この体制では伝統と主人の恣意が並存している、とウェーバーは指摘する。家産制は基本的には伝統を基礎にした支配ではあるが、ウェーバーは近代の絶対主義国家を「家産制のルネサンス」として理解している(**封[10]**)。また、近年では、「歴史の終焉」テーゼで知られるフランシス・フクヤマ(Francis Fukuyama, 1952-)が、現代の中国の体制に対して家産制概念を使い、またリベラル・デモクラシー体制の家産制化について論じている(フランシス・フクヤマ『政治の起源』上・下、会田弘継訳、講談社、二〇一三年、『政治の衰退』上・下、会田弘継訳、講談社、二〇一八年)。

型に嵌めて固定化する(stereotypieren)　ウォルター・リップマンが『世論』(一九二二年)でキーワードとして用いたことで知られる「ステレオタイプ」は、メディアによる情報圧縮によって形成されたイメージや固定観念を意味する。ただ、もともとステレオタイプという言葉は印刷のための鉛版(ステロ版)に由来している。ウェーバーはリップマン以来のメディア論的な意味ではなく、印刷用語の意味でこの言葉を用いている。家父長制的な主人は自分の恣意的な権力が縛られることを嫌う。これに対して彼のフォロワーはさまざまな形で主人の権力を枠付け、制限しようとする。このような場合などに、「型に嵌めて固定化する」という表現が用いられる(**家[8][27][29][44]**)。ウェーバーは封建制における「権力分立」をこのような視角から論じている(**封[8]**)。「型に嵌めて固定化する」という言葉の印象はよいものではないかもしれない。しかし、恣意的な権力に制限をかけるとともに、もともと不安定な私たちの人生に一定の持続性を確保するためには、なんらかの形で「型に嵌めて固定化する」ことが必要である。固定化の打破しか語ることがない権力批判は、この意味では十分ではない。

カーディ裁判（Kadi-Justiz）　カーディはイスラーム世界の「裁判官」のこと。実質的な正義に基づき、形式的なルールを軽視する裁判類型を指して、ウェーバーは「カーディ裁判」という用語を用いている（**官［35］**）。ただし、ウェーバーはイスラームに限定して、この用語を用いているわけではない。彼はイギリスの地元の名望家である治安判事による裁判に対しても、この表現を使っている（**家［61］**）。

神の恩恵（Gottesgnadentum）　Gott（神）と Gnade（恩恵・恩寵・恵み）が結合した語であり、ラテン語の dei gratia に由来する。文脈によっては「王権神授」（説）と訳されることもある（**カ［3］**）。なお、ウェーバーは支配についてのテクストを執筆していた時期に、政治学者のカール・レーウェンシュタイン（Karl Loewenstein, 1891–1973）からミュンヘンでの講演を依頼されていた。一九一三年八月九日付の書簡で、ウェーバーは講演のタイトルとして「神の恩恵の社会学」（Soziologie des Gottesgnadentums）を提案している（cf. MWG II/8, S. 302）。しかしこの講演は実現しなかった（cf. MWG II/8, S. 444）。

カリスマ（Charisma）　非日常的・情緒的な特別な資質・能力、ないしそれを持つ人。ウェーバー自身の説明は**カ［1］**に書かれている。カリスマのレジティマシーは、フォロワーがそれを承認するかどうかにすべてがかかっている。本書ではカリスマの日常化・物象化についても詳しく論じられている。政治家の「世襲」などもこれに含まれる。こうなると、カリスマはもともとの意味とは正反対に、既成秩序や既得権を正当化するものとして機能する（**維**【**9**】）。ウェーバーが最初にカリスマという用語を用いたのは、国法学者のゲオルク・イェリネク（Georg Jellinek, 1851-1911）の娘のドーラ・イェリネクへの手紙（一九一〇年六月九日付）である（cf. MWG II/6, S. 559-563）。ここでは詩人のシュテファン・ゲオルゲとそのサークルを指して、この語が用いられている。ゲオルゲについては**力**【**2**】も参照。

官職（Amt）　国の公務員組織や教会などにおける公式の役職、あるいはその職務内容やそれが行われる場所（役所・公官庁など）を指す。【用語】「官僚」も参照。

官僚（Beamte）　官職（Amt）に就いている人。日本語で官僚というときは、公務員試験などによって選別され、官庁で勤務している人を指し、このような意味での官僚は選挙に当選して公職を担っている（職業）政治家とは明確に区別される。これに対してウェーバーは、選挙に当選して当該の役職に就いている人もBeamteに含めているので注意が必要である。例えば、**官**【**15**】、**純**【**32**】【**34**】では「選挙で選ばれたBeamte」のような表現が出てくる。このような場合は「役職者」と訳している。また、イギリスの治安判事など、地域の行政の仕事を無給で担っている人に対しても、ウェーバーはBeamteを用いている（**家**【**61**】）。このときのBeamteは、今日であれば、「ボランティア」に近い。

救済宗教（Erlösungsreligion）　キリスト教や仏教など、彼岸的な「救済」を求める宗教を指す(cf. MWG I/22-2, S. 301-305.『宗教社会学』一八九～一九三頁)。現世的な価値と完成を求める儒教は、この定義からすると救済宗教ではない。救済宗教は、経済、政治、芸術などの現世の論理と鋭く対立するという点をウェーバーは強調する。本書でも、彼がこの用語を用いるときには、宗教と世俗の対立という文脈であることが多い(**教[4][8][13][21]**)。彼はコスモス(意味のある現世の論理)を超越した愛の倫理という意味の「愛の無コスモス論」(Liebesakosmismus)という用語で、救済宗教を特徴づけてもいる(cf. MWG I/19, S. 490.『宗教社会学論選』一一六頁)。

教権制(Hierokratie)　hiero- は「神聖な」あるいは「聖職の」を意味する接頭辞であり、Hierokratie は「神聖な支配」ないし「聖職者の支配」という意味である。ウェーバーの説明によると、世俗の支配者が聖職者によってレジティマシーを与えられるか、世俗の支配者自身が聖職者であると同時に国王であるかするとき、その支配は教権制である。ウェーバー自身の定義は**教[3]**を参照。

恭順(Pietät)　恭順(ピエテート)は一般的には「宗教的な敬虔」という意味で用いられることが多いが、ウェーバーは主として家父長制的な支配の基礎になる感情を指してこの言葉を使っている(**家[1][4]**)。日本の前近代性を論じる文脈で、かつてはよくこのタームが用いられた。大塚久雄・川島武宜・土居健郎『「甘え」と社会科学』弘文堂選書、一九七六年などを参照。

クレーロス(klēros)　古代ギリシアのポリスで、戦闘能力のある市民に割当てられた、世襲の土地を指す。もともとは「くじ」を意味する。本書では軍事的な義務を負う「クレーロス保有兵」という表現がくり返し用いられている。ただし**カ[2]**では、土地とは関係なく、カリスマの「部分」という意味でこの語が用いられている。

決疑論(Kasuistik)　カズイスティーク。法学にしても、倫理学にしても、医学にしても、原則がそのまま個別のケースで通用するわけではない。このため、一般的な原則を個々の事例(ラテン語の casus)に適用して分析し、判断する必要が出てくる。決疑論とはこのような手法を用いた考察である。ウェーバーがしばしば「極端なケース」ないし「ボーダーラインぎりぎりの事例」(Grenzfall)に注目するのは、彼の研究が支配についての決疑論だからである。決疑論をとりわけ発展させたのはイエズス会であった(**教[19]**)。また、ウェーバーが支配についてのテクストを執筆していたのとほぼ同時期に、森鷗外が医者の親子を描いた短編「カズイスチカ」(一九一一年)を発表している。カズイスチカはカズイスティークのラテン語である。決疑論という訳語が定着しているので、本書でもそれを用いるが、医学では「症例報告」などと訳されることもある。

ゲノッセンシャフト(Genossenschaft)　ゲノッセ(Genosse)は対等な立場の構成員を指す。ゲノッセン(Genossen)はこの複数形。「仲間」、ないし「同志」と訳されることが多い。とりわけドイツの左派政党で、この表現が好んで用いられてきた(その場合は「党員」ないし「同志」と訳される)。ゲノッセンシャフトはそのようなメンバーから構成される組合、ないし協同体のこと。歴史法学のギールケ(Otto Friedrich von Gierke, 1841-1921)は、服従関係である支配(Herrschaft)に対立する概念としてゲノッセンシャフトを用いた。

ゲマインシャフト行為/ゲゼルシャフト行為(Gemeinschaftshandeln/Gesellschaftshandeln)
ゲマインシャフトとゲゼルシャフトと聞くと、フェルディナント・テニエスの『ゲマインシャフトとゲゼルシャフト』(改訂第二版、一九一二年)を想起する人が多いだろう。周知のように、テニエスはこの二つを対抗する概念として用いている。しかし、第一次世界大戦前の、支配をめぐるテクストを書いた時点で、ウェーバーはゲマインシャフト行為をテニエスよりも広い、より一般的な意味で用いている。『理解社会学のカテゴリー』(一九一三年)では「人間の行為が当人の主観において他の人間の行動へと意味の上で関係づけられている場合」の行為を指す、と定義されている(MWG I/12, S. 406.『理解社会学のカテゴリー』四三頁)。こうしたゲマインシャフト行為のなかで、とくに目的合理的に設定されたOrdnung(秩序、定律、命令)に準拠するものを、彼はゲゼルシャフト行為と呼んでいる(**支【12】**)。もちろん官僚制はゲゼルシャフト行為を基礎にしている(**官【49】**)。この時点でのウェーバーのテクストでは、ゲゼルシャフト行為はゲマインシャフト行為の特殊なケースとして位置づけられており、テニエスの用語法のように両概念は対立していない。なお、第一次世界大戦後に書かれた「社会学的基礎概念」(『社会学の根本概念』)では、ゲマインシャフト行為とゲゼルシャフト行為の定義が変更され、両概念は対抗的に用いられるようになるので、注意が必要である。

ゲマインデ(Gemeinde)　地方行政のユニットである(基礎)自治体を指すとともに、宗教における「教区」、あるいは宗派の「信徒」ないし「信徒団」という意味でも用いられる。大塚久雄(一九〇七〜一九九六年)はゲマインデを「共同体」と訳しているが(『共同体の基礎理論』岩波文庫、二〇二一年、原著は一九五五年)、ゲマインシャフトと区別する意味でも、本書では基本的にゲマインデとする。

権力(Macht, Gewalt)　本書でウェーバーは権力(Macht)を定義して、「自分の意志を他者の行動に押し付ける可能性(Möglichkeit)」(**支[2]**)と述べている。比較的よく引用される「社会学的基礎概念」での定義は「ある社会的関係の内部で抵抗を排してまで自己の意志を貫徹するすべての可能性(Chance)」(MWG I/23, S. 210.『社会学の根本概念』八六頁)である。いずれにしてもここには一定の不確かさ、偶然性、抵抗の可能性が含まれている。本書の中心テーマである「支配」は、このような意味での権力の特殊なケースとして論じられている(**支[2]**)。なお、Macht が複数形(Mächte)で出てくるときには、「諸力」「勢力」と訳している。また、ウェーバーは Macht とともに Gewalt もよく用いている。この語は通常では「暴力」と訳されることが多いし、本書でもそれでよいところでは基本的にそのように訳している。しかし、Gewaltenteilung は、政治学の用語として定着しているので「権力分立」と訳しており、また Befehlsgewalt も「命令暴力」とはせずに「命令権力」と訳している。「M権力」と「G権力」という表記を用いて区別することも考えたが、あまりに読みにくくなるので断念した。両概念の差異に関心を持っている方がいれば、本書の訳文を鵜呑みにしないようにしていただきたい。

合議制(Kollegialität) 複数の構成員の協議によって決定がなされる(行政)機関。通常の行政機関では独任制の長が置かれる。これは最終的な決定が、内部での意見の違いや対立によって妨げられないためである。独任制の長を有する階層構造を表現するのに、ウェーバーは一元支配的(monokratisch)という表現を用いている(【用語】「一元支配的」を参照)。**支[11]**にあるように、「合議制的」(kollegial)という表現はこの「一元支配的」の反対概念として用いられている。なお、合議制はそもそも Kollege(同僚、同業者、英語の colleague)ないし Kollegium(同僚の団体)に由来している。このため、Kollegialität という言葉は「同僚としての友好な関係」「仲間意識」という意味でも使われる。そしてゲノッセ(【用語】「ゲノッセンシャフト」を参照)がそうであるように、合議制も原則として、対等な関係性を前提としている。このような性格上、合議制は少数の、相互にそれなりに承認し合っている名望家(【用語】「名望家」を参照)による支配と接続しやすい。

皇帝教皇主義(Cäsaropapismus) 世俗の皇帝の権威が宗教的な権威である教皇を支配下に置き、世俗の事柄はもちろんのこと、教会や聖職者の事柄も皇帝の管轄下に置くような体制および考え方。Cäsar はもちろんローマの将軍・政治家のカエサルのことであり、絶大な世俗の権力を意味する。皇帝教皇主義は「教権制」の反対概念である。【用語】「教権制」も参照。

コーカス(Caucus)　コーカスは、アメリカ・インディアンの「相談相手」を意味する言葉 Cau-Cau-a-Su に由来するが、由来については諸説がある。政党政治の文脈でこの言葉が用いられるときには、各区で有権者に開かれたパブリック・ミーティングを組織し、下から候補者を押し上げていくシステムを指す。イギリスでは、一八六七年の第二回選挙法改正で、選挙資格が拡大し、労働者も選挙権を手にした。こうした有権者の拡大を背景として、コーカスが注目されることになった。ボトムアップによる「民主的」な決定方式によって、集票機能が強化され、同時に地元の名望家による閉鎖的な支配が打破された。ただ、この過程は政党の党組織の強化と官僚制化でもある、というのがウェーバーの理解である。**官**【**45**】も参照。

ザッハリヒ(sachlich)　ドイツ語の Sache は英語の thing に当たり、「事」「もの」「事象」「本題」「大義」などの意味を持つ。この形容詞形の sachlich は「客観的」「事務的」「即物的」「没主観的」など、さまざまに訳されてきた。いずれにしても、個人的な、あるいはパーソナルな(persönlich)気分や感情、あるいは人間関係などによって歪められることのない一定の基準(「事柄」)に準拠する態度を指す。本書では基本的に「事柄に即して」と訳し、「ザッハリヒ」を〔 〕に入れて添えるなどしている。この語 sachlich の名詞形はザッハリヒカイト(Sachlichkeit)である。また、この語に派生する動詞 versachlichen の名詞形 Versachlichung は「物象化」と訳している。

サトラップ(Satrap) アケメネス朝ペルシアの属州に置かれた行政長官職。王の代理として徴税権などを握り、州の行政において絶大な権力を有していた。このため世襲化が進むとともに、中央からの離反の傾向も強まった。主人がいる権力の中心から離れたところで、中央の権力が及ばないローカルな主人(州総督)の権力が増大するという現象は、古代オリエントだけの問題ではない。支配領域が拡大すれば、そのぶんだけ遠心力が生じてくる。サトラップを引き合いに出して、ウェーバーが検討しようとしているのは、そうした問題圏である。

支配(Herrschaft) **支**【**3**】、**純**【**1**】で定義が試みられている。主人の「命令」(Befehl)が支配される側の人たちに聞き入れられ、服従が調達される可能性という意味で、ウェーバーは「支配」を用いている。第一次世界大戦前に書かれたと思われる**支**【**3**】とは異なり、晩年に書かれたと思われる**純**【**1**】では、「可能性」ではなく「チャンス」(Chance)という表現が使われている。以下の【用語】「主人」も参照。

従士制(Gefolgschaft) ヨーロッパの封建制の基礎にある主従関係、あるいはその源泉となったゲルマン的な主従関係を指す。【用語】「フォロワー」も参照。

主人(Herr)　Herr（ヘル）は男性ないし紳士を意味し、ウェーバーさん(Herr Weber)など、男性の敬称としても用いられる。それと同時に、この言葉は主人、ないし支配者という意味を持つ。ドイツ語の「支配する」という意味の動詞 herrschen は、もちろん Herr の関連語である。Herrin（女性の主人）という、この言葉の女性形も存在する。しかし、ドイツ語の「支配」という言葉は、かなり意図的にそれからの離反を試みないかぎりは、「男性の主人による支配」というジェンダー・バイアスを強く帯びている。主人の定義は、他のだれかから命令を受けることなく、自分で自分の命令権力を行使できる人である(**支**【**12**】)。いくぶん悪意のある表現を使えば、Herr はやりたい放題できる人を指す。トップダウン型の組織のトップは Herr ということになる。日本語の一般的な用法からするといくぶん不自然なところがあるのは否定できないが、本書では全体を通じて Herr は「主人」と訳している。なお、荘園領主(Grundherr)など、すでに訳語が確定しているものについては、もちろんこのかぎりではない。

臣民(Untertan)　直訳すれば誰かに従属している人のこと。英語の subject に対応する。一般には君主国における人民を指す。臣民は、家産制における主人の奴隷や隷従民とは異なるが、その境界はしばしば微妙である(**家**【**22**】)。ルター主義の影響を受けたドイツ人のメンタリティーを指して、ウェーバーはこの言葉を用いている(**封**【**27**】)。ハインリヒ・マン(Heinrich Mann, 1871-1950)の『臣民』(*Der Untertan*, 1914)はヴィルヘルム帝政期の権威主義的な人間類型を扱った小説である。

スルタン制（Sultanismus）　スルタンはアラビア語で権威を意味し、イスラームの世俗の支配者の称号である。スルタン制は、歴史家のテオドール・モムゼン（Theodor Mommsen, 1817–1903）によって、ヘレニズム・ローマの国家思想に反映されたオリエント的な権力行使という意味で用いられている（『ローマの歴史Ⅲ』長谷川博隆訳、名古屋大学出版会、二〇〇六年、二三六〜二三七、二五三頁）。恣意的で、抑制のきかない家産制的支配の極端な類型として、ウェーバーはこの用語を使っている（**家[21]**、**封[15]**、**純[9]**）。もちろん、純粋なスルタン制が成立し存続することは稀である。しかし、だれからも命令を受けることなく、自らが命令を下す「主人」（Herr）による支配は、それが完成されるにつれて、かぎりなくスルタン制に接近していく。なお、現代の比較政治学でも、『民主体制の崩壊』（*The Breakdown of Democratic Regimes*, 1978. 横田正顕訳、岩波文庫、二〇二〇年）で知られるホアン・リンス（Juan José Linz, 1926–2013）が、明示的にマックス・ウェーバーを参照しながら、非民主的な政治体制の類型の一つとしてSultanistic Regimeを論じている。Cf. Houchang E. Chehabi and Juan J. Linz (eds.), *Sultanistic regimes*, Baltimore: Johns Hopkins Univ. Press, 1998.

ゼクテ（Sekte）　英語のsectにあたる。特定の参加者が自発的に結成したユニットを指す。宗教的なゼクテの場合は「教派」と訳されることが多い。大塚久雄は「信団」と訳している。これに対して、基本的にそのコミュニティの全員が自動的・強制的に加入するのが教会(Kirche, church)である(【用語】「アンシュタルト」を参照)。ゼクテは宗教的なユニットだけでなく、ボウリング・クラブ、労働組合、いろいろなNPO・NGOにも用いられる。ウェーバーはゼクテと教会(キルヒェ)という対となる概念をエルンスト・トレルチ(Ernst Troeltsch, 1865–1923)の研究 *Die Soziallehren der christlichen Kirchen und Gruppen*, 1912(『古代キリスト教の社会教説』高野晃兆・帆苅猛訳、教文館、一九九九年、『中世キリスト教の社会教説』高野晃兆訳、教文館、二〇一四年)から引き継いでいる。

選択的親和性(Wahlverwandtschaft)　ヨハン・ヴォルフガング・フォン・ゲーテ(Johann Wolfgang von Goethe, 1749–1832)の一八〇九年の作品の表題でもある。邦訳では『親和力』と訳されている。より一般的には、論理的には結びつかない複数の異質な要素が、ある状況でお互いに引きつけ合うような関係性を指す。ウェーバーはこの言葉を、禁欲的プロテスタンティズムと近代資本主義の関係を説明する際に用いている(cf. MWG I/18, S. 256.『プロテスタンティズムの倫理と資本主義の精神』一三六頁)。本書では、封建制的な教育と芸術家的な性格(**封**[**27**])、平和志向という点で結びつく市民と宗教(**教**[**3**])、祭司層と都市の小市民層(**教**[**25**])、ゼクテと民主主義(**教**[**51**])などの関係を記述する際に、この言葉が用いられている。

大宰相(Großwesire; Großvezir)　ワズィールは行政の最高責任者を意味するアラビア語で、

宰相を意味する。大宰相はこのワズィールの筆頭で、イスラーム国家における政府の最高位である。英語では Grand vizier と表現される。ウェーバーはカリスマ的な支配者のレジティマシーに傷がつかないように責任を肩代わりする点に、この役職の意義をみている（**維**[**11**]）。

治安判事(Friedensrichter)　治安判事(英語では justice of the peace)は、地方行政や裁判に携わる、基本的に無給の名誉職。イギリスの政治文化には、公的な官僚制に否定的で、「小さな政府」を志向する傾向がある。ウェーバーは、こうした政治文化の形成に、治安判事の存在が大きな影響を及ぼしたとみている。もちろん、ボランティアでの行政活動が可能になる前提は、その担い手に経済的・時間的な余裕があることである。【用語】「手が離せない」および**家**[**60**]を参照。

手が離せない(nicht abkömmlich; unabkömmlich)　政治学の専門用語というわけではないが、ウェーバーの隠れたキーワードである。人がなんらかの仕方で政治に参加するためには、経済的・時間的な余裕が必要である。講演「仕事としての政治」でも、長時間労働を強いられている労働者だけでなく、企業経営者も時間的に拘束されることが多いために「手が離せない」、つまり政治参加の時間的な余裕がないと指摘されている(cf. MWG I/17, S. 171.「仕事としての政治」一一二頁／『職業としての政治』二六頁)。本書では**支**[**8**]、**官**[**41**]、**家**[**14**][**19**][**61**]、**封**[**1**][**5**]で、この表現が使われている。

フェーデ(Fehde)　中世ヨーロッパでは、侵害された権利を、裁判手続きを経ることなく、実力で回復する権利が認められていた。この権利に基づく合法的な私戦・私闘をフェーデという。これはゲルマン古代の「血の復讐」に由来する。講演「仕事としての政治」で述べられているように、「レジティマシーを有する物理的な暴力行使の独占を要求する」ことが近代国家のメルクマール(目印)であるとすれば(cf. MWG I/17, S. 158-159.「仕事としての政治」九三頁/『職業としての政治』九〜一〇頁)、近代国家はまさにフェーデを否定することで成立する。

フォロワー(Gefolgschaft)　「従う」「あとを付いていく」という意味の動詞 folgen(英語の follow)の名詞形。封建制の文脈では「従士」ないし「従士制」と訳している(【用語】「従士制」を参照)。ただし、本書では多くの箇所で、リーダーに自発的に賛同し、このリーダーに率いられる人ないし集団という、より一般的な意味でも用いられており、その場合は「フォロワー」と訳している。もちろんこのようなカタカナ表記に問題がないわけではないが、「追随者」「従者」など、今日の日本語としてあまりに不自然な言葉を使うと、それが自分のことだとはどうしても思えなくなるという大きなマイナスが出てきてしまう。「フォロワー」はそれよりはまだマイナスが少ないと判断した。リーダーを承認し、(場合によっては葛藤を抱えつつ)支持し、行動を共にする人や行為を指す日本語の語彙は決して多くはない。関連する言葉を豊かにしていく努力が必要かもしれない。

物象化(Versachlichung)　一般に、物象化は人と人の関係が物と物の関係として認識されることを指す。資本主義批判の文脈でこの用語が用いられるときには、それは基本的にはネガティブな意味である。しかし、ゲオルク・ジンメルは『貨幣の哲学』などで、近代社会の解放的な側面を論じる文脈で、この語をポジティブな意味で用いている。ウェーバーによるこの用語の使い方も両義的である。本書ではとりわけ、非合理的で、非日常的で、再現不可能なカリスマが、合理化され、日常化され、継承可能になっていく様態を記述するのに、このタームが用いられている。【用語】「ザッハリヒ」も参照。

プフリュンデ(Pfründe)　もともとはカトリックにおける「教会禄」、つまり教会で一定の地位にあることで、支給される「俸禄」、あるいはそのような「禄」が与えられる地位のこと。「プフリュンデは、プフリュンデの保有者の現実的または擬制的な勤務に対する終身的で非世襲的な報酬であり、官職所得の態様をとる」(**封[3]**)とウェーバーは定義している。ここで「擬制的」というのは、実際には仕事をしていなくても、役職に応じて支給されるという意味である。このような性質の報酬はもちろん教会にだけ存在するわけではない。ウェーバーは政党についても、この用語を用いている(**組[20]**)。政党が政党助成金を財源として、政党職員や政策スタッフに対して、あるいは新人候補や落選中の候補者に対して支給する「生活の資」も「プフリュンデ」と呼んでよいだろう。そればかりか、一定の身分保障がなされ、時給換算で報酬をもらっているわけではない人の給料には、程度の差はかなりあるが、プフリュンデ的な性格がある。ウェーバー自身による説明は**官[23]**にある。

フュルスト(Fürst)　フュルストは英語の first と同語源であり、ラテン語の princeps に由来する。「第一人者」「支配者」を意味する。マキアヴェッリの『君主論』のドイツ語訳のタイトルは *Der Fürst* である。王権は基本的に武侯から始まる、とウェーバーは論じている(**カ[6]**)。フュルストは本書の「主人」(Herr)と置換可能なことも多い。中世封建社会の文脈では「諸侯」と訳すが、「家産制君主」(Patrimonialfürst)などでは「君主」と訳している。

プリンキパトゥス(Prinzipat)　「第一人者」を意味するラテン語 princeps に由来する。共和政末期の内乱を収拾したあと、アウグストゥスは自らの地位を「プリンケプス」と呼んだ。ここから「プリンキパトゥス」という国制が始まる。日本語では「元首政」と訳されることが多い。本書でも基本的に「元首政」と訳し、〔　〕でプリンキパトゥスを添えている。ウェーバーによると、この時代の後期、ディオクレティアヌスの時代から官僚制が発展した(**官[20]**)。**組[11]**も参照。

プルートクラシー(Plutokratie)　プルートスはギリシア神話における富と収穫の神。プルートクラシーは経済的に恵まれた者による支配、つまりカネ持ち支配を意味する。いつの時代にも富裕層は基本的に少数派なので、カネ持ちによる寡頭制と言い換えることもできる。

プルートクラシーは「金権政治」と訳されることもある。しかし、カネ持ち支配は汚職や賄賂に限定されない。例えば、カネに余裕がある一部の人しか高等教育を受けられないというのも、プルートクラシーの一つの現象形態である(cf. MWG I/17, S. 72.「仕事としての学問」一六頁／『職業としての学問』一〇頁)。

プレビシット(フランス語 plébiscite、ドイツ語では Plebiszit)　プレブス(ローマの平民)の議決を意味するラテン語の plebiscitum に由来する。本書では基本的に「人民投票」と訳している。近年、いわゆるポピュリズムをめぐる議論が盛んになるなかで、プレビシット(人民投票)にあらためて注目が集まっている。フランスのナポレオンについての記述などでは「国民投票」という日本語が使われることも多いが、これもプレビシットである。「プレブスの決議」という意味であれば、個別の争点の是非をめぐる住民投票(レファレンダム)も広義のプレビシットに入る。ただし、ウェーバーはプレビシットをカリスマと結びつけて理解しており、彼がこの用語を用いるのは、主として「一人の(支配者の地位を)要求する者の権力要求の承認が問題であるような場合」(**組[17]**)である。ヒトラー(Adolf Hitler, 1889–1945)によるオーストリア併合の是非をめぐる国民投票などは、政治リーダーが主体となって上から人民に問いかけ、その政治的争点への賛成が、その政治リーダーの権力そのものの承認と強化に直結するという点で、プレビシット的な性格がきわめて強いということになる。**組[15]**も参照。

プレベンデ（Präbende）　プフリュンデと同じく「教会禄」のこと。後期ラテン語の praebenda（差し出されるべきもの）に由来する。ウェーバーはカリスマの日常化という文脈でもこの語を用いていており、「古いコミュニズム的な、共通のストックからの供給に代わって現れた」「割り当てられた現物支給」と定義している（**組**〔**4**〕）。プレベンデとプフリュンデは同義と考えてよい。なお、ウェーバーはプフリュンデの形容詞形は用いておらず、形容詞のときはかならずプレベンデ的（präbendal）としている。

ベルセルク（Berserker）　北欧神話に出てくる熊の皮をかぶった猛戦士。ある種のトランス状態に入り、痛みを感じることなく戦うといわれている。英語の berserk（狂暴な、手のつけられない）はこの神話上の戦士に由来する。ウェーバーはカリスマを説明するときに、ベルセルクに言及している（**カ**〔**1**〕、**維**〔**2**〕、**純**〔**18**〕）。

ベルーフ（Beruf）　ベルーフは、なにかの「ために」（für）生きるという使命の意味と、なにか「で」（von）生活の糧を得るという職業の意味との両面を持つ（cf. MWG I/17, S. 169–170.「仕事としての政治」一一〇～一一一頁／『職業としての政治』二四～二五頁）。すべてのベルーフにはこの両方の要素がなんらかの形で含まれるが、圧倒的に前者にアクセントが置かれる場合と、逆に後者にポイントが置かれる場合では、同じ言葉でも意味がかなり異なる。これに加えて、ウェーバーは「プロフェッショナルな専門的な仕事」という意味でも、この言葉を用いている（**官**〔**11**〕、**家**〔**55**〕、**封**〔**27**〕）。本書では文脈に応じて「ベルーフ」「職業」「使命」「仕事」などを使い、適宜〔　〕に入れて説明を補っている。『プロテスタンティズムの倫理と資本主義の精神』で、ウェーバーがBerufの概念に注目したことはよく知られている。本書でも、ピューリタニズムについて論じている箇所（**教［47］**）に出てくる「ベルーフ」は、彼のプロテスタンティズム研究を前提にして理解されるべきである。しかし、彼はこの言葉をいつもプロテスタンティズムと直接的に結びつけて用いているわけではない。例えば**官［11］**には、「官職は「ベルーフ」である」（Das Amt ist „Beruf".）という一節が出てくる。これなどは、かならずしもプロテスタンティズム的な意味に引き寄せて理解する必要はないと思われる。

ヘレニズム（Hellenismus）　ヘレニズムはギリシア人の自称であるヘレネス（Hellenes）に由来する。プロイセンの歴史家ドロイゼン（Johann Gustav Droysen, 1808-1884）以来の通常の理解では、ヘレニズム時代は、アレキサンドロス大王の東方遠征からプトレマイオス朝エジプトの滅亡までの約三〇〇年間を指す。しかしウェーバーは、古代ギリシアも含めた、広い意味でこの語を用いている。なお、彼は『古代農業事情』（第三版、一九〇九年）でも、ギリシアとローマの間の章でヘレニズムについて論じている（cf. MWG I/6, S. 545-597.『古代社会経済史――古代農業事情』二七六～三四一頁）。

ボナパルティズム（Bonapartismus）　→「カエサル主義」の項目を参照。

マフディー（Mahdis）　アラビア語の（神意により正しく）「導かれた者」。イスラームにおける救世主のこと。ウェーバーの時代のドイツでは、しばしば「イスラームのメシア」(islamischer Messias)と訳されていた。マフディーは、シーア派においては教義の中心であったが、スンニ派では民衆的宗教運動において重要な役割を果たした。一八八一年にスーダンで起こった、いわゆる「マフディーの反乱」は、自らをマフディーと称するムハンマド・アフマド(Muhammad Ahmad, 1843-1885)によって率いられた、イギリス統治への反乱であった。

名望家(Honoratioren)　いわゆる地元の名士。土地や財産を所有していて、そこからの収入があるので、職業労働に忙殺されることがなく、地域のためのボランティア活動などに時間を使い、それによってその地域で社会的な威信を獲得している人たち。彼らの威信は特定の「生き方」を基礎にしているという点を、ウェーバーは強調している(**支[8]**、**家[4]**)。このため、このような「生き方」を共有しない新興の有力者は名望家としては認められない。名望家は中央集権的な官僚制に対立して、地方自治の担い手として重要な役割を果たしてきた。しかしこれを別の角度から記述すると、彼らはローカルなレベルでの排他的な少数者支配とプルートクラシー(カネ持ち支配)の担い手ということになる。【用語】「手が離せない」および**支[8]**も参照。

予備(事前)選挙(Vorwahl)　候補者を絞る作業は、歴史上の多くの場合で、少数の有資格者によって行われてきた。ウェーバーもこの点を強調している(**組[15][27]**)。こうした意味で予備（事前）選挙は名望家支配と親和的である。幅広い党員の参加によって党公認の大統領候補を決めるアメリカのプライマリーは、この点ではむしろ例外的である。

ライトゥルギー（Leiturgie）　人民の仕事を意味する古典ギリシア語の leitourgia に由来し、もともとは都市国家の裕福な市民によって担われた公共的な業務を意味した。エジプトなどにおける対国家奉仕義務を指して、この用語が使われるときは、ほぼ「賦役」という意味になる。しかしウェーバーは同時に、イギリスの治安判事（**【用語】**「治安判事」を参照）などが、名誉職として無給で担ってきた業務にもこのタームを用いている。この文脈ではもちろん、「賦役」という訳語は適切ではない。本書は基本的にライトゥルギー（公的奉仕義務）と表記する。

レーエン（Lehen）　ausleihen（貸し出す）ないし verleihen（貸与する・授与する）を意味する古高ドイツ語の lihan に由来する。レーエンは封建社会で封建領主が封臣に与えるもので、土地を指すことがほとんどであるが、かならずしも土地に限定されていたわけではない。ラテン語の文献で beneficium（恩給）という表現が用いられるとき、これはレーエンと同義である。ウェーバー自身による説明は**封【2】**でなされている。本書では基本的に「レーエン」と訳したうえで、適宜〔　〕に入れて「封土」を付け加えている。

レジティマシー（Legitimität）　ウェーバーは、主人の命令が支配される人たちの服従を手に入れる可能性ないしチャンスとして支配を理解する。このとき、支配される側の人たちの服従を調達するための論理がレジティマシー(正当性／正統性)である。レジティマシーの概念については、**支[13]**で立ち入って論じられている。ここでウェーバーは恵まれている者の「自己正当化」(Selbstrechtfertigung)という観点から、レジティマシーを説明している。この場合には、正当化(rechtfertigen; justify)とレジティメーション(legitimieren; legitimize)の区別はほとんどない。世良晃志郎をはじめ、ウェーバーの著作の翻訳者たちの多くが Legitimität の訳語として「正当性」を選んできた理由の一つはここにある。しかし、法学・政治学では一般的に、ドイツ語の Legitimität（英語の legitimacy)は「正統性」と訳されてきた。「正しさ」が争われていても、一定のレジティマシーは成り立つし、そうでなければ多くの政治秩序は容易に崩壊してしまう。このため「正当性」(正しさ)とは区別された次元で「正統性」という用語が設定されてきた。しかし「正統性」という訳語を用いると、「異端」の対概念である「正統」(オーソドキシー)との区別ができなくなる。正統と異端がウェーバーの宗教社会学のキーワードであることを考えると、レジティマシーとオーソドキシーの混乱は避けたい。以上のことを考えたうえで、本書では基本的に「レジティマシー」と表記する。

レンテ(Rente)　年金、貯金の利子、地代など、一定の労働の対価としてではなく、定期的に入ってくる収入のこと。今日のドイツでレンテといえば、基本的に年金のことであり、Rentenpolitik は年金政策を指す。英語のレント(rent)も、もちろん同系列の言葉である

（ただし、英語で年金を指す場合には pension が用いられる）。今日、政府などに働きかけて、超過利潤（rent）を得ようとする活動を指して、「レント・シーキング」という表現が用いられている。もちろん、本書でウェーバーが用いる Rente には、このような現代的な意味合いは乏しい。それでも、レンテは「支配」の様態と密接に結びついた経済的な利権であるという視点は、本書を読むうえでとても重要である。

訳者あとがきⅡ

一　カリスマと教権制

『支配について』Ⅰには、「支配」「官僚制」「家産制」「封建制」という四つの章が収められている。これに引き続いて、『支配について』Ⅱでは、「カリスマ」「カリスマの組み替え」「カリスマの維持〔および規律〕」「国家と教権制」と二つの付録「レジティメイトな支配の三つの純粋類型」「国家社会学の諸問題」を収録している。

各章と付録のテクストについての基本的な情報は、それぞれのテクストの冒頭で提供しているので、そちらをご覧いただきたい。ここでは、カリスマと教権制について、補足的な説明を述べておきたい。

カリスマについてのテクストは、『経済と社会』の編者ヨハネス・ヴィンケルマンによってかなり大きく順番が入れ替えられた。全集版では、原則としてマリアンネ・ウェーバーによる初版に戻す形でテクストが配置された(詳しくは、各章の最初の訳註を参照いただきたい)。このテクスト配置で議論の展開をたどると、おそらく旧版の『支配の社会学』を読むのとはかなり異なる印象を受けるのではないかと思う。

カリスマという概念は、もちろんそれ自体としてとても興味ぶかい(【用語】「カリスマ」も参照していただきたい)。ウェーバーはフォロワーによる承認、とくにアクラマツィオーン(歓呼賛同)に注目してカリスマについて論じている。ポピュリズム的な現象やポピュリズム的リーダーをめぐる現代の議論でも、カリスマ概念や人民投票的な「リーダー主導の民主主義」(純[34])が取り上げられることがある。今後、政治理論の領域でなおもウェーバーのテクストが論じられることがあるとすれば、中心的な論点の一つになるのはカリスマということになるだろう。

ただ、カリスマについての三つの章で論じられているのは、カリスマそのものについてだけではない。むしろカリスマ以上に、もはやカリスマがいない状況でのレジティマシーの問題が詳しく論じられている。ウェーバーが紙幅を割いているのは、カリスマの「組み替え」と「維持」である。

カリスマはもともと革命的な性格を持つ。しかしそれは時間の経過とともに、しだいに日常化し、物象化していく。既得権を打破してきたカリスマが、既成秩序の利権をレジティメーション(正当化)するために利用されるようになる。カリスマは「世襲」可能なものとして扱われるようになっていく(組[27])。また、その人自身にカリスマがあるかないかではなく、官職そのものにカリスマが付与されることにもなる(組[29])。このようなカリスマの組み替えについての記述を読むと、堕落したカリスマの記録にしかみえないかもしれない。初心に戻れ、と憤りを感じる人すらいるかもしれない。しかし、忘れてはならないことがある。私たちは基本的にカリスマのいない時代に生きている、というのがそれである。もう少し正確にいえば、ある例外的な短期間を除いて、私たちはもはやカリスマがいない、「カリスマ以後」の状況を生きていくことになる。こうした状況にあって、政治秩序のレジティメーション(正当化)はどうしたら可能なのか。ウェーバーはここで「レジティメーションの危機」に対するさまざまな対応の仕方を議論している。カリスマという強いワードにばかり目が向けられる傾向にあるが、支配について論じるということは、多くの場合、わかりやすいカリスマのいない支配とその継続について論じることである。もちろんウェーバーが注目した問題を、ウェーバーが行ったのと同じ仕方で扱う必要はないだろう。しかしそれでも、彼が提起した問題は私たちの問題でもある。

「国家と教権制」についてのテクストも、レジティマシーの問題と無関係ではない。世俗の権力はさまざまな仕方で宗教的な権威からレジティマシーを手に入れようとしてきた（教[2]）。しかも、「国家と教権制」の関係は明白にわかりやすいものだけではない。ウェーバーはいかなる支配にもミニマムな「神政政治的要素」があるとし（教[6]）、その絡まり合いに目を向ける。

宗教に対して「理性」を対置する議論から、ウェーバーは慎重に距離をとっている。「理性」のカリスマ的聖化」という表現を用いていることからもわかるように（教[51]）、理性は理性によっては正当化できない基礎を持ち、合理主義は合理主義によっては基礎づけできないものを内在させていることを、彼は強調する。政教分離や寛容といった近代的な政治原理が、いかにゼクテ（教派）の強烈な宗教意識によって可能になったのかを示すことも、「国家と教権制」の章の一つの主題である。

二　「三類型」の神話？

ウェーバーのレジティメイトな支配の「三類型」は、高校の資料集などにも取り上げられているし、公務員試験などでも出題される基礎的な知識になっている。そしてこのようなときには、ウェーバーの『支配の社会学』の中心テーゼはこの三類型だという説明が添えられることも多い。しかし、この理解は神話に近い。

『経済と社会』の新稿(『支配の諸類型』)では、「合法的支配」「伝統的支配」「カリスマ的支配」という、レジティメイトな支配の三類型が明確に定式化されている。これに対して、『支配の社会学』という名称で親しまれてきた本書のテクスト(旧稿)では、この三類型は中心テーゼとして押し出されてはいない。それどころか軸となる論点の一つであるかどうかについてさえ、判断が難しい。本書で三つの類型が論じられているのは、**支【13】**と**組【22】**の二箇所だけである。

支【13】ではたしかに、「支配のレジティメーションの原理」は「三つ」あると述べられている。しかし、そこでの三つの原理というのは「合理的なルール」「パーソナルな権威(伝統)」「カリスマ」であり、後年の「仕事としての政治」(一九一九年)における「伝統的支配」「カリスマ的支配」「合法性による支配」とはかなり異なる。本書においてウェーバーは恵まれた者の自己正当化(幸福の神義論)からレジティマシーの話を始めて(**支【13】**)、本書のほとんどの箇所で、かならずしも三類型に収斂させることなく議論を展開している。「合法性による支配」ないし「合法的支配」という表現は、大戦後に書かれたと推測される【付録1】「レジティメイトな支配の三つの純粋類型」を除けば、本書ではただの一度も出てこない。官僚制の章についても同じである。ここでは「レジティメイト」という形容詞は出てくるが、レジティマシーの根拠を論じている箇所は存在しない。家産制や封建制の章でも「伝統的支配」という表現は一度も出てこない。レジティマシーという用語は本書を通じてくり返し出てくるが、いわゆるレジティメイトな支配の三類型という図式では論じられていない。

もう一箇所の**組[22]**でも「支配構造の三つの基本類型」という表現が用いられ、これらは単線的に発展するわけではないと述べられている(なお、本書を通じて「基本類型」(Grundtyp)という用語が出てくるのは**支[12][13]**と**組[22]**の三箇所だけである)。ただ、三つのうちの一つが「カリスマ的支配」であることは確実であるが、その他二つがなにを指すのかは明示されていない。

いずれにしても、少なくとも確認できることは、「支配」から「国家と教権制」までの、本書のメイン・テクストは、レジティメイトな支配の三類型という強いテーゼを中心にして構成されているわけではないということである。

「三類型」という表現がはじめて登場するのは、一九一四年七月の「一九一四年構成表」である(表1)。この表の日付は六月二日になっており、翌月七月二八日にオーストリアがセルビアに宣戦布告して第一次世界大戦が始まることがなければ、おそらくはこ

表1　1914年構成表の該当箇所(MWG I/24, S. 169)

八	支配
	a)レジティメイトな支配の三類型(Die Drei Typen der legitimen Herrschaft)
	b)政治的・教権的支配(Politische und hierokratische Herrschaft)
	c)非レジティメイトな支配。都市の類型学(Die nichtlegitime Herrschaft. Typologie der Städte)
	d)近代国家の発展(Die Entwicklung des modernen Staates)
	e)近代的政党(Die modernen politischen Parteien)

の計画どおりに原稿の執筆がなされたであろうものである。ウェーバーが執筆を予定していた「支配」の項目で「レジティメイトな支配の三類型」という見出しが出てくる。

遺されている情報はこれだけである。一九一四年六月の時点で、ウェーバーが「三類型」について書くつもりでいたことは確実である。おそらく支配について、かなりの部分を書いたあとで、ウェーバーは一九一四年になって三類型のアイディアを思いついたのではないか、と私は推測している。この推測が正しければ、旧稿の支配をめぐるテクストで、三類型が論じられている**支**[13]と**組**[22]は、かなり遅い段階で、おそらくは一九一四年になってから執筆されたことになる。場合によっては、一九一九年、ないし一九二〇年の時点で加筆されたという可能性もないわけではない(cf. MWG II/10-2, S. 825–826)。

いずれにしても、ウェーバーは一九一四年六月の時点で三類型についての着想は持っていたが、それを一気に書き上げることはできなかった。一九一四年の春を、彼は心身の不調をかかえながら迎えていた。療養先のアスコナからの、編集者パウル・ジーベックへの手紙で、自分の担当部分の提出を秋に延期すると彼は書いている(cf. MWG II/8, S. 623, 634)。そうこうしているうちに、第一次世界大戦のために執筆は中断せざるをえなくなった。以上が私の仮説である。

確定できないことは多い。しかしいずれにしても、『支配の社会学』という名称で知られてきた支配についての旧稿は、レジティメイトな支配の三類型という主題について書かれたテクストではない。このテクストに三類型に関連する記述がまったく出てこないわけではないが、ここでウェーバーが論じるレジティマシーは三類型には収まらない。もちろんウェーバーがレジティメイトな支配の三類型について論じていないということではない。しかしそのときに参照されるべきなのは、講演「仕事としての政治」(『職業としての政治』)か、新稿の『支配の諸類型』であって、旧稿のテクストではない。

とりわけ日本でこのような三類型神話が形成され、流通してきたのには、世良晃志郎訳『支配の社会学』I(一九六〇年)がヴィンケルマン編の『経済と社会』(Wirtschaft und Gesellschaft)の第四版(一九五六年)を底本としたことによる影響が大きい。当時の最新版であった第四版では、最初の支配の章と官僚制の章の間に、一九一八年以降に執筆されたと推測される「レジティメイトな支配の三つの純粋類型」（本書の【付録1】）が挿入されている。これは編者であるヴィンケルマンの判断によるものであった。この結果として、事後的に挿入された「三つの純粋類型」が、あたかも『支配の社会学』全体のセンターに位置するかのように理解されてしまうことになった。

その後、ドイツ語版の『経済と社会』の第五版（一九七二年刊行、現在までの最新版）では、「レジティメイトな支配の三つの純粋類型」はふたたび削除され、あまりに不適切なテクスト編纂の問題は解消された。ところが、日本語版は改訂されることなく、第四版を底本とする『支配の社会学』が唯一の邦訳として流通し続けてきた。もちろん、底本が改訂されたからといって、そう簡単に翻訳を出し直すわけにはいかない。訳者にも、出版社にもそれぞれの事情があるので、これは致し方ないことである。しかしこの結果として、『支配の社会学』の主題は「三類型」であるという、問題の多い理解が、とりわけ日本で、今日に至るまで根強く残ることになってしまった。

もちろん後に定式化された三類型の原初的な議論を、本書のテクストに探すことは不可能ではない。そのような問題意識で本書のそれぞれのテクストを読み直す可能性は読者に開かれている。しかし、時間的に異なる時期に成立した「結論」から、旧稿を読むことは、テクストの読み方の基本ルールからして、問題がないわけではない。さらに、

表2　「三類型」の変遷

日付	テクスト	表現および順番
1914？	本書(支[13])	a)合理的なルール，b)パーソナルな権威(伝統)，c)カリスマ
1914.7	1914年構成表	レジティメイトな支配の三類型(見出しのみ)
1915.10	「世界宗教の経済倫理」序論	a)カリスマ，b)伝統(主義)，c)合法性
1917.10	国家社会学の諸問題(講演)	a)合理的なルールによる支配，b)伝統的権威による支配，c)カリスマ的支配，d)支配される側の人たちの意志(第四の類型：民主的レジティマシー)
1919.1	仕事としての政治(職業としての政治)	a)伝統的支配，b)カリスマ的支配，c)合法性による支配
1920？	支配の諸類型(新稿)	a)合法的支配，b)伝統的支配，c)カリスマ的支配
不明	三つの純粋類型(【付録1】)	a)合法的支配，b)伝統的支配，c)カリスマ的支配

表2にあるように、三類型についてすらも、晩年に至るまで、名称や順番のブレがある。三つの支配のレジティマシーは、すでに完成された理論ではない。それは批判的に検討され、可能であれば、私たちによって修正され、さらに展開されるべきものである。

こうした事情を無視して、支配についての旧稿のテクストを三類型という視点からのみ読もうとするならば、旧稿のほとんどの部分は読み損なわれる。あるいは、三類型とはあまり関係のない、無駄な記述の連続にしかみえなくなり、それ自体として検討することができなくなる。

ここで私たちには二つの選択肢がある。

「三類型」がそれなりに明確に定式化されている、新稿の『支配の諸類型』、あるいは本書の【付録1】「レジティメイトな支配の三つの純粋類型」だけを読む、というのが第一の選択肢である。もし三類型が最終的な答えであるとすれば、そこに至るまでにくり返し試みられた大量のデッサンではなく、完成された作品だけをみればよい、と考えることは理に適っている。ウェーバーのテクストを読むのにそれほどの多くの時間を使うわけにはいかないという方には、とりあえずは本書に収録されている「レジティメイトな支配の三つの純粋類型」を読むことをお奨めする。

しかし、支配を論じるということは三類型に尽きないと考えるならば、あるいは三類型は支配についての考察としてあまりに不十分であると考えるのであれば、旧稿にあたるこのテクスト群に取り組む必要が出てくる。

以前、ウェーバーの「仕事としての政治」を翻訳しているときに、すでに何度も読んでいたはずなのに、次の一節の前で手が止まった。

当然のことですが、行政スタッフは、いま述べたようなレジティマシーの観念によってのみ権力者の言うとおりになっているわけではありません。個人的な利益に訴える二つの手段もあります。物質的な報酬と社会的な名誉がそれです(「仕事としての政治」一〇〇～一〇一頁)。

当たり前のことが述べられている。なんらかの形で仕事として政治に関与している人ならば、知らないはずはないだろう。ところが、支配についての議論をレジティマシーとその三類型に絞り込み、それを洗練していくと、外面的・内面的な利害関心という観点が視界から消えてしまう。支配を論じるとき、生存のための条件であるとともに、わかりやすいインセンティヴになるカネと、プライドなどの動機づけを無視することはできない。いかなる支配であっても支配には、これらの要素がいつも作用している。

さまざまな階層や立場の人たちが、その都度のコンステレーション(布置連関)、あるいは力関係にあって、対立したり、共闘したり、漁夫の利を得たりする。そうした連関を背景として、利害や情念が動き動かされ、その結果として、ある傾向が促進され、ある傾向が阻止される。〈近代化は合理化で、その典型的な組織形態が官僚制だ〉という図式で議論することは、誤りとまではいえない。しかし、この図式は無条件に、どこでも当てはまるわけではない。家産制的な主人、地方の名望家、カリスマ、修道士など、さまざまなアクターが官僚制化の傾向に対立してきた。そして、そのせめぎ合いには濃密にさまざまな利害関心が絡む。確認するまでもなく、レジティマシーの狭義の三類型がどうでもよいということではない。しかし、ある支配を成り立たせているのは、レジティマシーの観念であるとともに、あるいはそれ以上に、理念的であるとともに物質的な利害関心のコンステレーションである。たしかにウェーバーは狭義の支配と利害関心のコンステレーションを明確に区別している（支[2]）。しかし同時に、彼はつねに具体的なコンステレーションと関連づけながら、支配について論じている。そもそも私たちがレジティマシーを問題にするのは、観念的・物質的な対立を前にして、なんらかの秩序を模索するためである。

ウェーバーが目を向けている利害関心のコンステレーションというのは、例えば次のようなものである。社会的平準化としての民主化は官僚制化をもたらすが、この官僚制化は新しい階層構造を生み出し、民主化の傾向と対立する（官[45]）。君主の行政スタッフである官僚が専門知識と情報を握るようになると、君主の思惑と官僚の利害は衝突する（官[52]）。中央権力はしばしば地方の名望家とぶつかる（家[44]）。封建制において君主は、つねに封臣と合意形成し、契約を結ばなければならなかったが、その摩擦の過程で君主の官僚組織が強化・拡大していく（封[10]）。主として経済的な機能を担う平時の首長と戦時のリーダーである武侯はそれぞれ異なる論理を持ちながら並存する(カ[6])。伝統を破壊する革命的なカリスマは、時間の経過とともに、伝統との同盟関係に移行する(組[7])。官僚制とカリスマの対立と依存は、ウェーバーの支配論の一つの中心的なトピックである(組[18])。経済的な連関に無関心なカリスマによる支配は、その支配で生活するフォロワーの経済的な利害関心に譲歩せざるをえず、さらには既得権を正当化する機能をも果たすようになる(維[9])。資本主義とその担い手である市民層が台頭すると、君主や貴族は教会の傘のもとに逃げ込んで保守的なブロックを形成し、市民層と対立する(教[38])。労働者階級が台頭すると、市民層も保守的ブロックに接近する。ここからヨーロッパの保守政党(ドイツ中央党)のイデオロギー配置が論じられる(教[39])。そして人民投票的なリーダーは、経済的・社会的な対立を煽り、自らの権力の確立のために利用する(官[47])。

ウェーバーはこのようなさまざまな利害の対立と同盟関係を取り上げ、そのうえで支配とそのレジティマシーを論じる。レジティマシーの概念は真空状態で論じられているわけではない。支配のレジティマシーはさまざまな利害関心のコンステレーションを背景として議論されている。第一次世界大戦後の新稿(『支配の諸類型』)では切り詰められていく、こうしたコンステレーションについての記述と考察が本書の特徴である。

三　未完の断片の扱い

ウェーバー研究者の折原浩は、『経済と社会』旧稿の編纂問題に関する一連の研究で、ウェーバーが一九一三年に『ロゴス』誌に発表した「理解社会学のカテゴリー」に注目し、これを第一次世界大戦前に書かれた旧稿全体の「頭」と位置づけ、全体を統一的に再構成しようとしてきた。もちろん執筆時期からしても内容においても、「理解社会学のカテゴリー」と支配をめぐるテクストも含めた旧稿との関連は密接である。また本書の範囲でも、「以前に論じたように」という**組【1】**の参照指示が指しているのは、「理解社会学のカテゴリー」以外には考えられないようにみえる。しかし、「頭」とまでいえるのかについては、議論の余地がないわけではない。結果として、マックス・ウェーバー全集の該当する巻に、折原の提案が受け入れられることはなかった。それでも彼の研究以後、執筆時期がまったく異なる「社会学的基礎概念」(新稿)の概念定義を旧稿に持ち込むことによる混乱などは明確に回避されるようになった。ウェーバーによる前後参照指示に注目し、これを一つ一つ確認するという作業は、未完の『経済と社会』をめぐる研究を促進し、遺されたテクストの理解を高めた。

それでも、そのような研究とその蓄積の意義を確認したうえでの話ではあるが、未完の断片はあくまで未完の断片である。マリアンネ・ウェーバーが一九二〇年に没したマックス・ウェーバーの原稿をまとめて『社会経済学要綱』第三部『経済と社会』として刊行したとき、彼女は一九二一年一〇月の日付で「初版への序文」(Vorwort zur ersten Auflage)を寄せている。この序文はその後の『経済と社会』のすべての版に掲載されている。そこには次のように書かれている。

章の順序は編者〔マリアンネ・ウェーバー〕とその助手〔メルキオール・パリイ〕によって決定された。いくつかの節は未完成で、そのままにしておかなければならなかった。章のアウトラインで確定していたのは「法社会学」についてだけであった。

以上に書かれていることは、本書『支配について』のテクストにも当然のことながら当てはまる。私たちに遺されているのは、そうしたテクスト群である。ウェーバー自身は「支配」「官僚制」「家産制」「封建制」「カリスマ」「カリスマの組み替え」「カリスマの維持」「国家と教権制」という各章のタイトルも確定していなければ、それらの章の順番も明確には指示することなくこの世を去った。

しかも、ウェーバーの直筆のオリジナル原稿はほんの一部を除いて遺されていない。マックス・ウェーバー全集（MWG）では、『経済と社会』の編纂をマリアンネから引き継いだヨハネス・ヴィンケルマンによる加工を取り除き、一九二二年のマリアンネ編の状態に立ちかえるという作業が行われた。

ヴィンケルマンに比べてマリアンネは、マックスの原稿に手を加えることに対してははるかに慎重であった。カリスマの章の最後を「……（ここで原稿は途切れている）」という形で終わらせていることからも、それはわかる（**カ【6】**）。それでも、遺された膨大なテクストの束を整理し、なんとか読むことができる状態にするという過程で、彼女の加工がなかったはずはない。手書きのオリジナルの草稿が遺されていないので、マリアンネの編纂に疑いを持ってはいても、私たちにはそれ以上の検証はできない。書簡その他の資料を手がかりにして、探偵的な推理の精度を上げることはできても、確定できないことに対しては、最後には沈黙しなければならない。

ウェーバー全集の支配の巻（MWG I/22-4）における加工の除去には、マリアンネとヴィンケルマンが付した小見出しも含まれる。この結果として、区切りも小見出しもない膨大なテクストが出現することになった。「凡例」でも翻訳の方針を述べたが、本書では、段落ナンバーとキーワードを付けた。もっとも、この段落のユニットが本当にウェーバー自身によるものなのかという点についても、疑う余地がないわけではない。しかし以上で述べたような事情から、私たちは初版の段階の構成に依拠するしかない。

この訳書で各段落にキーワードを付けたことについては、ウェーバー自身のテクストに対する新たな加工だといわれても仕方がない。ご批判はあるだろう。しかし、数十ページにわたってなんの見出しも区切りもない、ウェーバーのテクストを淡々と日本語に翻訳して提供するのは、一般の読者への負荷という点であまりに無理がある、というのが訳者としての私の判断である。

段落ごとにキーワードを付けるという翻訳の方針は、個別の段落を全体から切り離して断片として読むことを読者に促すことになるかもしれない。キーワードを手がかりにして、その段落だけを拾い読みすることが容易になるからである。こうした「つまみ食い」には批判的な研究者も少なくないだろう。くり返しになるが、私はウェーバーの研究者として、支配についての断片を、彼の他のテクストや書簡などを手がかりにして、できるだけ忠実に再構成することに大きな意味を認めている。しかし同時に、断片として遺されたこの支配についてのテクスト群の一部が断片として読まれることにも、それなりに意味があると考えている。

アナーキズムや官僚制批判に関心をお持ちの方がいれば、**支[6]**「直接民主主義的な行政」が参考になるだろう。ここでは支配の「ミニマム化」が考察されている。官僚制が民主主義の友でもあり敵でもあるというトピックについては官[45]「経済的・社会的な平準化、官僚制と民主主義の緊張関係」をまずはご覧いただきたい。また、専門教育と教養教育との対立など(官[59][60])、本書には支配と教育の関係をめぐる、教育社会学的な考察も数多く含まれている。

「カリスマの組み替え」の章の最後の部分(組[19]〜[21])では、ウェーバーの視点から政党(組織)の歴史的な展開が記されている。政党研究が高度化するなかで、このような大摑みな議論をする政治学者はもはや存在しない。しかしそうだからこそ、もしかしたらヒントになることがあるかもしれない。また、「カプセル」に封じ込まれたカリスマについて論じているところも、君主制やそれに類するレジームの権力の作動について考えるうえで興味深い箇所である(維[12]、教[1][37])。また政治家の「世襲」について、ウェーバーは「カリスマの物象化」という枠組みで考察している(組[23])。

さらに、ウェーバーが『プロテスタンティズムの倫理と資本主義の精神』で書いていることを政治理論として再構成してみたいという人にとっては、教[49]「アメリカのデモクラシーは個人の砂の山ではない」と教[51]「ゼクテ(教派)と民主主義・人権、理性のカリスマ的聖化、資本の論理の解放」が重要な手がかりになるだろう。これらの箇所では、ウェーバーの人権論、寛容論が展開されている。またこれらのテクストは近代資本主義の一つの系譜学としても読むことができる。

ウェーバーの支配についてのテクストを全体として包括的に理解しようとしなければ、わからないことがある。このテクストを彼の著作の全体を視野に入れて検討することで、はじめて気づくこともある。しかし、未完の断片は未完の断片として、全体のコンテクストから、ある程度までは自由に、読み解かれる余地と可能性がある。すでに指摘したように、有名な三類型という点だけをみても、このテクストはそれほど一義的でもなく、完結もしていない。

それどころか、研究のフレームが大きくなれば、そこに収納される個々の断片の輝きは弱くなる。視野が広がることで、断片を読むことが難しくなることもある。断片が断片として宿している「カリスマ的」な強度は、全体的な説明のなかでは弱められてしまうということもないわけではない。ウェーバーの書き遺した断章のいくつかには、それ自体として検討されるに足るだけの力がある、と私は思う。

以上のことを述べたうえで、このテクストをどのように読むかは読者に委ねたい。

四　最後に

在外研究の機会をいただいたことで、本書の翻訳ができた。さまざまな形でサポートしてくださったアレクサンダー・フォン・フンボルト財団（Alexander von Humboldt-Stiftung）と成蹊大学の関係者および同僚のみなさんに心から感謝申し上げたい。ミュンヘンでは、バイエルン科学アカデミー（BAdW）に客員研究員として受け入れていただいた。マックス・ウェーバー全集の編纂を中心となって担ってきた Edith Hanke さんには、本当にお世話になった。日常的に彼女と「支配」について語ることができる環境にいなければ、この翻訳を完成させることはおそらくできなかった。

本書は岩波書店の小田野耕明さんの提案から始まった。この古典的な研究を甦らせようとする彼の思いがなければ、私がこの本を翻訳することはなかった。校正者とともに骨の折れる膨大な確認作業を担ってくださったことも含めて、深く御礼申し上げたい。

二〇二三年八月末日 StaBi Café にて

野口雅弘

岩波文庫の最新刊

網野善彦著
日本中世の非農業民と天皇（上）

山野河海という境界領域に生きた中世の「職人」たちの姿を通じて、天皇制の本質と根深さ、そして人間の本源的自由を問う、著者の代表的著作。（全二冊）
〔青N四〇二-二〕　**定価一六五〇円**

エーリヒ・ケストナー作／酒寄進一訳
独裁者の学校

大統領の替え玉を使い捨てにして権力を握る大臣たち。政変が起きるが、その行方は…。痛烈な皮肉で独裁体制の本質を暴いた、作者渾身の戯曲。
〔赤四七一-三〕　**定価七一五円**

ラインホールド・ニーバー著／千葉眞訳
道徳的人間と非道徳的社会

個人がより善くなることで、社会の問題は解決できるのか。二〇世紀アメリカを代表する神学者が人間の本性を見つめ、政治と倫理の相克に迫った代表作。
〔青N六〇九-一〕　**定価一四三〇円**

トマス・アクィナス著／稲垣良典・山本芳久編／稲垣良典訳
精選 神学大全2 法論

トマス・アクィナス（一二二五頃-一二七四）の集大成『神学大全』から精選。2は人間論から「法論」、「恩寵論」を収録する。解説＝山本芳久、索引＝上遠野翔。（全四冊）
〔青六二一-四〕　**定価一七一六円**

……今月の重版再開……

高浜虚子著
立子へ抄
—虚子より娘へのことば—
定価一二二一円
〔緑二八-九〕

喜安朗訳
フランス二月革命の日々
—トクヴィル回想録—
定価一五七三円
〔白九-一〕

- 空想より科学へ —社会主義の発展— エンゲルス 大内兵衛訳
- 帝国主義論 全二冊 ホブスン 矢内原忠雄訳
- 帝国主義 レーニン 宇高基輔訳
- 国家と革命 レーニン 宇高基輔訳
- ローザ・ルクセンブルク 獄中からの手紙 秋元寿恵夫訳
- 雇用、利子および貨幣の一般理論 全二冊 ケインズ 間宮陽介訳
- シュムペーター 経済発展の理論 全二冊 塩野谷祐一・中山伊知郎・東畑精一訳
- シュムペーター 経済学史 —学説ならびに方法の諸段階— 中山伊知郎・東畑精一訳
- 租税国家の危機 シュムペーター 木村元一・小谷義次訳
- 日本資本主義分析 山田盛太郎
- 恐慌論 宇野弘蔵
- 経済原論 宇野弘蔵
- 資本主義と市民社会 他十四篇 大塚久雄 齋藤英里編
- 共同体の基礎理論 他六篇 大塚久雄 小野塚知二編
- ユートピアだより ウィリアム・モリス 川端康雄訳
- 社会科学と社会政策にかかわる認識の「客観性」 マックス・ヴェーバー 富永祐治・立野保男訳 折原浩補訳
- プロテスタンティズムの倫理と資本主義の精神 マックス・ヴェーバー 大塚久雄訳

- 職業としての学問 マックス・ウェーバー 尾高邦雄訳
- 社会学の根本概念 マックス・ヴェーバー 清水幾太郎訳
- 職業としての政治 マックス・ヴェーバー 脇圭平訳
- 古代ユダヤ教 全三冊 マックス・ヴェーバー 内田芳明訳
- 宗教と資本主義の興隆 —歴史的研究 全二冊 トーニー 出口勇蔵・越智武臣訳
- 世論 全二冊 リップマン 掛川トミ子訳
- 鯰絵 —民俗的想像力の世界 C・アウエハント 小松和彦・中沢新一・飯島吉晴・古家信平訳
- 贈与論 他二篇 マルセル・モース 森山工訳
- 国民論 他二篇 マルセル・モース 森山工編訳
- ヨーロッパの昔話 その形と本質 マックス・リュティ 小澤俊夫訳
- 独裁と民主政治の社会的起源 —近代世界形成過程における領主と農民 全二冊 バリントン・ムーア 宮崎隆次・森山茂徳・高橋直樹訳
- 大衆の反逆 オルテガ・イ・ガセット 佐々木孝訳

《自然科学》〔青〕

- ヒポクラテス医学論集 國方栄二編訳
- 科学と仮説 ポアンカレ 河野伊三郎訳
- ロウソクの科学 ファラデー 竹内敬人訳
- 種の起原 全二冊 ダーウィン 八杉龍一訳

- 自然発生説の検討 パストゥール 山口清三郎訳
- 完訳 ファーブル昆虫記 全十冊 山田吉彦・林達夫訳
- 科学談義 T・H・ハックスリ 小泉丹訳
- メンデル 雑種植物の研究 岩槻邦男・須原準平訳
- アインシュタイン 相対性理論 内山龍雄訳・解説
- 相対論の意味 アインシュタイン 矢野健太郎訳
- アインシュタイン 一般相対性理論 小玉英雄編訳・解説
- 自然美と其驚異 ジョン・ラバック 板倉勝忠訳
- ダーウィニズム論集 八杉龍一編訳
- ニールス・ボーア論文集1 因果性と相補性 山本義隆編訳
- ニールス・ボーア論文集2 量子力学の誕生 山本義隆編訳
- ハッブル 銀河の世界 戎崎俊一訳
- パロマーの巨人望遠鏡 全二冊 D・O・ウッドベリー 関正雄・湯澤博・成相恭二訳
- 生物から見た世界 ユクスキュル・クリサート 日高敏隆・羽田節子訳
- ゲーデル 不完全性定理 林晋・八杉満利子訳
- 日本の酒 坂口謹一郎
- 生命とは何か —物理的にみた生細胞 シュレーディンガー 岡小天・鎮目恭夫訳

《法律・政治》〔白〕

人権宣言集　高木八尺・末延三次・宮沢俊義 編
新版 世界憲法集 第二版　高橋和之 編
君主論　マキアヴェッリ　河島英昭 訳
フィレンツェ史 全二冊　マキァヴェッリ　齊藤寛海 訳
リヴァイアサン 全四冊　ホッブズ　水田洋 訳
法の精神 全三冊　モンテスキュー　野田良之・稲本洋之助・上原行雄・田中治男・三辺博之・横田地弘 訳
教育に関する考察　ロック　服部知文 訳
完訳 統治二論　ジョン・ロック　加藤節 訳
寛容についての手紙　ジョン・ロック　加藤節・李静和 訳
キリスト教の合理性　ジョン・ロック　加藤節 訳
ルソー 社会契約論　桑原武夫・前川貞次郎 訳
アメリカのデモクラシー 全四冊　トクヴィル　松本礼二 訳
リンカーン演説集　高木八尺・斎藤光 訳
権利のための闘争　イェーリング　村上淳一 訳
近代人の自由と古代人の自由・征服の精神と簒奪 他一篇　コンスタン　堤林剣・堤林恵 訳
民主主義の本質と価値 他一篇　ハンス・ケルゼン　長尾龍一・植田俊太郎 訳

外交談判法　カリエール　坂野正高 訳
危機の二十年 ―理想と現実　E・H・カー　原彬久 訳
ザ・フェデラリスト　A・ハミルトン J・ジェイ J・マディソン　斎藤眞・中野勝郎 訳
アメリカの黒人演説集 ―キング・マルコムX・モリスン 他　荒このみ 編訳
モーゲンソー 国際政治 ―権力と平和 全三冊　原彬久 監訳
ポリアーキー　ロバート・A・ダール　高畠通敏・前田脩 訳
現代議会主義の精神史的状況 他一篇　カール・シュミット　樋口陽一 訳
政治的なものの概念　カール・シュミット　権左武志 訳
第二次世界大戦外交史 全二冊　芦田均
憲法講話　美濃部達吉
日本国憲法　長谷部恭男 解説
民主体制の崩壊 ―危機・崩壊・再均衡　ファン・リンス　横田正顕 訳
憲法　鵜飼信成

《経済・社会》〔白〕

政治算術　ペティ　大内兵衛・松川七郎 訳
国富論 全四冊　アダム・スミス　水田洋 監訳　杉山忠平 訳
法学講義　アダム・スミス　水田洋 訳

コモン・センス 他三篇　トーマス・ペイン　小松春雄 訳
経済学における諸定義　マルサス　玉野井芳郎 訳
オウエン自叙伝　ロバアト・オウエン　五島茂 訳
戦争論 全三冊　クラウゼヴィッツ　篠田英雄 訳
自由論　J・S・ミル　塩尻公明・木村健康 訳
大学教育について　J・S・ミル　竹内一誠 訳
功利主義　J・S・ミル　関口正司 訳
イギリス国制論 全二冊　バジョット　遠山隆淑 訳
ユダヤ人問題によせて ヘーゲル法哲学批判序説　マルクス　城塚登 訳
経済学・哲学草稿　マルクス　城塚登・田中吉六 訳
新編輯版 ドイツ・イデオロギー　マルクス エンゲルス　廣松渉 編訳　小林昌人 補訳
マルクス エンゲルス 共産党宣言　大内兵衛・向坂逸郎 訳
賃労働と資本　マルクス　長谷部文雄 訳
賃銀・価格および利潤　マルクス　長谷部文雄 訳
マルクス 経済学批判　武田隆夫・遠藤湘吉・大内力・加藤俊彦 訳
マルクス 資本論 全九冊　エンゲルス 編　向坂逸郎 訳
トロツキー わが生涯 全二冊　森田成也・志田昇 訳

読書子に寄す

——岩波文庫発刊に際して——

岩波茂雄

真理は万人によって求められることを自ら欲し、芸術は万人によって愛されることを自ら望む。かつては民を愚昧ならしめるために学芸が最も狭き堂宇に閉鎖されたことがあった。今や知識と美とを特権階級の独占より奪い返すことはつねに進取的なる民衆の切実なる要求である。岩波文庫はこの要求に応じそれに励まされて生まれた。それは生命ある不朽の書を少数者の書斎と研究室とより解放して街頭にくまなく立たしめ民衆に伍せしめるであろう。近時大量生産予約出版の流行を見る。その広告宣伝の狂態はしばらくおくも、後代にのこすと誇称する全集がその編集に万全の用意をなしたるか。千古の典籍の翻訳企図に敬虔の態度を欠かざりしか。さらに分売を許さず読者を繫縛して数十冊を強うるがごとき、はたしてその揚言する学芸解放のゆえんなりや。吾人は天下の名士の声に和してこれを推挙するに躊躇するものである。このときにあたって、岩波書店は自己の責務のいよいよ重大なるを思い、従来の方針の徹底を期するため、すでに十数年以前より志して来た計画を慎重審議この際断然実行することにした。吾人は範をかのレクラム文庫にとり、古今東西にわたって文芸・哲学・社会科学・自然科学等種類のいかんを問わず、いやしくも万人の必読すべき真に古典的価値ある書をきわめて簡易なる形式において逐次刊行し、あらゆる人間に須要なる生活向上の資料、生活批判の原理を提供せんと欲する。この文庫は予約出版の方法を排したるがゆえに、読者は自己の欲する時に自己の欲する書物を各個に自由に選択することができる。携帯に便にして価格の低きを最主とするがゆえに、外観を顧みざるも内容に至っては厳選最も力を尽くし、従来の岩波出版物の特色をますます発揮せしめようとする。この計画たるや世間の一時の投機的なるものと異なり、永遠の事業として吾人は微力を傾倒し、あらゆる犠牲を忍んで今後永久に継続発展せしめ、もって文庫の使命を遺憾なく果たさしめることを期する。芸術を愛し知識を求むる士の自ら進んでこの挙に参加し、希望と忠言とを寄せられることは吾人の熱望するところである。その性質上経済的には最も困難多きこの事業にあえて当たらんとする吾人の志を諒として、その達成のため世の読書子とのうるわしき共同を期待する。

昭和二年七月

支配《しはい》について Ⅱ カリスマ・教権制《きょうけんせい》〔全2冊〕
マックス・ウェーバー著

2024年1月16日　第1刷発行
2024年2月15日　第2刷発行

訳　者　野口雅弘《のぐちまさひろ》

発行者　坂本政謙

発行所　株式会社 岩波書店
〒101-8002 東京都千代田区一ツ橋 2-5-5
案内 03-5210-4000　営業部 03-5210-4111
文庫編集部 03-5210-4051
https://www.iwanami.co.jp/

印刷・三陽社　カバー・精興社　製本・中永製本

ISBN 978-4-00-342102-4　　Printed in Japan

人名索引

あ　行

か　行

さ　行

た　行

な　行

は　行

ま　行

や　行

ら　行

わ　行

事項索引

あ　行

か　行

さ　行

た　行

な　行

は　行

や　行

ら　行

わ　行